Jürgen Fritz
Theorie und Pädagogik des Spiels

Grundlagentexte
Soziale Berufe

Jürgen Fritz

Theorie und Pädagogik des Spiels

Eine praxisorientierte Einführung

Juventa Verlag Weinheim und München

Über den Autor
Jürgen Fritz, Dr. phil., Jg. 1944, ist Professor für Spielpädagogik an der Fachhochschule Köln. Seine Arbeitsschwerpunkte sind Didaktik und Methodik des Spiels in Gruppen, Beurteilung von Spielmitteln, Analyse der Computernutzung in sozialpädagogischen Arbeitsfeldern.

Die Deutsche Bibliothek – CIP Einheitsaufnahme

Fritz, Jürgen:
Theorie und Pädagogik des Spiels: Eine praxisorientierte Einführung / Jürgen Fritz. – 2. korr. Aufl. – Weinheim ; München :
Juventa Verlag, 1993
(Grundlagentexte Soziale Berufe)
ISBN 3-7799-0746-1

2. korr. Aufl. 1993

Umschlaggestaltung: Atelier Warminski, 6470 Büdingen 8
Umschlagabbildung: Jürgen Fritz
Printed in Germany

ISBN 3-7799-0746-1

Inhalt

Teil II: Was ist Spielpädagogik?

Einführung

Dieses Buch wendet sich sowohl an Erzieherinnen, Pädagogen und Pädagoginnen als auch an Studenten und Studentinnen, die sich über Spiel und seine pädagogischen Möglichkeiten informieren möchten. Ein Grundlagentext wie dieser, wenn er für die Leser nützlich sein soll, muß zunächst Überblicke geben: Aufzeigen, was es an wesentlichen Gedanken, pädagogischen Vorstellungen, Forschungsergebnissen auf dem Gebiet Spiel und Spielpädagogik gibt. Dieser Notwendigkeit folgt das Buch, indem es Systematiken anbietet, denen sich die sehr unterschiedlichen Bereiche und Aspekte von Spiel und Spielpädagogik so zuordnen lassen, daß man einen ersten Überblick gewinnt.

Bei der Fülle an Gedanken, Erfahrungsberichten, pädagogischen Vorstellungen, Forschungen war es notwendig, deutliche Schwerpunkte zu bilden. Neben eher grundsätzlichen Informationen zu Spiel und Spielpädagogik finden sich im Buch aktuelle und problematische Aspekte, die ausführlicher behandelt werden und einen Eindruck geben können vom gegenwärtigen Stand der Diskussion und Problemsicht, so z.B. die Bereiche „Ökologie des Spiels“ und „Selbstbegrenzung der Spielpädagogik“, die sich wie ein „roter Faden“ im Buch verfolgen lassen. Es wurde Wert darauf gelegt, eine angemessene Mischung zwischen eher allgemeinen und grundsätzlichen Informationen und Auseinandersetzungen mit speziellen Problemen zu erreichen.

Welchen Nutzen hat ein solcher Grundlagentext für Leserinnen und Leser? Zunächst soll er Impuls sein, über Spiel und Pädagogik vertieft nachzudenken (vgl. dazu den Schlußteil „Nachdenken über Spiel“), mit der relavanten Literatur vertraut zu werden und wesentliche Aspekte von Spiel und Spielpädagogik kennenzulernen. Insofern soll dieser Text die pädagogische Arbeit von Erzieherinnen, Pädagogen und Pädagoginnen theoretisch untermauern helfen. Darüber hinaus soll ein unmittelbarer Nutzen für die eigene Spielpraxis aus dem Buch erwachsen. Der Text will Mut machen, sich mit Spiel auseinanderzusetzen, Spiel als eine dem Menschen wesentliche Lebensäußerung zu verstehen und dieser Erkenntnis gemäß zu handeln: Selbst zu spielen, Spaß am Spiel haben (zu dürfen), Spiele in der pädagogischen Praxis anzubieten.

Das Buch bleibt bei diesen eher grundsätzlichen Erkenntnissen, Vorstellungen und Gedanken nicht stehen. Es bietet auch konkretes „Handwerkszeug“ für die Praxis: Wie plane ich Spielaktivitäten? Welche Aspekte muß ich dabei berücksichtigen? Wie verhalte ich mich als Spielleiter? Welche Spiele wähle ich aus? Diese und viele andere Fragen werden im Buch konkrete Antworten finden. Damit soll entfaltet werden, wie theoretische Einsichten sich in pädagogisches Handeln umsetzen lassen.

Aus all dem wird deutlich, daß es sich hier nicht um eine Enzyklopädie der Spiel und Spielpädagogik handelt, sondern eher um einen Problemaufriß, mit der Absicht zusammengestellt, das eigene Nachdenken über Aspekte von Spiel und Spielpädagogik anzuregen und daraus Impulse für das eigenen pädagogische Handeln zu gewinnen.

Die Gliederung des Buches folgt diesen Absichten. Im Teil I: „Was ist Spiel?“ geht es um die Grundlagen der Auseinandersetzung mit dem Phänomen „Spiel“. Zunächst kann sich der Leser mit den verschiedenen Blickwinkeln der Spielbetrachtung anhand ihrer wesentlichen Vertreter befassen. Es soll deutlich werden, wie über Spiel gedacht wurde (und immer noch gedacht wird) und mit welchen Folgerungen dies für die pädagogische Praxis verbunden ist. In den drei folgenden Kapiteln geht es um das Spiel der Kinder: „Wie entwickelt sich das Spielverhalten?“ „Was spielen Kinder?“ und „Wie organisieren Kinder ihr Spiel?“ Diese grundlegenden Informationen und Forschungsergebnisse sind deswegen wichtig, weil sie nicht nur das Nachdenken über Spiel befördern, sondern auch wichtiges Hintergrundwissen bereitstellen für die Entwicklung einer angemessenen spielpädagogischen Praxis. Im Schlußkapitel von Teil I werden die bisherigen Erörterungen und Informationen zusammengefaßt, kondensiert und weitergeführt unter der Fragestellung: „Was ist das Wesen des Spiels?“

Auf diesem eher theoretischen Hintergrund baut sich Teil II des Buches auf und versucht, auf die Frage: „Was ist Spielpädagogik?“, Antworten für die spielpädagogische Praxis zu geben. Zunächst wird in einem breiten Überblick entfaltet, was zu Aufgaben und Bereichen der Spielpädagogik geworden ist. Unter einem eher kritischen und von Praxiserfahrungen fundierten Aspekt werden dann Zusammenhänge zwischen Spiel und Lernen thematisiert und Tendenzen in der (lernorientierten) Spielpädagogik einer grundsätzlichen Kritik unterworfen. Das Schlußkapitel des Buches setzt einen deutlichen didaktischen und methodischen Schwerpunkt. Der Leser wird mit Gedanken, Vorstellungen und Praxiserfahrungen zum Spielen mit Gruppen konfrontiert. Dieser etwas umfangreichere Abschnitt des Buches soll explizit Anregungen für die eigene spielpädagogische Praxis geben.

Ein selbstkritisches Nachwort „Nachdenken über Spiel“ gibt dem Leser die Möglichkeit, über dieses Buch (und Fachliteratur dieser Art) zu reflektieren und sich selbst zu fragen, ob und in welchem Umfang dieses Buch das eigene Nach-denken angeregt hat.

Ein Grundlagentext sollte den Leser auf wichtige weiterführende Fachliteratur verweisen. Dies geschieht zunächst durch Fußnoten (die jedoch auf das Notwendigste begrenzt wurden). Insbesondere mit Blick auf Studentinnen und Studenten wurden nach längeren Textabschnitten kurze Listen empfehlenswerter weiterführender Literatur in Kästchen gesetzt. Dies für alle, die Spaß am Nachdenken über Spiel gewonnen haben und diese Auseinandersetzung (demnächst) mit anderen Schwerpunkten und Thematiken zum Bereich Spiel und Spielpädagogik fortsetzen möchten.

Teil I
Was ist Spiel?

1. Aus welchen Blickwinkeln läßt sich das Spiel betrachten?

Der Begriff „Spiel“ scheint auf den ersten Blick unproblematisch zu sein. Für eine Fülle von Handlungen und Geschehnissen benutzen wir diesen Begriff: Kinder spielen in der Sandkiste; heute schauen wir uns einen Spielfilm an; bei der letzten Auseinandersetzung spielte er Theater; es ist schön, dem Spiel des Windes in den Blättern zuzuschauen; das Geld spielt eine bedeutende Rolle; sie spielt jede Woche Lotto; er hat die Chancen bei seiner Freundin verspielt; trotz seiner 12 Jahre ist er noch sehr verspielt; die Spielleidenschaft hat ihn gepackt; die Schraube im Gewinde hat noch Spiel; finanziell ist im Moment noch genügend Spielraum.

Der Begriff „Spiel“ taucht in unserer Sprache in vielfältiger Weise und in unterschiedlichen Zusammenhängen auf: Mal ist die konkrete Spieltätigkeit gemeint, mal ein bestimmtes Medienprodukt, mal die Beurteilung eines Verhaltens, mal eine Beobachtung in der Natur; ein anderes Mal ist der Begriff zu einer Redensart geworden, die einen Sachverhalt umschreibt, in dem spielerische Elemente eine Rolle spielen. Offenbar ist Spiel eine Erscheinungsgestalt, die in unterschiedlichen Zusammenhängen auftaucht und sich durch benennbare Merkmale von anderen Phänomenen unterscheidet: Spielerische Erscheinungen heben sich von unseren festgelegten Wirklichkeitsvorstellungen ab, sie wirken scheinhaft, sie simulieren Realität, ohne sie ganz zu erreichen, sie sind eine andere Form von Wirklichkeit. Diese „andere Form von Wirklichkeit“ besitzt Eigenschaften, die im Kontrast stehen zu der Weise, wie wir Realität verstehen: Das Spiel hat nicht den Festlegungsgrad und die Verbindlichkeit wie das, was wir Realität nennen. Das Spiel ist freier, unverbindlicher, flüchtiger, in der Tendenz offen. Spiel ist der „unscharfe Rand“ unserer Wirklichkeit. Spiel verbindet Wirklichkeit mit Möglichkeit. Es ist ein Zwischenbereich des Menschen, in dem neue Wirklichkeit sich bilden und alte Wirklichkeit absinken kann.

Von daher ist Spiel nicht auf die konkrete Spieltätigkeit begrenzt, sondern taucht in allen menschlichen Handlungen auf: vom Spiel der Gedanken bis zur spielerischen Vorwegnahme eines bestimmten Tuns. Da Spiel prinzipiell eine mögliche andere Wirklichkeit entwickeln, thematisieren und konkretisieren kann, ist Spiel grundsätzlich gefährlich. Das Spiel greift tendenziell bestehende Wirklichkeitsvorstellungen an, bestreitet ihren Anspruch auf Allgemeingültigkeit, widersetzt sich den Verbindlichkeitsforderungen, weicht auf und relativiert.

Für viele Gesellschaften war es daher zwingendes Erfordernis, die etablierte Wirklichkeit deutlich von der Nicht-Wirklichkeit zu scheiden: Hier Wirklichkeit des Lebens und Glaubensgewißheit – dort Spiel und Ketzertum. Reichte das Spiel (z.B. in der Form des Glückspiels) zu sehr in die Wirklichkeit hinein, wurde es mit Verboten belegt. Nur noch den Kindern für einen kurzen Zeitraum zugestanden, verlor es an Brisanz und fiel der öffentlichen Verachtung als „nutzlose Tändelei" anheim.

Zum Gedanken der Nützlichkeit des Spiels

Parallel zur Verbannung des Spiels in den Bereich der Kindheit zieht sich durch die Geistesgeschichte Europas der Gedanke, das „nutzlose" Spiel für die Erziehung der Kinder zu verwenden, um sie so sicher auf die Wirklichkeit der Gesellschaft festzulegen. Von Aristoteles über die Pädagogen der Renaissance und Aufklärung bis heute, läßt sich die Absicht verfolgen, über das Spiel das Kind zum Lernen bestimmter Inhalte und Fähigkeiten zu überlisten, es dazu zu bringen, sich die Wirklichkeit so anzueignen, wie die Erwachsenen sie verstehen. Pädagogisch domestiziert, so der Kern des Gedankens, kann das „nutzlose" Spiel durchaus seinen Nutzen (für die Gesellschaft) zeigen.

Ein typischer Vertreter dieser Geistesrichtung ist John Locke (1693): „Alle Spiele und Ergötzungen der Kinder sollten auf gute und nützliche Gewohnheiten hingelenkt werden, andernfalls führen sie zu schlimmen. (...) Ich habe gesehen, wie sich kleine Mädchen ganze Stunden langen miteinander übten und sich vielen Mühen unterzogen, um sich im Tippsteinspiel, wie sie es nennen, zu vervollkommnen. Während ich das sah, dachte ich, es bedürfte nur einer guten Erfindung, um sie zu veranlassen, daß sie all diesen Eifer auf etwas verwenden, das ihnen nützlich wäre."[1] Diese durchgängige Auffassung wird bereits in der Aufklärungszeit nicht mehr von allen Pädagogen geteilt. So wird von Rousseau das Spiel nicht nur geduldet, sondern als ein ureigenstes Recht des Kindes angesehen. Rousseau (1762) hat deutlich herausgestellt, daß das Spiel an sich bereits eine Fülle von Lernmöglichkeiten für das Kind bereithält. Wichtig ist ihm, daß Spiel Spiel bleibt und sich nicht in Arbeit verkehrt: „Übrigens muß man immer bedenken, daß dies nichts anderes ist und sein soll als Spiel, leichte

1 Zitiert nach: Scheuerl, H. (Hg.): Theorien des Spiels, Beltz Verlag, Weinheim und Basel 1965 (10), S. 18 f.

und freiwillige Leistung der Bewegungen, die die Natur von ihnen erfordert, eine Kunst, ihre Vergnügungen zu variieren, um sie ihnen angenehmer zu machen, ohne daß jemals der mindeste Zwang sie in Arbeit verkehre."[2]

Die Auseinandersetzung um die Nützlichkeit des Spiels und seiner pädagogischen Indienstnahme hält bis heute an. Guts Muths (1796) kommt zur Einschätzung, „daß die Spiele auf den Charakter merklich Einfluß haben werden, daß sie daher zu den Erziehungsmitteln ganzer Nationen gehören. (. . .) Können die Spiele auf ganze Nationen wirken und in ihrem Zustand eine merkliche Veränderung hervorbringen, so sind sie auch ein Erziehungsmittel für die Jugend."[3] Der Zielkatalog von Guts Muths ist recht ansehnlich: „Spiele müssen daher Übungen sein, die für die Jugend, für die Alten auch, auf irgend eine Art vorteilhaft sind. Sie müssen den Körper bald mehr, bald minder bewegen und seine Gesundheit befördern, es geschehe nun durch Laufen, Springen usw. oder durch fröhliches Lachen und sanftere Bewegung. Sie müssen Schnelligkeit, Kraft und Biegsamkeit in die Glieder bringen, den Körper bald zufällig, bald absichtlich gegen Schmerz abhärten und bald diesen, bald jenen Sinn in lebhafte Tätigkeit versetzen. Sie müssen für die Jugend unterhaltsam sein, bald ihre Erwartung, bald ihre Ehrliebe, bald ihre Tätigkeit spannen, bald ihre zu große Empfindlichkeit abstumpfen, ihre Geduld prüfen, ihre Besonnenheit und ihren jugendlichen Mut gewissermaßen auf die Probe stellen. Sie seien endlich Übungen für Beobachtungsgeist, Gedächtnis, Aufmerksamkeit, Phantasie, Verstand usw. Wir haben kein Spiel, das diesen vielsagenden Forderungen allein und vollkommen Genüge leistet, aber doch viele, die sich diesem Bilde sehr nähern, wenigstens bald dieser, bald jener Forderung entsprechen".[4]

Diese spielpädagogischen Vorstellungen bestehen nach wie vor und haben sich breit ausgefaltet. Spiele werden nach ihrem Nützlichkeitswert beurteilt, konzipiert und in pädagogischen Situationen zielorientiert eingesetzt. Das Buch von Erika und Hugo Döbler: Kleine Spiele[5] ist ein typisches Beispiel für diese spielpädagogische Orientierung. Die Autoren reihen Spiel an Spiel und weisen ihnen körperbezogene aber auch soziale Ziele zu, die der Ausbildung der „sozialistischen Persönlichkeit" dienen sollen.

Der Gedanke einer generellen und unspezifischen sozialen Nützlichkeit des Spiels ist von George Herbert Mead (1956) herausgestellt worden. Das Ich des Spielers findet seine Identität durch Verständnis der Rolle des Anderen: „Wenn wir dem kindlichen Spielen die Situation in einem Spiel,

---

2 Anmerkung 1, S. 23.
3 Anmerkung 1, S. 23.
4 Anmerkung 1, S. 29.
5 Volkseigener Verlag Volk und Wissen, Berlin 1983 (13).

das nach Regeln stattfindet, gegenüberstellen, finden wir als entscheidenden Unterschied, daß das Kind in einem Spiel nach Regeln bereit sein muß, die Haltung eines jeden Beteiligten zu übernehmen und daß diese verschiedenen Rollen zueinander in einer ganz bestimmten Beziehung stehen müssen. (. . .) Das Spiel ist also ein Beispiel für die Situation, aus welcher eine organisierte Persönlichkeit entsteht. In dem Maße, in dem das Kind tatsächlich die Haltung des anderen übernimmt und die Haltung des anderen darüber bestimmen läßt, was es, bezogen auf ein gemeinsames Ziel, tun wird, wird es ein organisches Mitglied der Gesellschaft."[6]

Die Vorstellung, daß im Spiel auch soziale Fähigkeiten gelernt werden können, hat sich auf die Spielpädagogik außerordentlich befruchtend ausgewirkt. Mit Beginn der siebziger Jahre ist eine schier unübersehbare Flut von Büchern auf den Markt gelangt, die das Rollenspiel in den Mittelpunkt didaktischer und methodischer Erörterungen gerückt hat. Mit Hilfe eines gezielt ausgewählten und methodisch angemessen gehandhabten Rollenspiels sollen die sozialen Fähigkeiten von Kindern bewußt ausgebildet und soziale Defizite behoben werden. Der im sozialen Bereich eingenistete Nützlichkeitsgedanke bei der Verwendung des Spiels hat – insbesondere im Kindergarten – zu einer ausdifferenzierten „Legitimierungspraxis" geführt: Jede Methode, jede Spielplanung, ja jedes einzelne Spiel wird mit einem Lernzielkatalog versehen, als ob Spielen immer aufs neue seine Nützlichkeit belegen müsse.

Dabei fehlt es nicht an Vorbehalten vor einer Pädagogisierung und „Verzweckung" des Spiels.

Die Frage der Nützlichkeit des Spiels berührt einen zentralen Punkt der Pädagogik: Inwieweit darf ich pädagogische Ziele für ein Kind festlegen? Was legitimiert mich in diesen Zielvorstellungen – wie immer sie aussehen mögen? Wie verbindlich müssen die Ziele sein? Wie offen muß ich andererseits für das sein, was vom Kind als Wunsch und Interesse geäußert wird? Diese Fragen spitzen sich im Bereich des Spiels noch zu, ist doch eine wesentliche Eigenschaft des Spiels die freie Entscheidung der Spieler, was sie spielen, wie sie spielen und wielange sie spielen möchten. Wird nicht das Spiel in seinem Wesen zerstört, wenn es der Pädagoge für seine Zwecke dienstbar machen will?

Zunächst steckt hinter dem „pädagogischen Imperialismus" die Angst, daß da etwas Unkontrolliertes sich entwickeln könnte, daß man nicht alle Einflußmöglichkeiten ausgeschöpft hätte. Andererseits verknüpft sich mit dem Spiel die Hoffnung, das Kind angemessen fördern zu können und seine Entwicklung voranzubringen. Ziel allen Bemühens ist es, das Kind zur Übernahme der eigenen Wirklichkeitsvorstellungen zu bewegen. Es soll im Spiel lernen, die Welt „richtig" zu sehen und sich in ihr angemessen zu

6 Mead, G.H.: Sozialpsychologie, Luchterhand Verlag, Neuwied 1969, S. 276 ff.

verhalten. Die entscheidende Frage ist, ob das Spiel – zumal das pädagogisch domestizierte – dazu etwas Wesentliches beitragen kann oder ob der „Methodenoptimismus“ die Möglichkeiten des Spiels falsch einschätzt.

Das Spiel ist ein Bereich, der sich von der „ernsthaften“, festgelegten und festlegenden Wirklichkeit und ihrem hohen Verbindlichkeits- und Wirkungscharakter abhebt. Es ist eine andere Wirklichkeit mit anderen Funktionen und Wirkungen: unverbindlicher, offener, freier. In Bezug auf die Wirklichkeit ist das Spiel eine „lebendige Hüllschicht“, die sich um den Wirklichkeitskern lagert. Diese Hüllschicht, der Raum des Spiels, bildet ein Reservoir an locker gefügten Potentialitäten, an Möglichkeiten, die realisiert werden *können:* Wirklichkeitsauffassungen, Wertvorstellungen, Handlungsbereitschaften. Indem das Kind spielt, lernt es primär nicht etwas für die „ernsthafte“ Wirklichkeit, sondern vergrößert den Bereich seiner Möglichkeiten: Es erspielt, was alles sein *kann.* Es rüstet sich aus, um für viele Eventualitäten gewappnet zu sein. Alle diese Potentialitäten sind Geschöpfe aus der Verbindung zwischen dem eigenen seelischen Erleben, den Wünschen, Gefühlen, Antrieben, und den Einflüssen aus der Umwelt mit ihren Reizen, Forderungen, Gefahren – mal stärker von der Innenwelt, mal stärker von der Außenwelt bestimmt.

Die Potentialitäten „leben“ zunächst nur im Spielraum. Dort entstehen sie, wachsen, verändern sich, verbinden sich mit anderen „Geschöpfen“ – im freien Spiel der Kräfte, die den Spielraum bestimmen. Sie sind ein lebendiges Potential des Menschen, mit den Lebensbedingungen klar zu kommen und auch auf Veränderungen angemessen reagieren zu können. Ob und wann diese Potentialitäten überwechseln in den Wirklichkeitsbestand des Kindes, hängt von bestimmten Bedingungen ab: Es müssen sich zunächst deutliche und wichtige Transferanlässe bieten, die das Kind veranlassen, probeweise die im Spiel erworbenen Kenntnisse und Handlungsweisen auf die Wirklichkeitsebene zu übertragen. Erst wenn sich damit Erfolge erzielen lassen, siedeln sich diese Muster in den Realitätsstrukturen des Kindes an – oder führen gar zu Umstrukturierungen. Es gibt also keine Zwangsläufigkeit oder Automatik, daß die im Spielraum entfalteten Wirklichkeitssichten, Bewertungsmuster und Handlungsweisen in der Wirklichkeit „durchschlagen“. Das pädagogische Bemühen, dem Kind im Spiel bestimmte Lernprozesse nahezulegen, hat Wirkung – wenn überhaupt – zunächst nur im Spielraum: Das Kind lernt neue Potentialitäten hinzu, Möglichkeiten zu denken, zu fühlen, zu bewerten und zu handeln. Ob und inwieweit das Kind diese Möglichkeiten außerhalb des Spielraums realisiert, hängt in erster Linie von den Strukturen, den Erwartungen und dem Klima der Lebenssituation ab. Im Spielraum kennengelernte Handlungsmöglichkeiten, z.B. in Richtung auf Verständnis, Kooperation und Sensibilität, können nur dann „durchschlagen“, wenn diese Verhaltensmuster in der Lebenssituation des Kindes honoriert werden. Unter dem Nützlichkeitsgesichtspunkt stellen Spiele Potentialitäten bereit, deren Wirksamkeit nicht nur allein vom Spiel und Spielprozeß abhängig sind, sondern von äußeren Bedingungen des Kindes. Das Spiel ist insofern nützlich, als es den Bereich der Möglichkeiten des Kindes tendenziell vergrößert.

Ob pädagogisch angesonnene Potentialitäten überhaupt als Möglichkeiten im Kind verankert werden, hängt davon ab, ob sie zu den Bedürfnissen, Wünschen, Erfahrungen und Fähigkeiten des Kindes passen. Sind sie nur aufgesetzt, werden sie von den Kindern in der Regel nicht angenommen und im Spielraum erprobt. Die Spielangebote sind dann nicht nur für die reale Lebenswirklichkeit, sondern auch für den Spielraum folgenlos. In der Vereidigung des Spiels auf das „Nützliche im Leben" etabliert sich ein Rigorismus, der die Entfaltung und Ausdifferenzierung der Möglichkeiten des Kindes in seinem Spielraum beeinträchtigen könnte.

Pädagogisch sinnvoll ist, Kinder durch gezielte und subjektsensible Spielangebote bei der Ausdifferenzierung ihres Spielraums zu unterstützen. Bei der Auswahl der Spiele ist es weniger wichtig, ob sie thematisch auf „nützliche Verhaltensweisen" des täglichen Lebens zielen, sondern ob sie in Vielseitigkeit, inhaltlicher Einbindung und dynamischen Kräften zu den Kindern passen und ihre Möglichkeiten umfassend erweitern können. Will man die Subjektabhängigkeit des Spiels angemessen berücksichtigen, reicht der Aspekt der Nützlichkeit des Spiels nicht aus. Er bedarf der Ergänzung (und Relativierung) durch andere Sichtweisen.

Spiel als gegenwärtige Lebendigkeit

Gegenwart

In deutlichem Gegensatz zum Aspekt der Nützlichkeit betont der Gegenwartsbezug des Spiels die lebensspendenden Kräfte des Spiels, die keiner Legitimierung in der Zukunft bedürfen und für sich allein schon Grund genug sind, das Spiel als sinnvoll anzusehen. Schleiermacher (1826) wendet sich entschieden gegen den Gedanken, die Gegenwart des Spiels von seinem zukünftigen Nutzen abhängig zu machen: „Darf man überhaupt zugestehen, daß ein Lebensaugenblick als bloßes Mittel für einen anderen diesem anderen könne aufgeopfert werden?"[7]. Für Schleiermacher gehört zum Spiel die Befriedigung des Moments ohne Rücksicht auf die Zukunft.

Hundert Jahre später knüpft Karl Bühler (1927) an diesen Gegenwartsbezug des Spiels an: „Die Natur opfert nicht wie ein schlechter Schulmeister die Gegenwart der Zukunft. Das Kind erlebt zum mindesten im Spiel die Erfüllung seines Denkens in der Gegenwart, die Motivation seines Handelns muß aus der Gegenwart verstanden werden."[8] Diese Gegenwart im

7 Anmerkung 1, S. 43.

8 Bühler, K.: Die Krise der Psychologie, Verlag Gustav Fischer, Jena 1927, S. 105; zit. in: Anmerkung 1, S. 96.

Spiel ist durch Funktionslust gekennzeichnet, durch Spaß am angemessenen Funktionieren des Körpers, der Anreiz zu immer neuer Betätigung ist. Für Bühler ist Spiel eine Tätigkeit, die mit Funktionslust ausgestattet ist und von dieser Funktionslust direkt oder um ihretwillen aufrecht erhalten wird. Spiel ist damit Ausdruck der Lebenskraft und Lebensfreude.

Damit Spiel entstehen kann, damit Lebenskraft und Lebensfreude sich einstellen, müssen Möglichkeiten gegeben sein, die gesamte Aufmerksamkeit auf gerade diese Tätigkeit zu richten, ohne daß sich die Umwelt störend bemerkbar macht: „Wir werden nicht gezwungen, auf die vielen verschiedenen Dinge achtzugeben, wir brauchen keine Aufmerksamkeit auf die unzähligen Nebenereignisse und Ablenkungen des täglichen Lebens zu richten, sondern wir beschränken uns lediglich auf einen ganz kleinen Bereich: die Sandkiste, das Spielzimmer, den Sportplatz, das Schachbrett. Diese geben uns eine unmittelbare Rückmeldung. Jede unserer Handlungen ist in diesem Spielbereich bedeutsam, jede Handlung führt zu einem Ergebnis. (. . .) Alles ist sehr klar, obwohl es von Augenblick zu Augeblick aufregend und ungewiß ist. (. . .) Unsere Gefühle und die Gegenstände außerhalb unserer selbst sind eins. Kindern verwandeln Holzklötze unter Gefühlsbeteiligung in Autos; Tennisspieler müssen den Flug des Balles *fühlen,* wenn sie angemessen reagieren sollen. Spiel löscht Absonderung und alle Formen von Sachlichkeit und Objektivität aus, mit denen der Weg zur wissenschaftlichen Weisheit gekennzeichnet ist. Spiel verlangt, daß man sein ganzes Selbst hineinlegt. Innerhalb der geltenden Regeln wird gefordert, daß man mit ganzem Herzen dabei ist. Das erzeugt das Gefühl der Lebendigkeit. Wenn das Spiel vorbei ist, berichten wir stets, daß wir Freude daran hatten. Freude ist offensichtlich die Reaktion auf das Gefühl der Lebendigkeit.“[9]

Häufig sind die Vollzüge des täglichen Lebens so, daß man sich darin nicht in vollem Umfang wiederfinden und sein ganzes Selbst hineinlegen kann. Oftmals ist das Leben mit seinen immer wiederkehrenden Routinen geradezu langweilig. Spielen unterbricht den täglichen Alltag, bringt Abwechslung und macht das Leben interessanter. Andere Möglichkeiten der Wirklichkeit klingen an und erlauben es, sich anders als sonst zu erfahren: mit ganzem Herzen dabei, ungeteilt, lebendig.

Warum ist es gerade im Spiel möglich, sein ganzes Selbst hineinzulegen und das Gefühl der Lebendigkeit zu erfahren? Im Gegensatz zu den Routinen des täglichen Lebens erfüllt das Spiel ein lustvolles Spannungsbedürfnis der Menschen. Diese lustvolle Spannung, weder zu stark und bedrohend noch zu schwach, wird im Spiel gesucht und in den Spielhandlungen immer neu aufgerichtet. Die Spannungsmomente des Spiels sind für Heinz Heckhausen (1963) in *Aktivierungszirkeln* gebunden. Heckhau-

9 Sutton-Smith, B. und S.: Hoppe Hoppe Reiter. Die Bedeutung von Kinder-Eltern-Spielen, Piper Verlag, München und Zürich 1986, S. 233 f.

sen stellt zwei Haupteigenschaften des Aktivierungszirkels heraus: „Die erste besteht darin, daß das Affekterleben ständig um einen mittleren Spannungsgrad herumpendelt, der gleich weit entfernt ist von matter Langeweile einerseits und überwältigendem Affekt andererseits. (. . .) Die zweite Haupteigenschaft des Aktivierungszirkels ist der baldige Spannungsabfall, der Entspannung und Erleichterung bringt. (. . .) Ein mittlerer Aktivierungsgrad und ein rascher Aktivierungszirkel werden als ausgesprochen angenehm, unterhaltsam, ja lustvoll erregend empfunden. Anregungskonstellationen, durch welche sie ausgelöst werden, wirken anziehend und werden spontan aufgesucht."[10]

Welche Anteile im Spiel bewirken diese Anregungskonstellationen? Heckhausen bezeichnet sie als Diskrepanzen: Ungleichheiten, Unterschiede, Abweichungen, Unverträglichkeiten, Brüche, Unstimmigkeiten und Widersprüche. Heckhausen unterscheidet vier Kategorien solcher Diskrepanzen, die auf ihre Weise das Spiel in Gang halten und bestimmen: 1) Abweichungen zwischen gegenwärtigen und früheren Wahrnehmungen. Darauf baut sich eines der stärksten menschlichen Motive auf: Die Neugierde. Ein Spiel wird als spannend empfunden, wenn es für den Spieler etwas Neues bietet. 2) Widersprüche zwischen Wahrnehmungen und Erwartungen. Das Spiel gewinnt seinen Reiz durch Überraschungen. 3) Unstimmigkeiten zwischen Teilen des gegenwärtigen Wahrnehmungsfeldes. Solche Unstimmigkeiten werden als Verwickeltheit wahrgenommen und ziehen die Aufmerksamkeit auf sich. Der Spieler bemüht sich, Zusammenhänge wahrzunehmen und gemäß dieser Erkenntnisse auf das Spielgeschehen einzuwirken. Viele Denk- und Rätselspiele gewinnen durch ihre Verwickeltheit ihren Spielreiz. 4) Unterschiede zwischen verschiedenen Erwartungen. Diese Unterschiede bewirken Gefühle von Ungewißheit und Spannung. Spiele, deren Ausgang ungewiß ist (Glücksspiele) und die Risiken enthalten (Mutproben), führen gerade wegen dieser Ungewißheit zu lustvoll erlebten Aktivierungszirkeln. Günstig ist ein „mittlerer Ungewißheitsgrad". Spiele dieser Art weisen einen Schwierigkeits- oder Gefährlichkeitsgrad auf, dessen Bewältigung keineswegs schon gesichert ist, sondern immer noch eine gewisse Wahrscheinlichkeit des Scheiterns enthält.

Die von Heckhausen entwickelte Theorie des „Aktivierungszirkels" gibt Aufschluß darüber, wie ein Spiel von seiner Struktur her beschaffen sein muß, damit Spannung aufkommen kann, die als lustvoll erlebt wird: Es muß die Neugierde ansprechen, Überraschungen bieten, Problemlösungsverhalten stimulieren oder Momente von Ungewißheit und Risiko enthalten. Nicht erklären kann diese Theorie, warum es zu großen Unterschieden bei der Wahl gleichspannender Spiele kommen kann. Ungeklärt

---

10 Heckhausen, H.: Entwurf einer Psychologie des Spielens; in: Flitner, A.: Das Kinderspiel, Piper Verlag, München 1973, S. 137 f.

durch diese Theorie bleibt auch, warum manche Kinder ausgeprägte Vorlieben für bestimmte Spiele haben, die für diese Kinder nach so häufigem Spiel gewiß nicht mehr Neugierde auslösen oder Überraschungen bieten können. Die Theorie des „Aktivierungszirkels" erklärt das strukturelle „Entgegenkommen" von Spielen, sie klärt jedoch nicht die „Erwartung" der Spieler an das Spiel hinreichend auf. Hierzu bedarf es anderer Blickwinkel.

Spiel als Übertragung konflikthafter Situationen

Vergangenheit

Der Gedanke, daß etwas aus der Vergangenheit im Spiel aufscheint, ist relativ neu. Hall (1906) sieht in bestimmten Spielen Widerspiegelungen der Lebensweise der Urahnen, die uns seit Äonen von Geschlechtern vererbt sind. Das Ausleben „gespeicherter" Impulse steht auch im Mittelpunkt der „Katharsis"-Theorie von Harvey Carr (1902): Indem man spielt, reinigt man sich vom Überschuß drängender instinktiver und triebhafter Zwänge und findet so ein harmloses Auslaß-Ventil.

Der bedeutsamste Beitrag zur Erkenntnis, daß sich im Spiel Vergangenes, nämlich konflikthafte Situationen aus der Lebensgeschichte des Menschen widerspiegelt, stammt von Freud: „Man sieht, daß die Kinder alles im Spiele wiederholen, was ihnen im Leben großen Eindruck gemacht, daß sie dabei die Stärke des Eindrucks abreagieren und sich sozusagen zu Herren der Situation machen."[11] Die zufälligen und begrenzten Beobachtungen von Freud gaben die ersten Anregungen dafür, sich von den Grundgedanken und Begriffen der Psychoanalyse her auch den Erscheinungen des Spiels zuzuwenden.

Neben der Erkenntnis, daß das Kinderspiel eine Fülle von Befriedigungen des Luststrebens möglich macht (z.B. Übernahme attraktiver Rollen wie Vater und Mutter, spielerische Inszenierung lustvoll erfahrener Erlebnisse wie etwa eine Feier), trat die Einsicht, daß viele Kinderspiele auch „jenseits des Lustprinzips" liegen und Unangenehmes und Spannungsvolles enthalten (z.B. Arztbesuch, körperliche Strafen, Reise der Mutter).

Die psychoanalytische Theorie des Spiels gründet sich auf die Beobachtung, daß das Kind seine Erlebnisse im Spiel verarbeitet: „Das zur Verarbeitung gelangte Material ist jedenfalls ein erlebtes Material, also etwa die erlebte Situation zwischen Mutter und Kind, zwischen Vater und Mutter, zwischen Lehrer und Schüler usw."[12] Um die Verarbeitung unlustvoller

---

11 Freude, S.: Jenseits des Lustprinzips, Intern. Psychoanalyt. Verlag, Leipzig, Wien, Zürich 1921 (2), S. 10; enthalten in: Anmerkung 1, S. 82.

12 Waelder, R.: Die psychoanalytische Theorie des Spiels; in: Flitner, A. (Hg.): Das Kinderspiel, Piper Verlag, München 1973, S. 51.

Situationen in einem Spiel zu erklären, stützt sich die psychoanalytische Theorie des Spiels auf die Lehre vom „Wiederholungszwang".

Die Psychoanalyse geht davon aus, daß der seelische Organismus die Reize der Außenwelt nur bis zu einer bestimmten Stärke aufnehmen und assimilieren, d.h. psychisch verarbeiten kann. Ist der Außenreiz zu stark und zu mächtig oder tritt er sehr überraschend innerhalb kurzer Zeit auf, ist der seelische Organismus überfordert und behilft sich mit dem Wiederholungszwang: Das traumatische Ereignis taucht in neuer Gestalt wieder auf; der Mensch steht unter dem Zwang, eine von ihm nicht verarbeitete Situation immer wieder neu inszenieren zu müssen. Die Situation der nicht bewältigten Ohnmächtigkeit gegenüber einer übermächtigen Vaterfigur wird z.B. auf andere Situationen des späteren Lebens übertragen: auf Beziehungen zu Lehrern, Geistlichen, Vorgesetzten. Die nicht oder nur unzureichend verarbeiteten Erlebnisse mit dem Vater lasten wie ein Druck auf dem seelischen Organismus und drängen dahin, sich erneut damit zu beschäftigen, erneut als Erlebnis reproduziert zu werden.

Vom Ich des Menschen her gesehen ist dieser Wiederholungszwang ein Versuch, durch „Neuinszenierungen" die nicht verarbeiteten Erlebnisse doch noch zu assimilieren – also nicht nur Schicksal, sondern auch aktiver Versuch, die Beeinträchtigungen der Psyche Schritt für Schritt durch Verarbeitung aufzuheben. Es ist, als ob die Psyche den zu großen Brocken der traumatischen Erfahrung in kleine Portionen zerlegte und diese nach und nach verdaute.

Das Spiel des Kindes, das einer unlustvollen Situation folgt, ist mit dem Mechanismus des Wiederholungszwanges vergleichbar. Das Kind versucht, im Spiel seine übermächtigen Lebenseindrücke psychisch zu bewältigen, indem es das übermächtige Erlebnis durch „Neuinszenierungen" in kleine Stücke zerlegt, die es dann nach und nach assimilieren kann. Durch die Tatsache, daß das Kind eine passiv erlebte (und erduldete) Situation in einem Spiel neu inszeniert, schafft es einen Übergang von der Passivität zur Aktivität. Dies kann sich noch verstärken, wenn das Kind die Rolle, die es in der Wirklichkeit gehabt hat, im Spiel gegen eine andere (aktivere) vertauscht: Mußte das Kind einen schmerzhaften Zahnarztbesuch erdulden, wird es im Spiel selbst der Zahnarzt, der seinen Teddybären behandelt. Das Einnehmen einer aktiven Rolle erleichtert den Assimilationsvorgang, es schafft eine seelische Distanz zum schmerzvollen Erlebnis und macht das Kind zum „Herren der Situation".

Die durch das Spiel erzeugten Potentialitäten – Wirklichkeitsauffassungen, Wertvorstellungen, Handlungsbereitschaften – haben also nicht nur eine Bedeutung im Hinblick auf die äußere Welt, sie sind zugleich auch Möglichkeiten zur Regulation des psychischen Innenraumes. Indem das Kind mit ihrer Hilfe Belastendes verarbeitet und integriert, gewinnt es innere Freiheit, die zu seiner Entfaltung notwendig ist. Mit dem Spiel hat das Kind eine Möglichkeit, die von der Außenwelt heranstürmenden Erregungsmengen, die zu stark oder zu rasch auf den Organismus einwirken, in stufenweise vor sich gehenden Assimilationen aufzufangen. Diese Fähigkeit des Kindes, überwältigende Eindrücke im Spiel durch das Entwikkeln entsprechender Potentialitäten zu verarbeiten und in die psychische Struktur zu integrieren, setzt die bei Kindern noch vorhandene Plastizität des Seelischen voraus: „Wenn diese Plastizität abgenommen hat, und wenn die Möglichkeiten eingeengt sind und einer reicher durchgebildeten Wirklichkeit Platz gemacht haben, wenn der weitgehend formlose seelische Organismus Struktur geworden ist, dann treten, so scheint es, andere weniger Erfolg verheißende Verfahren an die Stelle des Spiels.“[13]

Und noch ein zweites begünstigt die Verarbeitung im Spiel: „Im Kind sind die Grenzen zwischen Realität und Phantasie noch unscharf, die beiden Welten greifen gelegentlich ineinander über. (. . .) Dieses Verschwimmen von Realität und Phantasie ist aber offenbar auch eine Voraussetzung dafür, daß ein spielerisches Abreagieren zustande kommen kann.“[14] Bei Kindern ist der Spielraum noch eine „lebendige Hüllschicht“, die im regen Austausch mit dem Wirklichkeitskern steht. Die Einflüsse der Umwelt gelangen zunächst in diese „Hüllschicht“, wo sie durch spielerisches Handeln so „aufbereitet“ werden, daß sie ohne Gefährdungen der Psyche in den Wirklichkeitskern gelangen können. Mit der Erstarkung des Ichs im Laufe des Lebens und mit dem Herausbilden praktikabler Wirklichkeitsstrukturen wachsen die Fähigkeiten, Belastungen unmittelbar verarbeiten zu können. Zudem wird mit zunehmender Erstarrung der Person die Schutzkruste gegen äußere Einflüsse dichter und undurchlässiger. Die „lebendige Hüllschicht“ verliert bei dieser Entwicklung zunehmend an Bedeutung und büßt immer stärker die Fähigkeit ein, neue Wirklichkeitsvorstellungen und Handlungsmuster reifen zu lassen.

Mit der Vorstellung vom Spiel als Übertragung und Bewältigung konflikhafter Situationen ging man in der Folgezeit daran, Kinderspiele zu deuten. Lili E. Peller (1952) entwickelte aus diesem Blickwinkel Modelle des Kinderspiels. Sie führt anhand von Beispielen auf, warum Kinder im Spiel attraktive Rollen übernehmen, bestimmte Rollen einem unbelebten Gegenstand übertragen, die Rolle des Verlierers übernehmen, Tiere mit großem Symbolgehalt spielerisch darstellen, Clownereien veranstalten oder Rache im Spiel umlenken.[15] So deutet sie z.B. das Versteckspiel des kleinen Kindes als pantomimische Versicherung: „Wann immer die Mutter außer Sicht ist, kann ich doch in kurzer Zeit wieder mit ihr zusammenkommen. *Ich* bin es, der die Trennung herbeiführt, aber *ich* kann auch unsere Vereinigung wieder zustandebringen.“ Im Spiel wiederholt das Kind eine alltägliche Erfahrung, um die Sicherheit zu gewinnen, daß es *immer*

---

13 Anmerkung 12, S. 60.
14 Anmerkung 12, S. 60.
15 Peller, L.E.: Modelle des Kinderspiels; in Flitner, A. (Hg.): Das Kinderspiel, Piper Verlag, München 1973, S. 62 ff.

gut ausgehen wird und daß es in seiner eigenen Macht liegt, einen guten Ausgang herbeizuführen. Die Trennungsangst des Kindes wird durch endlos wiederholende Spiele allmählich assimiliert.

Die psychoanalytische Betrachtungsweise des Spiels hat sich als sehr fruchtbar erwiesen. Sie hat auf der einen Seite eine analytisch orientierte Spieltherapie hervorgebracht (Anna Freud, Hans Zullinger), in der das freie Kinderspiel als ein fortwährender Prozeß der Selbstheilung einbezogen ist.[16] Auf der anderen Seite ist eine kindorientierte Spielpädagogik entstanden, die Spiele als Möglichkeit zum Verständnis und zur emotionalen Förderung von Kindern und Jugendlichen nutzt.[17]

Mit der psychoanalytischen Betrachtungsweise des Spiels ist kein „Generalerklärungsprinzip“, was Spiel nun ist und warum es zustande kommt, gefunden worden. Hinter den traumatisierenden Einflüssen, die Kinder im Spiel umsetzen, stehen gesellschaftliche Kräfte und Wirklichkeitsvorstellungen, die bei einer individuell-lebensgeschichtlichen Betrachtungsweise nicht in Blick kommen.

Spiel als Spiegel der Gesellschaft

Die ersten drei Aspekte, das Spiel zu betrachten und zu verstehen, kann man sich auf einer Zeitleiste angeordnet vorstellen. Der Gedanke der Nützlichkeit des Spiels ist auf die *Zukunft* gerichtet. Die Lebendigkeit, Vitalität und Spannung des Spiels beziehen sich auf die unmittelbare *Gegenwart.* Wenn man von Übertragung konflikthafter Situationen spricht, denkt man an die *Vergangenheit* des Spiels. Das Spiel selbst findet zwar in der Gegenwart statt, die Kräfte jedoch, die sich im Spiel entfalten, stammen (auch) aus der Vergangenheit und sind (als Potentialitäten, als Möglichkeiten des Denkens, Fühlens und Handelns) auch auf die Zukunft gerichtet. Spiel ist also – von außen betrachtet – nicht ohne Ursachen und auch nicht ohne Folgen.

Die Vergangenheit des spielenden Kindes läßt sich als eine Folge miteinander verbundener Szenen beschreiben, die das Kind beeindrucken und prägen, auf die es reagiert und mit denen es sich auseinandersetzt. Diese individualisierende Betrachtungsweise läßt Gemeinsamkeiten aus dem Blick geraten, denen Kinder einer *gleichen* Kultur, einer *gleichen* sozialen

---

16 Eine gute und kurze Übersicht findet sich bei Flitner, A.: Spielen – Lernen. Praxis und Deutung des Kinderspiels, Piper Verlag, München 1982 (7), S. 58 ff.

17 Besonders lesenswert sind Daublebsky, B.: Spielen in der Schule, Klett Verlag, Stuttgart 1973, und Büttner, C. (Hg.): Spielerfahrungen mit Schülern, Kösel Verlag, München 1981.

Schicht, eines *gleichen* Geschlechts ausgesetzt sind. Die das Spiel prägenden Szenen sind also nicht nur zufällig, sondern weisen strukturelle Gemeinsamkeiten auf: In den Szenen spiegeln sich gesellschaftliche Einflüsse mit ihren Normen, Rollenstrukturen und übergreifenden Wertvorstellungen wider – „gebrochen" durch die verschiedenen Familienstrukturen und Institutionen. Die gesellschaftlichen Einflüsse mag man sich als umgreifendes „Kraftfeld" vorstellen, dessen Einflüsse in Art und Intensität von Familien, Gruppen, Institutionen und schließlich vom Menschen selbst „gefiltert" aufgenommen und umgesetzt werden. Insofern spiegelt sich auch im Spiel Gesellschaftliches wider.

Dem Spiel des Erwachsenen wird die gesellschaftliche Funktion zugewiesen, zur Erholung des Menschen zu dienen. Diese „Erholungstheorie", zunächst von Lazarus (1883) formuliert von Patrick (1916) erweitert, findet sich schließlich auch bei Groos (1922) wieder: „Wir alle erholen uns im Spiel nicht so sehr von der Mühe als von dem Zwang zur Arbeit. In der Befreiung von dem Druck und Zwang des Ernstlebens gewinnt die Erholungstheorie erst ihre tiefe Bedeutung. (. . .) Die Sphären des Ernstlebens stehen ja dauernd unter dem Druck der realen Zwecke. Alles, was wir vollbringen, ist stets nur Mittel zu solchen uns vorschwebenden Zielen, die immer wieder in die Zukunft hinausrücken, wie der Horizont vor dem eilig Vorwärtsstrebenden in der Ferne zurückweicht. Ja, wir werden selbst zu solchen Mitteln, zu dienenden Gliedern in dem ungeheuren Maschinengetriebe der Kultur. Im Spiele aber befreien wir uns von dem harten Zwange des Müssens."[18]

Das Spiel, als „Gegenwelt" postuliert, spiegelt die unabgegoltenen Bedürfnisse in der Gesellschaft wider: ohne Zwang des Müssens sich entfalten zu können. Aber selbst in dieser zwangfreien Entfaltung spiegeln sich noch die gleichen Tendenzen wider, wie in der Gesellschaft – nur unter etwas anderem Vorzeichen: „Man findet in Spielen die gleichen Motive und die gleichen sozialen Gefüge wie außerhalb, jedoch ohne die üblichen Lasten und Ärgernisse und ohne die üblichen Risiken und Verwicklungen. Am Ende des Arbeitstages oder der Arbeitswoche ist unser Wunsch, Erfolg zu haben, durch Müdigkeit und andere Probleme abgeschwächt. Wenn man nun eine klare und intensive Gelegenheit hat, ohne die Schwierigkeiten des normalen Daseins Erfolg zu haben, zu kämpfen, zu wetteifern, mutig zu sein, zu fintieren, zu bluffen, schneidig zu sein, dann gibt einem dies ein Gefühl der Befreiung. Vorausgesetzt wir gewinnen dann und wann, stellt uns ein Lebenshochgefühl wieder als das zuversichtliche Mitglied unserer Kultur, das wir ja sind, her und befähigt uns, optimistischer als zuvor auf dem bisherigen Kurs weiterzusteuern."[19]

---

18 Groos, K.: Das Spiel. Zwei Vorträge, Verlag Gustav Fischer, Jena 1922 (2); zit. nach Anmerkung 1, S. 72 f.

19 Sutton-Smith, B.: Die Dialektik des Spiels, Verlag Karl Hofmann, Schorndorf 1978, S. 199.

Im Spiel werden gesellschaftliche Einflüsse deutlich. Sie sind so modifiziert, daß der Spieler sich sowohl darin wiederfindet als sie auch angemessen verarbeiten kann. Im Spiel kann man so sein, wie man sonst auch sein möchte, nur braucht man die ansonsten vorhandenen Lasten und Ärgernisse, Risiken und Verwicklungen nicht zu tragen. Wie ein Kind seine traumatisierenden Einflüsse in seinen Spielen in kleine Stücke zerlegt, um sie so zu assimilieren, greift der ältere Mensch zu Spielen, um mit den beeinträchtigenden Einflüssen seiner Erwachsenenwelt fertig zu werden und seine Lebensfreude und Zuversicht zu erhalten. Erscheinen die traumatisierenden Einflüsse der Kindheit individualisiert, wirken die Kräfte, die auf den Erwachsenen belasten, stärker gesellschaftlich formiert und generalisiert.

So wie die Gesellschaft auf das Spiel einwirkt, so scheint es auch Rückwirkungen des Spiels auf die Gesellschaft zu geben. Indem Huizinga menschliche Kultur (und damit Gesellschaft) schlechthin an das Spiel bindet, betont er, wie kein anderer vor ihm, die gesellschaftliche Bedeutung des Spiels: „Seit langer Zeit hat sich bei mir die Überzeugung in wachsendem Maße befestigt, daß menschliche Kultur im Spiel – als Spiel – aufkommt und sich entfaltet.“[20] Der Bereich des Spiels bildet eine „lebendige Hüllschicht“, in der Eindrücke in Potentialitäten umgeformt und dem Wirklichkeitsbestand zugeführt werden können. Dies gilt für Gesellschaften in ihrer Gesamtheit ebenso wie für das einzelne Kind. „Lebendige“ Gesellschaften öffnen sich ihrer „Hüllschicht“ und gestatten einen Austausch zwischen den gefestigten Realitätsmustern und den sich bildenden Potentialitäten. Die „Erstarrung“ einer Gesellschaft läßt sich daran ablesen, wie sehr sie sich dagegen sperrt, daß Potentialitäten sich mit dem Wirklichkeitsbestand verbinden, also daß neue Ideen, Wirklichkeits- und Gesellschaftsvorstellungen sich durchsetzen.

Unterhalb dieser allgemeinen Feststellung kann man die Spielformen einer Gesellschaft auch als Ausdruck ihrer beherrschenden Normen, Wertvorstellungen, Konflikte, Probleme, strukturellen Schwierigkeiten ansehen. Diesen Gedankengang hat Caillois (1958) weiterverfolgt und die Spiele in vier Grundkategorien eingeteilt, je nachdem, ob innerhalb des jeweiligen Spiels das Moment des Wettstreites, des Zufalls, der Maskierung oder des Rausches vorherrscht. Der Grundgedanke dabei ist, daß die Verschiedenartigkeit der Kulturen in Bezug zur Eigenart der Spiele steht, die in den verschiedenen Kulturen gespielt werden: „Da ich überzeugt bin, daß notwendigerweise zwischen den Spielen, den Sitten und den Institutionen enge Beziehungen der Kompensation oder des Einverständnisses bestehen, scheint es mir nicht so unvernünftig zu untersuchen, ob das Schicksal der Kulturen, ihre Erfolgschance oder ihre Stagnationsgefahr

---

20 Huizinga, J.: Homo Ludens, Rowohlt Verlag, Reinbek 1970; vgl. auch Anmerkung 1, S. 142.

nicht ebenfalls schon in der Vorliebe enthalten sind, welche sie für die eine oder für die andere der Elementarkategorien zeigen."[21]

Der Aufgabe, Unterschiede zwischen der Spieltätigkeit verschiedener Kulturen herauszufinden und zu kommentieren, hat sich, wie kein anderer, Brian Sutton-Smith gewidmet. Nach diesen Forschungen gibt es signifikante Beziehungen zwischen der Existenz von Spielen und anderen kulturellen Variablen: „Mit verschiedenen Spieltypen (Strategie, Glück, Geschicklichkeit und zentrale Person) gehen verschiedenartige Beziehungsformen einher. Das Fehlen von Spielen wie auch das Vorhandensein vieler Spieltypen in einer Kultur ist ebenfalls durch bestimmte Beziehungsmuster gekennzeichnet."[22] In Kulturen tropischer Regionen, die ihr Überleben durch Jagd und Fischen sichern, kamen häufig nur Geschicklichkeitsspiele vor: etwa in Form von Speerwerfen und Bogenschießen, also Techniken, von denen das Überleben jener Gesellschaften abhängt. „Glücksspiele zeigten sich am häufigsten in Verbindung mit verschiedenen Formen der Ungewißheit, wie etwa unsichere Nahrungsmittelversorgung und starke zeitliche Klimaschwankungen; Glücksspiele stellten in solchen Kulturen, deren Lebensbedingungen so ungewiß waren, daß man keine besseren instrumentellen Verfahren zur Entscheidungsfindung hatte, offenbar eine Möglichkeit dar, mit Hilfe eines gütigen Schicksals eine Entscheidung zu erhalten."[23] Strategiespiele schließlich kamen in komplexeren Kulturen vor, die über eine höher entwickelte Technologie und ein soziales Schichtungssystem verfügten. Sie verkörpern für diese Kulturen eine Form systemnotwendigen sozialen Lernens.

Im kulturellen Zusammenhang kann man Spiele auch als *Macht*modelle ansehen: „Sie stellen Modelle der Verfahren dar, die Erfolg über andere oder Einfluß auf sie ermöglichen, sei es durch magische Macht (wie in Glücksspielen) oder durch Kraft (wie in Geschicklichkeitsspielen) oder durch Klugheit und Raffinesse (wie in Strategiespielen). Daraus kann man folgern, daß Kinder in Spielen all jene unentbehrlichen Kniffe für Listen und Schliche, Täuschungen, Störmanöver, Prophezeiungen und auch das Falschspielen lernen, die ihnen ihre Lehrer und Erzieher nicht vermitteln, die aber in manchen ‚erfolgreichen' zwischenmenschlichen Beziehungsverhältnissen, in Ehe, Geschäftsleben und Krieg nicht unwichtig sind."[24]

Spiele sind auch *Konfliktlösungs*modelle. Dies gilt nicht nur für individuelle traumatisierende Situationen, die im Spiel Stück für Stück assimiliert werden können, sondern hat seine Bedeutung auch für allgemeine kulturell und gesellschaftlich bedingte Konfliktstrukturen. Die in der Realität

21 Callois, R.: Die Spiele und die Menschen, Ullstein Verlag, Frankfurt 1982, S. 77 f.
22 Anmerkung 19, S. 105.
23 Anmerkung 19, S. 118 f.
24 Anmerkung 19, S. 121.

unserer Gesellschaft bestehenden Gegensätze zwischen Gewinnen und Verlieren werden in einem Spiel aufgehoben, das alle Spieler abwechselnd gewinnen oder verlieren läßt, oder sie doch wenigstens vor den realen Konsequenzen beider Möglichkeiten schützt. Beim Schach, das auf Gewinnen und Verlieren hin strukturiert ist, stellt jeder Spieler seine „Befehlsgewalt" gegen die des anderen. „Innerhalb der Regeln des Schauspiels z.B. kann er seinen Status behaupten und Macht ausüben, und zwar ohne die Angst, die er hätte, wenn er das gegen eine aktuell über ihm stehende Autorität täte. Die subjektiven Kontrollmöglichkeiten des Spiels lassen all die Spannungen entstehen, die eine solche Situation hervorbringen kann, reduzieren sie aber auf den Rahmen dieses Spiels. Die allgemeine Lebensspannung wird auf die spezifische und kontrollierbare Spielspannung übertragen; es handelt sich jedoch immer um Spiel."[25]

Spiele ermöglichen es also, Konfliktstrukturen der Gesellschaft, die sich im Spieler widerspiegeln, „abzupuffern": Spannungen aus dem gesellschaftlichen Umfeld können im Spiel reproduziert und weiter verarbeitet werden. „Das Spiel stellt gleichsam ein Modell des Konflikts dar. So wird der Gehorsamskonflikt durch einen Krieg zwischen sozialen Systemen auf einem Schachbrett nachgebildet, der Unabhängigkeitskonflikt durch Jagen und Fliehen in einem Nachlaufspiel."[26]

Das Kind erfährt, durch Familie, Freundesgruppe, Kindergarten vermittelt, in Form verschiedener Szenen strukturell ähnliche Konflikte, z.B. den Konflikt zwischen Anerkennen und Ablehnen: im Verhalten der Mutter den eigenen Äußerungen und Handlungen gegenüber, im Akzeptieren oder Nichtakzeptieren als Spielpartner in einer Kindergruppe, im Gewährenlassen oder Verbieten einer Erzieherin im Kindergarten. Das Kind „behält" diese Szenen nicht nur in der Erinnerung, sondern es bildet auch ein Bewußtsein der Struktur dieser Szenen heraus. Ist der Konflikt zwischen Anerkennung und Ablehnung nicht hinlänglich verarbeitet, wählt das Kind aus den möglichen ihm bekannten Spielen eines aus, das strukturell diesem Konflikt entspricht. Das Spiel kann mithelfen, den Konflikt zwischen Anerkennung und Ablehnung allmählich zu assimilieren.

Spiele ermöglichen nicht nur eine allmähliche Assimilierung von Konflikten, sie sind auch Anregungen, sich bestimmte Werthaltungen und Fähigkeiten anzueignen, um die vermittelten Konfliktstrukturen in der Wirklichkeit der Gesellschaft für sich zu lösen. Wenn man diesen Gedankengang weiter verfolgt, kann man die Spiele verschiedener Kulturen miteinander vergleichen und daran die Frage stellen, welche Konflikte sie widerspiegeln. Im Gegensatz zu den westlichen Industrienationen gibt es zahlreiche Kulturen, in denen der Wettbewerbsgedanke die Spielform nicht beherrscht. „So betreiben Eskimos und australische Ureinwohner mehr

25 Anmerkung 19, S. 61.
26 Anmerkung 19, S. 68.

auf Zusammenarbeit basierende Spiele als wir. Aber es handelt sich in ihrem Fall um Völker, die nur dann überleben können, wenn ihr Mitglieder zusammenarbeiten. In Spielen stellen sie der Reihe nach ihr Können zur Schau, ohne danach zu fragen, wer besser ist."[27]

In den durch Wettbewerb und Ausbeutungsverhältnisse gekennzeichneten Gesellschaften nimmt es nicht wunder, daß die Spiele genau dies auch widerspiegeln. Es gibt eine Reihe Einzeluntersuchungen, die diesen Zusammenhang detailliert belegen, so z.B. zum Flipperautomaten[28], zum amerikanischen Baseball[29] und zu den Videospielen[30]. Aber auch gegenteilige Tendenzen sind zu beobachten. Die in den USA entstandene und nicht unbedeutende Spielbewegung der „New Games" und der „kooperativen Spiele" wendet sich entschieden gegen die ins Absurde gesteigerte Wettbewerbsorientierung im Spiel: „Amerikanische Kinder sind so auf Wettbewerb hin konditioniert, daß sie selbst in Situationen konkurrieren, wo Zusammenarbeit angebracht wäre. Ihr Konkurrenztrieb ist stärker als ihr Eigeninteresse. Ein solcher Wettkampf ist irrational."[31] Orlick führt diese extreme Spielhaltung auf gesellschaftliche Bedingungen zurück: „Nur selten sind Verstärkungen an soziale Ziele geknüpft oder an wünschenswerte zwischenmenschliche Beziehungen. Im Gegenteil gibt es unter der gegenwärtigen Belohnungsstruktur kaum einen Grund, hilfsbereit und kooperativ zu sein. Häufig genug gibt es sogar Gründe, die gegen das Helfen sprechen."[32]

Das Beispiel dieser Spielbewegung macht deutlich, daß vorherrschende gesellschaftliche Einflußstrukturen sich nicht ungebrochen und zwangsläufig immer in den Spielen wiederfinden lassen. Die „lebendige Hüllschicht" des Spielraums bietet nicht nur eine Konfliktsozialisierung, sondern schafft auch Potentialitäten entgegen den vorherrschenden Tendenzen. Ein Grund dafür liegt bei komplexeren Gesellschaften auch in schichtspezifischen Unterschieden in der „Brechung" und Vermittlung gesellschaftlichen Konfliktpotentials. Je nach gesellschaftlicher Schicht werden gesellschaftliche Konfliktstrukturen in unterschiedlicher Weise wahrgenommen, weitergegeben und daher auch in andersgearteten Spielen und Spielstrukturen assimiliert.

---

27 Anmerkung 19, S. 197.

28 Warneken, B.J.: Der Flipperautomat. Ein Versuch über Zerstreuungskultur; in: Segmente der Unterhaltungsindustrie, Suhrkamp Verlag, Frankfurt 1982, S. 77 f.

29 Hamer, H.E.: Möglichkeiten der Selbstverwirklichung im Spiel; in: Kreuzer, K.J. (Hg.): Handbuch der Spielpädagogik, Band 1, Düsseldorf 1983, S. 515 ff.

30 Fritz, J.: Im Sog der Videospiele, Kösel Verlag, München 1985.

31 Orlick, T.: Zusammen gewinnen und lernen, Ettlinger Verlag, Ettlingen 1983, S. 29.

32 Anmerkung 31, S. 115.

Auf niedriger ökonomischer Stufe wird mehr Zeit mit einfachen Spielen, wie z.B. Nachlaufen, verbracht. Kinder aus höheren Gesellschaftsschichten wenden sich schneller und häufiger komplexeren Spielen zu, z.B. Mannschaftswettspielen. Einfache Spiele, die wie die Nachlaufspiele um eine zentrale Person kreisen, bilden eine Parallele zu der mehr autoritären Natur des Familienlebens in unteren sozialen Schichten, während der Charakter der Mannschaftsspiele mehr die egalitäre, sowohl durch Kooperation als auch durch Wettbewerb gekennzeichnete Natur des Lebens in der Geschäfts- und Berufswelt widerspiegelt (soweit die Auffassung von Sutton-Smith). Da Kinder aus unteren Schichten zu einem späteren Zeitpunkt ebenfalls sich Mannschaftsspielen zuwenden, wirkt sich die Zugehörigkeit zur sozialen Schicht seiner Auffassung nach zeitverzögernd aus. Dies deckt sich mit einer Langzeitstudie von Renon, nach der es in einigen Unterhaltungsspielen eine Entwicklungslücke für Jungen aus den unteren sozialen Schichten gibt, die bei diesen Kindern erst einige Jahre später als bei denen der höheren Schichten zu Interesse an diesen Spielen führt.

Die verschiedenen, hier erörterten Aspekte des Spiels schließen einander nicht aus. Sie ergänzen sich vielmehr und erlauben, wenn man sie zusammenführt, einige allgemeinere Aussagen über die Kräfte, die beim Zustandekommen des Spiels mitwirken.

Spiel ist eine „lebendige Hüllschicht", in der individuelle und gesellschaftliche Einflußgrößen miteinander verschränkt werden. Anmutungen, Szenen und Konflikte wirken in diese Hüllschicht ein und bilden die dynamischen und thematischen Kräfte, aus denen das Spiel besteht. Im Spiel selbst entwickeln sich Potentialitäten, die sowohl Ausdruck individueller und gesellschaftlicher Konfliktstrukturen sind, als auch Reaktionsweisen des Menschen, diese Konflikte allmählich zu verarbeiten. Zugleich schaffen die Potentialitäten Handlungsmuster und Wirklichkeitsvorstellungen, die dem Menschen helfen, mit der ihm angesonnenen Wirklichkeit klarzukommen – sei es sie zu verstehen und zu akzeptieren, sei es sie zu verändern. Das Spiel ist nicht nur Ausdruck unmittelbarer Lebendigkeit, es ist zugleich auch eine Möglichkeit, die eigenen inneren Strukturen und die gesellschaftliche Wirklichkeit „lebendig" zu halten.

Zum Weiterlesen empfohlen:

Callois, R.: Die Spiele und die Menschen, Ullstein Verlag, Frankfurt 1982.
Flitner, A.: Das Kinderspiel, Piper Verlag, München 1973.
Huizinga, J.: Homo Ludens, Rowohlt Verlag, Reinbek 1970.
Schäfer, G.E.: Spielphantasie und Spielumwelt, Juventa Verlag, Weinheim und München 1989.
Scheuerl, H. (Hg.): Theorien des Spiels, Beltz Verlag, Weinheim und Basel 1975.
Sutton-Smith, B.: Die Dialektik des Spiels, Verlag Karl Hoffmann, Schorndorf 1978.

Einflußfaktoren des Spiels

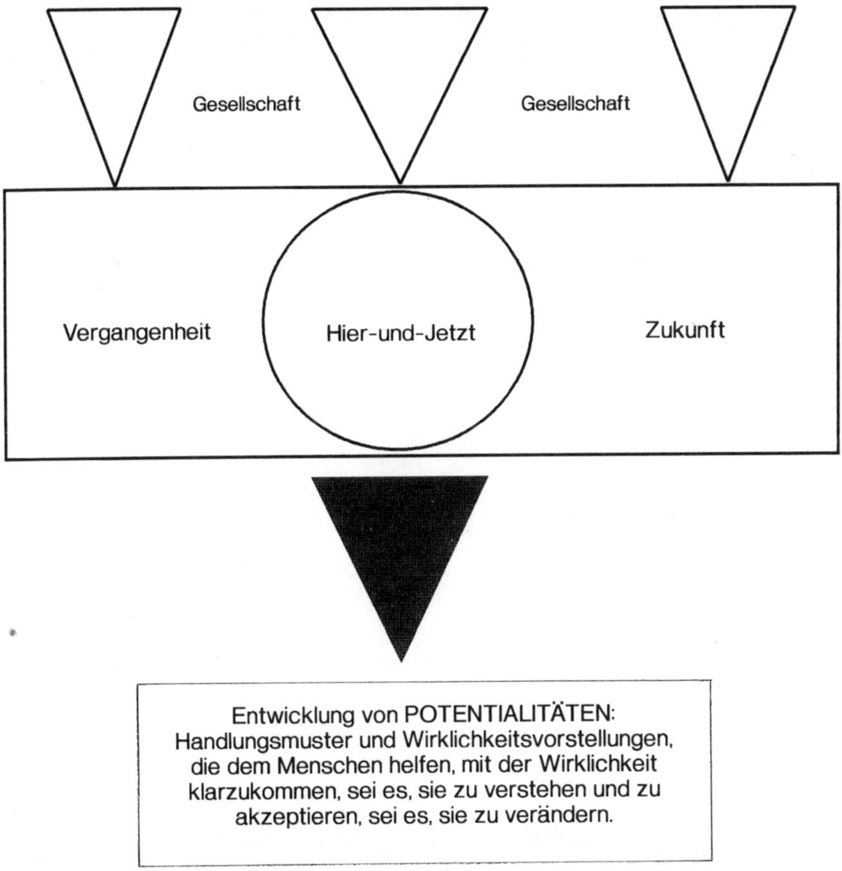

2. Wie entwickelt sich das Spielverhalten von Kindern?

Nach einem Seminar über Spielpädagogik wird eine Studentin von ihrem kleinen Sohn gefragt, was sie denn gemacht hätte. Die Antwort „Ich habe etwas über Spielen gelernt“ stößt auf Befremden: „Spielen gelernt?! Ich brauche das nicht zu lernen, ich kann das auch so!“

Spiel als „intermediärer Raum“

Ist Spielen eine angeborene Fähigkeit, die sich ohne großes Zutun wie von alleine entwickelt? Warum entsteht überhaupt die Fähigkeit zu spielen? Von welchen Bedingungen ist dies abhängig?

Der Ausgangspunkt für die Spielentwicklung ist das Spannungsfeld zwischen Kleinkind und Mutter, das entsteht, wenn das Kind erstmals die Mutter als „Nicht-ich“ erfährt. „Nach der völligen Verschmelzung mit der Mutter tritt das Kleinkind in eine Phase, in der es die Mutter vom eigenen Selbst trennt und in der die Mutter das Ausmaß ihrer Anpassung an die Bedürfnisse des Kindes einschränkt, um sich selbst nach weitestgehender Identifizierung mit dem Kind wiederzufinden und weil sie auf das veränderte Bedürfnis des Kindes, sie jetzt als unabhängiges Wesen zu erleben, eingeht.“[1] Das Kind lernt jetzt, Ich von Nicht-ich, äußere Realität von innerem Erleben zu scheiden – ein unverzichtbarer Entwicklungsschritt in der Ausbildung der Identität eines Menschen.

Das Kleinkind kann die notwendige Trennung nur vollziehen, weil es zwischen äußerer Realität (also zunächst der Mutter) und innerem Erleben keinen leeren Raum gibt. Es entsteht vielmehr, als notwendige Abpufferung im Trennungsprozeß, ein Zwischenbereich, der sowohl Bestandteile der inneren als auch der äußeren Welt enthält und geeignet ist, beide miteinander zu verbinden. Es ist eine „lebendige Hüllschicht“, die von Winni-

1 Winnicott, D.W.: Vom Spiel zur Kreativität, Klett-Cotta 1979 (2), S. 124 f.

cott als „intermediärer Bereich“ bezeichnet wird: „Es ist ein Bereich, der kaum in Frage gestellt wird, weil wir uns zumeist damit begnügen, ihn als eine Sphäre zu betrachten, in der das Individuum ausruhen darf von der lebenslänglichen menschlichen Aufgabe innere und äußere Realität voneinander getrennt und doch in wechselseitiger Verbindung zu halten.“[2]

Zwischen dem vierten und dem zwölftes Lebensmonat beginnt sich der intermediäre Bereich durch das Auftreten von „Übergangsphänomenen“ zu entfalten: Der Säugling steckt den Daumen in den Mund, er greift nach Zipfeln der Bettwäsche, an denen er kaut. Diese „Repräsentanten der weiblichen Brust“ bilden für das Kind die ersten Elemente für den Aufbau seines intermediären Bereiches und erlangen für das Kind in der Zeit des Schlafengehens eine wichtige Bedetung als Abwehr gegen Ängste. „Übergangsobjekte“ wie Läppchen, Stofftiere, Schnuller sind Ausdruck kindlichen Bemühens, die innere und äußere Welt miteinander zu verbinden. Das Übergangsobjekt ist sowohl (von seiner Herkunft aus) Teil der äußeren Wirklichkeit als auch (in seiner Verwendungsform) Ausdruck der inneren Realität und ihrer Impulse und Bedürfnisse. Es tritt an die Stelle der Mutter und gleicht aus, was durch die allmählich sich vermindernde Sorge der Mutter für das Kind verlorengeht. Um das Gefühl persönlicher Sicherheit zu garantieren, muß das vom Kind frei gewählte Übergangsobjekt zur Stelle sein, wenn es gebraucht wird und ein Vielerei an Wunschhandlungen zulassen. Mit Hilfe des Übergangsobjekts beginnt das Kind, Realität aktiv zu gebrauchen und zugleich innere und äußere Welt zu unterscheiden: Es ist die erste Annäherung an objektive Erfahrung.

Mit zunehmender Entwicklung und wachsenden Fähigkeiten des Kindes, die äußere Realität wahrzunehmen und auf sie einzuwirken, schwindet die Bedeutung der Übergangsobjekte, und das Spiel nimmt die Funktion ein, innere und äußere Wirklichkeit zu vermitteln. Voraussetzung für die Entfaltung des Spiels und damit die Entwicklung des intermediären Raumes ist eine vertrauensvolle und verläßliche Beziehung zur Mutter oder zum Vater: „Die Mutter paßt sich an die Bedürfnisse ihres Kindes an, das allmählich Persönlichkeit und Charakter entwickelt; diese Anpassung gibt ihr ein bestimmtes Maß an Verläßtlichkeit. Das Kleinkind, daß diese Verläßlichkeit über einen bestimmten Zeitraum hin erlebt, entwickelt ein Gefühl des Vertrauens. Erst das Vertrauen auf die Verläßlichkeit der Mutter und damit die anderer Menschen und Objekte ermöglicht die Abtrennung des Nicht-ich vom Ich. Trennung wird jedoch gleichzeitig dadurch vermieden, daß der potentielle Raum mit kreativem Spiel mit Symbolen und dem, was allmählich das kulturelle Erleben ausmacht, erfüllt wird.“[3]

Damit Spiel stattfinden kann, bedarf es eines entspannten Feldes, das frei sein muß von allzu großen Ängsten und starken Impulsen. Dazu ist eine

2 Anmerkung 1, S. 11.
3 Anmerkung 1, S. 126 f.

verläßliche und vertrauensvolle Eltern-Kind-Beziehung sehr wichtig. In diesem Falle verläuft der Trennungsprozeß nicht so schmerzhaft, weil sich im Spannungsbereich zwischen Kleinkind und Mutter das Spiel unter optimalen Bedingungen, allmählich aus einer gelösten inneren Haltung entwickeln kann. Die Entwicklung des Spiels ist also nicht von Anlagefaktoren abhängig, sondern von lebendigen Erfahrungen mit der Umwelt, in die das Kind seine sich langsam entfaltenden Fähigkeiten, seine Wünsche und Bedürfnisse einfädeln kann. Hand in Hand mit der Entwicklung des intermediären Bereichs entwickelt sich auch die Vorstellung des Kindes von der äußeren Realität. Hierbei kommt dem Spiel als Vermittlungsbereich zwischen innerer und äußerer Wirklichkeit eine wichtige Bedeutung zu: Mit Hilfe des Spiels kann die äußere Wirklichkeit für das Kind eine persönliche Bedeutung bekommen, weil das Kind über das Spiel einen Zugang zu seiner inneren Realität und damit zu den subjektiven Bedeutsamkeiten der äußeren *Welt* herstellen kann. Mit anderen Worten: Das Spiel verlockt das Kind, sich mit der äußeren Realität auseinanderzusetzen und sie sich anzueignen. Das Kind kann die äußere Wirklichkeit nicht real erleben, wenn es ihm nicht gelingt, sie mit Hilfe des Spiels nachzuerschaffen und nachzuempfinden: „Man kann zwar Realitäten außerhalb seiner selbst wahrnehmen, objektiv registrieren. Als Nicht-Ich-Realitäten aber erleben, ernstnehmen, kennenlernen kann man sie wohl nur, wenn man versucht, sie mit den eigenen subjektiven Mitteln nachzuvollziehen. Ich habe deshalb davon gesprochen, daß man Realität *für sich* realisieren muß, d.h. für sich erschaffen und derart mit den subjektiven Bedeutungshaftigkeiten verknüpfen muß, damit sie sich subjektiv als wirklich anfühlt."[4]

Der Aufbau einer „lebendigen Hüllschicht" kommt bei der Entwicklung des Kindes entscheidendes Gewicht zu. Mit ihrer Hilfe kann sich das Kind aus der Verschmelzung mit seiner Mutter lösen, eine Trennung zwischen innerer und äußerer Welt herstellen und zugleich eine Verbindung zwischen beiden Welten schaffen. Spielentwicklung des Kindes bedeutet Aufbau und Entfaltung dieser „lebendigen Hüllschicht", dieses Zwischenbereiches zwischen innerer und äußerer Wirklichkeit. Wir werden uns nun mögliche Phasen in dieser Entwicklung etwas genauer ansehen.

mögliche Phasen in der Spielentwicklung:

Übungsspiel, Symbolspiel, Regelspiel

Im Spiel löst sich das Kind aus seinen Realitätserfahrungen. Es wiederholt, formt und handhabt diese Erfahrungen, um sie in das eigene Verstehen einzubauen, sie zu assimilieren. Der erwachsene Mensch ist gegen die

4 Schäfer, G.E.: Spiel, Phantasie und Selbstbezug; in: Kreuzer, K.J.: Handbuch der Spielpädagogik, Band 1, Schwann Verlag, Düsseldorf 1983, S. 346.

Eindrücke seiner Umwelt stärker abgepanzert: Er nimmt einiges auf und läßt anderes beiseite. Das Kind dagegen muß sich an die Einflüsse aus der Umwelt erst gewöhnen. Dazu löst es sie aus der Realität los, „verwandelt" sie in Symbole der Wirklichkeit und geht spielerisch solange mit ihnen um, bis es sie sich angeeignet hat. In diesem Prozeß der Aneignung von Wirklichkeit im Spiel unterscheidet Piaget (1959) drei Hauptformen: das *Übungsspiel,* das *Symbolspiel* und das *Regelspiel.*[5]

Am Anfang der Spielentwicklung des Kindes steht das *Übungsspiel.* Einfache Handlungsschemata werden vom Kind wiederholt. Es übt diese Schemata sozusagen „leer", ohne ein besonderes Ziel. Das Vergnügen am Funktionieren: die „Funktionslust" steht im Mittelpunkt des Spiels. Bereits sehr früh bilden sich diese Spiele heraus: „Schon in den ersten Lebensmonaten kann man beobachten, wie Babys mit ihrer Spucke auf den Lippen Blasen machen und wie sie ihre Zunge im Munde herumbewegen. Während sie dies tun, machen sie oftmals einen besonders entspannten Eindruck. (. . .) Sehr wahrscheinlich spielen sie."[6] Zwischen dem 3. und 6. Monat setzt das Kind durch eigene Bewegungen Spielzeuge wie Mobiles oder Rasseln in Gang. Mit diesen Funktionsspielen kann das Kind allmählich eine Trennung zwischen Ich und Nicht-Ich vollziehen und zugleich einfache sensumotorische Schemata spielerisch vorüben.

Zwischen dem 6. und 12. Lebensmonat lernen die Kinder im Spiel, ihre Hände, Arme und Körper als *Kräfte* zu gebrauchen, die sie auf die Welt anwenden: sie schlagen und klopfen, sie stecken kleine Gegenstände irgendwo hin, sie drehen Knöpfe, ziehen bewegliche Gegenstände zu sich heran, kriechen unter Stühle und Tische und in Schränke hinein, öffnen und schließen Türen, machen Schubladen auf und zu, kriechen die Treppen hinauf und lassen Gegenstände fallen. Diese Handlungsschemata sind der Bestandteil einfacher Übungsspiele, die dem Kind Freude bereiten und die es über einen längeren Zeitraum spielen kann.

Im zweiten Lebensjahr stehen die Übungsspiele unter dem Gesichtspunkt explorieren und austesten. Die Hauptaktivität der Kinder dieses Alters besteht darin, die Beschaffenheit von Gegenständen sowie Ursache-Wirkungszusammenhänge zu verstehen. Diese ernsthafte Aktivität führt zur Anpassung der Kinder an ihre Umwelt. Das auf „Können" gerichtete Verhalten ist noch nicht Spiel. Erst wenn die Kinder ein Gefühl der Entspanntheit entwickeln und die umgebende Welt abstrahieren, entwickelt sich das Spiel: z.B. dass „Patschen" in einer Pfütze über einen längeren Zeitraum; das Werfen von Steinen ins Wasser; das Füllen und Leeren von

5 Piaget, J.: Nachahmung, Spiel und Traum, Ernst Klett Verlag, Stuttgart 1969, S. 146 ff.

6 Sutton-Smith, Brian und Shirley: Hoppe, hoppe, Reiter . . . Die Bedeutung von Kinder-Eltern-Spielen, Piper Verlag, München 1986, S. 31.

Eimern über eine gewisse Zeit; so auf dem Bürgersteig gehen, daß man keine Linien berührt.

Im dritten Lebensjahr setzen sich die Übergangsspiele fort. Die sensumotorischen Schemata sind stärker miteinander verknüpft, komplexere Tätigkeiten werden möglich. Die Kinder können jetzt gleichzeitig etwas tun und die Ergebnisse ihres Tuns beobachten. Auch ihre körperlichen Fähigkeiten haben sich weiter ausgebildet und münden in Übungsspiele mit speziellen Handlungsforderungen ein: auf einem Balken balancieren, auf einem Strich entlanggehen. Die Motivation zu diesen Spielen liegt in der Freude am Funktionieren oder auch darin, sich seiner neuerworbenen Fähigkeiten zu versichern. Sicher können auch Motive vorliegen, die über bloße „Funktionslust" hinausweisen, z.B. wenn das Übungsspiel von seinem Thema her Konflikthaftes aus den Lebensumständen des Kindes enthält: Eine problematische „Reinlichkeitserziehung" kann seinen Niederschlag in bestimmten Spielen finden.

Die Zunahme in der Fähigkeit der Kinder zur Verknüpfung und Kombination führt dazu, daß das Übungsspiel von darstellender Phantasie begleitet wird und sich in ein Symbolspiel verwandelt. Gleichwohl kann auch bei älteren Kindern (ja selbst bei Erwachsenen) das Übungsspiel auftreten (z.B. in neuen und ungewohnten Situationen, beim Erproben von Spielmitteln).

Die zweite Kategorie kindlicher Spiele bezeichnet Piaget als *Symbolspiele*. Sie setzen voraus, daß sich das Kind ein abwesendes Objekt vorstellen kann. Im Symbolspiel geht es um *fiktive* Darstellungen und Handlungen, um die „Verwandlung" von Gegenständen und Personen: Ein Bauklotz wird zu einem „Hammer", das Kind wird „Verkäufer". Das Symbolspiel enthält vorgestellte Gegenstände, Personen oder Situationen, die von der Realität losgelöst und damit der starken Verfügbarkeit des Kindes unterworfen sind. So rücken Gegenstände, Personen und Situationen in eine bewältigbare Nähe, und dem Kind wird es möglich, mit ihnen umzugehen und seine Eindrücke zu verarbeiten.

Das Symbolspiel ist in seinen Erscheinungsformen überaus breit gefächert. Es beginnt mit einfachen Handlungen, die simuliert werden („ich koche jetzt das Essen") und symbolischen Zuschreibungen an Gegenstände („dieses Holzstück ist ein Baum"), setzt sich fort über das Spiel mit Puppen und geht hin bis zum Rollenspiel mit anderen Kindern. Es nimmt daher nicht wunder, daß viele Begriffe parallel verwendet werden: Fiktionsspiel, Darstellungsspiel, Rollenspiel, Theater. Der Begriff „Symbolspiel" ist dabei der weitestgehende. Das Fiktionsspiel hat eine szenische Darstellung zum Inhalt: Gegenstände und Personen werden transformiert, also in etwas anderes verwandelt, um dann szenisch zur Darstellung zu gelangen. Im Darstellungsspiel steht eine bestimmte Darstellungsabsicht im Mittelpunkt: eine Situation oder eine Rolle zu spielen. Das Rollenspiel schließlich ist eine Sonderform des Darstellungsspiels, die das Handeln in vorgegebenen Rollen zum Gegenstand hat. Im Theaterspiel erfolgt die Darstellung mit Blick auf ein Publikum.

Die Anfänge des Symbolspiels sind im Grunde Formen der Nachahmung, die Kinder schon vor dem zweiten Lebensjahr entwickeln können. Sie ahmen in diesen Spielen hauptsächlich die Erwachsenen nach – ohne dabei ein Bewußtsein vom fiktiven Gehalt ihres Spiels zu haben. Mit dem zweiten Lebensjahr machen Kinder ihre Eltern schon genauer nach: „Essen kochen", „Staubsaugen", „Geschirrspülen". Für reale Handlungen sind die Kinder meist noch zu klein, und diese zudem, in den Augen der Eltern, für sie zu gefährlich. Von daher werden Kinder (zunächst) von der Beherrschung der Umwelt ferngehalten und auf das Spiel verwiesen – in vielen Fällen mit Hilfe eines Arsenals an Spielsachen. Dies kommt den Kindern teilweise auch entgegen, da sie mit Hilfe von Spieldingen das Gefühl entwickeln könnne, Handlungen und Situationen beherrschen zu können.

Gegen Ende des zweiten Lebensjahres gelangen die Kinder zu ersten Formen des Symbolspiels: Sie „trinken" aus einem Bauklotz und nennen den Klotz ihre „Tasse". Später, im Laufe des dritten Lebensjahres, werden sie zu Darstellern in ihrem eigenen Symbolspiel: Sie spielen Vater und Mutter und greifen auf symbolträchtige Gegenstände zurück, die ihnen das Spiel erleichtern: Eine Puppe, die zum Kind wird, eine Spielzeugflasche, mit der das Kind gefüttert werden kann, eine Decke, auf die das Kind zum Schlafen gelegt wird.

Im dritten Lebensjahr haben Kinder keine Schwierigkeiten mehr, sich zwischen Symbolspiel und Realität hin und her zu bewegen: „In einem Augenblick sind sie Cowboys, im anderen wieder sie selbst. Gerade diese Flexibilität der Grenzen zwischen Cowboy-Sein und Selbst-Sein scheint eine große Hilfe dafür zu sein, in das hineinzuwachsen, was sie einerseits werden *wollen* und andererseits werden *sollen.* Auf jeden Fall können Kinder das „Als-ob" als eine nützliche Abschirmung benutzen, um in Ruhe gelassen zu werden, wenn sie irgend etwas mit sich selbst „durcharbeiten".[7]

Am Ende des dritten Lebensjahres gehen auch Gefühle in das Spielen ein: Das Kind benimmt sich frech und wird von der Mutter bestraft; der Vater verbietet dem Kind etwas. Im vierten Lebensjahr verleihen die Kinder ihren Personen Persönlichkeitseigenschaften und statten sie mit unterschiedlichen Gefühlen aus: die besorgte Mutter, der beschäftigte und gereizte Vater, die neugierige Tante. Mit Hilfe ihrer Spielsachen entwickeln die Kinder dieses Alters kleine „Gesellschaften". Mitunter verändern sie ihre Stimme, wenn sie ihre Spielfiguren oder Puppen wechseln. Es wird deutlich, daß die Kinder im Spiel so „Persönlichkeitsunterschiede" (zwischen den Spielfiguren) „herausspielen".

7 Anmerkung 6, S. 85.

Bemerkenswert an den Symbolspielen dieses Alters ist, daß die Kinder ihre Lebenssituation und ihre Gefühle mit dieser Spielform vollständiger als auf irgendeine andere Weise zum Ausdruck bringen können: „Jedenfalls sind sie nicht in der Lage, mit Worten so umfassend auszudrücken, was sie denken und fühlen. Auch in Zeichnungen gelingt ihnen das nicht. Als eine Form der Selbstdarstellung ist das Spiel diesen anderen Ausdrucksweisen weit voraus. Offensichtlich ermöglicht ihnen das Spiel mehr als alles andere, nicht nur flexibel zu sein, weil sie Macht haben, sondern auch auszudrücken, was die Welt für sie bedeutet.“[8]

Im Laufe des fünften Lebensjahres entwickeln sich ausdifferenzierte Spiele mit mehreren Kindern, die auf die erlernten Fähigkeiten im Symbolspiel aufbauen können. Die Forderungen, die diese Form des Symbolspiels an Kinder stellt, sind nicht zu unterschätzen: a) Die Kinder müssen eine Rolle übernehmen, also das Verhalten (Sprache, Gestus, Handlungen) bestimmter Personen nachahmen. Dazu muß eine entsprechende Spielsituation geschaffen werden, in der diese Rollen sinnvoll sind. b) Die Rolle muß über eine bestimmte Zeit hinweg von den Kindern gespielt werden. c) Die Kinder müssen zusammenarbeiten, sich über Rollen, Rollenverteilung, Spielsituation und Ablauf einigen. d) Sie müssen die Fähigkeit entwickeln, flexibel von Spielebene auf Regieebene umzuschalten, d.h. vom Spiel zum Reden *über* das Spiel kommen. Die Vielzahl dieser Anforderungen wird durch das Spiel selbst aufrechterhalten und stärkt die sozialen Fähigkeiten der Kinder.

Vierjährige sind in der Lage, Phantasierollen wie Märchenfiguren, Comicgestalten, Filmhelden, Tiergestalten u.a. nachzuempfinden: „Diese neuen Phantasiegeschöpfe und Phantasiegefährten erlauben den Kindern, ihr Verhalten in alle möglichen Aktivitäten hinein zu erweitern, die nicht Teil des normalen Ablaufs von Ereignissen sind. Sie können sowohl verbotenes als auch unmögliches Verhalten in Erwägung ziehen. Ihre Einbildungen leisten ihrem Denken insofern gute Dienste, als sowohl das Mögliche als auch das Unmögliche einbezogen werden kann. Solange sie über diese Fähigkeit verfügen, sind sie nicht in eine einzige schmale Bahn annehmbaren Denkens hineingezwängt.“[9] Dieses Phantasieren im Spielraum ist eine „Poesie der Möglichkeiten“, die als Kraft gegen die Widrigkeiten der Umwelt gesetzt werden kann. Phantasiespiele stärken das Vertrauen in das Leben und geben Zuversicht, weil sie Möglichkeiten bieten, zu erspielen, wie die Welt und das Leben sein *könnten*.

Die *Regelspiele* entwickeln sich langsam aus den Übungsspielen. Hat das Kind bestimmte sensumotorische Fähigkeiten erworben, bildet es Regeln, nach denen diese Fähigkeiten sich zeigen sollen: Eine enge Straße entlang laufen, ohne die Häuserwände zu berühren; eine Treppe hinaufgehen, oh-

8 Anmerkung 6, S. 101.
9 Anmerkung 6, S. 145.

Regelspiele = soziale Spiele

ne die Hände zu benutzen. Diese „Selbstverpflichtung“ im Übungsspiel bildet den Übergang zu den Regelspielen, bei denen die Verpflichtung zur Einhaltung von den Mitspielern kontrolliert wird. Regelspiele in ihrer entfalteten Form sind also soziale Spiele: Spiele, die zu mehreren stattfinden und in denen Absprachen zwischen den Spielern über die Regeln und den Spielablauf vorliegen. Die Regel, der Kristallisationspunkt dieses Spieltyps, ist als objektivierte soziale Vereinbarung Teil der sozialen Außenwelt. Im Regelspiel geht es also nicht mehr nur um das Zeigen und Entwickeln von Fähigkeiten, sondern auch um das Herstellen sozialer Strukturen: die Bildung einer Gruppe, die unter sich ausmacht und kontrolliert, was nach welchen Regeln gespielt wird.

Die in gegenseitiger Absprache und allseitigem Einvernehmen getroffenen Vereinbarungen über Spiel und Spielregeln sind, im Gegensatz zu den Vorschlägen und Verboten aus dem Elternhaus, „eigene“ Regeln des Kindes und drücken vielfach schon Selbstbeherrschungs- und Selbstbestimmungsverhalten aus: „So kann sich ein Kind beispielsweise vornehmen, in diesem Spiel wirst du nicht hinschauen, wenn sich die anderen verstecken, oder: du darfst nicht zu schnell zählen, sonst mogelst du. Dadurch entstehen Situationen, in denen das Kind zwischen zwei Zielen wählen muß: entweder die Spielregeln einzuhalten oder sich durch das Übertreten der Regeln Vorteile zu verschaffen. (. . .) Da jedoch die Teilnahme an der Spielgruppe und die Konformität mit den Mitspielern einen recht hohen Belohnungscharakter besitzen, weist es momentane Impulse zur Regelübertretung immer häufiger zurück und hält sich an die Absprachen.“[10]

Die Regelspiele als soziale Spiele stabilisieren das Kind in seinen sich langsam herausbildenden Wahrnehmungs- und Wirklichkeitsstrukturen. Im Spiel kann das Kind seine Strukturen mit denen anderer Kinder vergleichen und sich ihnen anzupassen versuchen. Die Entwicklung des Sozialspiels bis hin zu einem bewußten Regelspiel (oder Rollenspiel) ist langwierig: Sie erstreckt sich auf etwa 10 Jahre.

William Stern (1921) und Jean Piaget (1954) haben Entwicklungslinien skizziert.[11] Stern hat beschrieben, wie Kinder schon mit zwei Jahren durch ihre Nachahmungsfähigkeiten in eine Spielgemeinschaft mit Erwachsenen oder anderen Kindern hineingezogen werden. Das Kleinkind wird vom Spielgeschehen angesteckt, imitiert, „macht mit“ und wirkt dadurch

---

10 Schmidtchen, S. und Erb, A.: Analyse des Kinderspiels. Ein Überblick über neuere psychologische Untersuchungen, Verlag Kiepenheuer & Witsch, Köln 1976, S. 35.

11 Stern, W.: Psychologie der frühen Kindheit, Leipzig 1921; Piaget, J.: Das moralische Urteil beim Kinde, Zürich 1954; vgl. auch Flitner, A.: Spielen – Lernen. Praxis und Deutung des Kinderspiels, Piper Verlag, München 1972, S. 83 f. und 86 f.

auch auf die anderen zurück. Die Gemeinsamkeit steht im Mittelpunkt: Lärm machen, herumrennen. Diese Phase der „sozialen Ansteckung" verläuft parallel mit dem „egozentrischen Stadium" (Piaget): „Dieses Stadium beginnt mit dem Augenblick, wo das Kind von außen das Beispiel festgelegter Regeln erhält, d.h. je nachdem zwischen 2 und 5 Jahren. Jedoch spielt das Kind, auch wenn es Beispiele nachahmt, entweder ganz allein, ohne sich Mitspieler zu suchen, oder mit anderen, ohne zu versuchen, sie zu besiegen, d.h. ohne die verschiedenen Spielarten zu vereinheitlichen."[12]

In der nächsten Phase der Entwicklung entsteht die Fähigkeit, an Kreis- und Reigenspielen teilzunehmen. Bereits dreijährige Kinder werden von der „Chor-Wirkung" des gemeinsamen Tuns angesprochen und in die gemeinsamen Bewegungen und Ausdrucksformen hereingezogen. Diese Spielformen haben in jeder Gesellschaft, die wir kennen, eine vorrangige Rolle gespielt. Teilweise (z.B. bei den Eskioms) tun sie es noch heute. In gewisser Weise stellen diese „Gemeinsamkeitsspiele" einen Gipfel des Soziallebens der Menschen dar: In diesen Spielen sind die Kinder eins miteinander und an der gemeinsamen Existenz beteiligt. Diese Erfahrungen können Dreijährige machen, wenn ihre Umgebung (so z.B. der Kindergarten) ihnen hilft, zusammen mit anderen zu singen oder sich zu bewegen.

Die „Gemeinsamkeitsspiele" differenzieren sich in der Folgezeit weiter aus. Der erste Schritt dazu ist, daß Kinder im Spiel lernen, sich abzuwechseln. Diese Fähigkeit gehört zu den universalen Merkmalen menschlichen Verhaltens und kann sich im Regelspiel in folgenden Stufen zeigen: Die Kinder wechseln sich ab, tun aber das gleiche. Ein Kind klatscht z.B. in die Hand, während die anderen still sind. Dann kommt das zweite Kind, wiederum allein, an die Reihe. Der nächste Schritt besteht darin, daß die Kinder sich abwechseln, jedes Kind aber etwas anderes tut, wenn es an der Reihe ist, z.B. unterschiedliche Tiergeräusche vormachen. Von der Abwechslung gelangen die Kinder dann, wenn sie etwa 5 Jahre alt sind, zu einer Aufgabenteilung im Spiel: Eines muß suchen, alle anderen verstecken sich. Die Forderungen an die Spieler sind hier ungleich höher: Sie müssen sowohl die Gesamtaufgabe erfassen als auch ihre einzelne Rolle selbständig wahrnehmen und dabei die eigene Spontaneität mindestens soweit eingrenzen, daß sie in das gemeinsame Spiel einmündet.

Eine noch weitere Stufe in der Entwicklung bilden Konkurrenz- und Wettbewerbsspiele, in denen die Spieler ihre Fähigkeiten miteinander messen können. Diese beginnen etwa mit dem 8. Lebensjahr und sind sicher auch Ausfluß des schulischen Konkurrenz- und Bewertungssystems. Es ist sicher verfehlt, darauf hinzuarbeiten, daß Vorschulkinder Spiele konkurrenzorientiert angehen. Das Verlieren hat in diesem frühen Le-

12 Flitner, A.: Spielen – Lernen. Praxis und Deutung des Kinderspiels, Piper Verlag, München 1972, S. 87.

bensalter zuviel emotionales Gewicht und belastet die Kinder in einem nicht zu vertretenden Maße. Gemeinsam Freude erleben und Vertrauen zu den Spielpartnern haben können sind bessere Grundlagen für das spätere Leben, als frühzeitig durch Spiele die Konkurrenzorientierung unserer Gesellschaft einzuüben.

Auch Kinder im Alter zwischen 7 und 8 Jahren treten im allgemeinen noch nicht in einen unmittelbaren Wettkampf miteinander ein, da die direkte Form der Konkurrenz für sie häufig noch zu belastend ist. Das Verlieren läßt sich einfacher ertragen, wenn mehrere miteinander spielen und nur ein Kind gewinnt. Sie sind zwar in diesem Alter am Gewinnen interessiert, schrecken jedoch vor einer zu großen Herausforderung zurück. Bei Mädchen z.B. sind Seilspringen, Ballhüpfen u.ä. sehr beliebt. Ziel dieser Spiele ist es, langsam durch eine Reihe von Spielhandlungen voranzuschreiten und dabei keine Fehler zu machen. Bei diesen Spielen verliert man nicht in einem drastischen Sinne. Man kann vielmehr das Spiel jedesmal dort wieder aufnehmen, wo man einen Fehler gemacht hat. Gewonnen hat zwar das Mädchen, das als erste die Reihe von Handlungen beendet hat, die anderen schreiten jedoch auch voran.

Mit der Entwicklung der Konkurrenzorientierung in den Spielen werden auch die Regeln bedeutsamer. Kinder im Alter ab 6 oder 7 Jahren entwikkeln ein Wissen von allgemeingültigen und allgemein verbreiteten Regeln, ohne daß gleichzeitig genaue Vorstellungen über deren Zustandekommen vorhanden wären. Die Kinder bemühen sich um einheitliche Regeln und achten diese als ein auf gegenseitige Vereinbarung beruhendes Gesetz.

Im Alter zwischen 9 und 12 Jahren wird das Gewinnen und Verlieren in Regelspielen mehr und mehr zum zentralen Thema. Neben einer direkten Konfrontation „Spieler gegen Spieler“ findet der Wettkampf auch zwischen Gruppen von Spielern statt (insbesondere bei Sportspielen). Das kann die Intensität etwas mildern und ermöglicht es den Spielern, das Verlieren besser zu verkraften. In diesem Alter beginnen die ersten Mannschaftsspiele. Zu spezialisierten Spielen kommt es dabei noch nicht. Vielmehr kämpfen zwei kaum organisierte Gruppen in relativ lockerer Weise miteinander.

Regelspiele erleben im Alter um 10 Jahren ihren Höhepunkt. Zu diesem Zeitpunkt entwickeln Kinder gern eigene Spielideen (auch in Form von Brettspielen). In Regelspielen können Kinder bestimmte charakteristische Merkmale der Gesellschaft „einfangen“ und sich mit ihren Fähigkeiten dazu in Beziehung setzen. Wir werden dies am Beispiel des Fangspiels – quer über die verschiedenen Lebensalter des Kindes – etwas näher darstellen.

Bedeutung des Fangspiels für das Spielverhalten

Fangen ist, unter einem bestimmten Blickwinkel, ein bedeutendes Spiel der Menschheit. Es kommt in fast allen Kulturen vor und kennt mehr Abwandlungen als irgend ein anderes Spiel. Woran liegt das? Zunächst drückt sich im Spiel der Kontaktwunsch des Kindes aus: zu seiner Mutter zu gelangen und sie für sich zu haben. Fangen und Fliehen zu spielen, verlagert die konfliktreiche Trennungsproblematik auf eine für das Kind bewältigbare Spielebene. Die im Fangspiel enthaltenen „dynamischen Gestalten": etwas bekommen wollen, jemanden erreichen, vor einer Bedrohung fliehen und sich so der Bedrohung entziehen sind wichtige Bestandteile des menschlichen Lebens schlechthin. Noch deutlicher wird der Zusammenhang zwischen Spielmuster und Umwelt, wenn man an Kulturen von Jägern denkt. Hier ist es wichtig, daß die Gegensätze von Verfolgen und Fliehen erfaßt werden: Manche Tiere und manche Menschen werden verfolgt, vor anderen flieht man. Man kann es den Kindern nicht überlassen, diese Dinge unmittelbar in der Umwelt zu erfahren: Viele würden diese Erfahrung nicht überleben. Im Spiel hingegen wird das Muster von Verfolgen und Fliehen aus ihrem gewohnten und häufig gefährlichen Zusammenhang gelöst und in einer Weise den Kindern angeboten, daß sie sich diese Muster gefahrlos aneignen können.

In der Entwicklung des Spielverhaltens von Kindern taucht dieses Spielmuster schon sehr früh (in Vorformen) auf. Sobald Kinder hinlänglich sicher laufen gelernt haben, also im 2. Lebensjahr, fangen sie auch an, ihre Eltern zu fangen. „Zu dieser Zeit sind die Kinder ausschließlich Fänger. Sie haben noch nicht gelernt wegzulaufen. Das ist ein ganz wichtiger Punkt. Er weist darauf hin, daß Kinder beim Lernen des Sozialverhaltens zunächst einmal nur die eine Seite der Beziehung üben und erfassen. Später dann lernen sie auch die andere Seite, und noch später fügen sie beide zusammen und vereinen sie. Und genau in diesem Sinne lernen Kinder bei diesem Spiel die soziale Beziehung zwischen Fangen und Entkommen: zunächst nur das Fangen, dann nur das Entkommen und später beides zusammen."[13]

Etwa mit 18 Monaten gehen Kinder dazu über, selbst zu fangen. Sie vollziehen aber im Spiel noch keinen Rollenwechsel: Entweder fangen sie oder lassen sich fangen. Fangen spielen in diesem Alter heißt nicht, daß man schon wüßte, wie man mit Gefahren umgeht, aber es hilft, Ängste zu ertragen und Fähigkeiten auszubilden, die zu einem späteren Zeitpunkt der Entwicklung dieses Verhalten ermöglichen.

Im dritten Lebensjahr reichert sich das Fangspiel mit Symbolen an: Die Kinder „verwandeln" sich in gefährliche Tiere, die hinter den Eltern herja-

---

13 Anmerkung 6, S. 65.

gen und ihnen mächtig Angst einjagen. Die Kinder können so das Gefühl der Bedrohung angemessen verarbeiten. Sie erfahren Macht und Überlegenheit im Spiel und erleben die Eltern in einer machtlosen Position. In diesem Alter sind Kinder auch schon in der Lage, im Spiel die Rollen zu wechseln, also nacheinander Fänger und Gejagter zu sein.

Im vierten Lebensjahr beginnen Kinder, einfache Fangspiele selbst zu organisieren und mit Symbolanteilen zu verbinden: Ein Bauer jagt die Hühner; die Kinder fliehen vor einem Löwen. Dies gelingt insbesondere dann, wenn ein etwas älteres Kind dabei ist, das die zentrale Position des Spiels einnimmt. Bei zwischen 4 und 7 Jahre alten Kindern vermengen sich die Fangspiele mit den Themen „Gewalt“ und „Schießen“: Die aggressive Umgebung und der Wunsch, mächtig zu sein, schafft bei Kindern Spielanlässe, um sich damit auseinanderzusetzen. Wie soll man sich als Erzieher verhalten? Ist es sinnvoll, diese spielerischen Versuche der Kinder zu unterbinden? „Es ist einerseits sinnvoll, Kindern Schießen und Kriegsspiele zu verbieten, und zwar als einen kleinen Schritt in Richtung auf eine friedlichere Welt, aber es ist andererseits unsinnig, daran zu glauben, wenn wir nicht die Welt, in der die Kinder leben, verändern, denn ohne das wird der genannte kleine Schritt nichts bewirken. Darüber hinaus müssen Kinder mit diesen kriegsähnlichen Einflüssen selbst fertigwerden, und man kann ihnen dabei nicht helfen, indem man ihnen einfach verbietet, mit Schießeisen zu spielen.“[14] Eine sinnvolle Möglichkeit besteht darin, wenn Kinder keine Spielzeugpistolen haben, sondern Als-ob-Waffen (umfunktionierte andere Spielsachen oder auch die Finger). Die Ausübung von Macht – bis hin zum Totschießen – bleibt dann noch stärker symbolisch.

Im 6. und 7. Lebensjahr rückt das Problem des Akzeptierens und Zurückweisens noch deutlicher in den Mittelpunkt der Spielaktivitäten. Das drückt sich in den selbst organisierten Fangspielen aus, bei denen die Mädchen die Jungen (oder umgekehrt) jagen, wobei sie sich am Ende umfassen, festhalten und manchmal küssen. Mit diesem Alter gelingt es den Kindern, sich auf deutliche und strenge Regeln zu einigen und auch zu verstehen, daß es zwei verschiedene Rollen gibt, die aufeinander bezogen sind.

Im Alter von 7 und 8 Jahren probieren Kinder aus, was sie gegen Autoritäten unternehmen können – sei es zu Hause oder in der Schule –, indem sie die Erwachsenen durch „freche“ Reden herausfordern. Dies drückt sich auch in den Fangspielen aus. So bringen sie sich z.B. nicht mehr nur in Sicherheit, sondern „befreien“ auch die anderen Kinder und necken den Fänger. Interessant an diesen Spielveränderungen ist, daß der zentralen Figur jetzt von den übrigen Mitspielern zugesetzt wird. Dies drückt den Wunsch nach einer Unabhängigkeit von Machtfiguren aus, den die Kinder einige Jahre später zu verwirklichen versuchen. Im Spielraum des Fang-

---

14 Anmerkung 6, S. 127.

spiels haben sie jetzt schon eine Möglichkeit, mit diesen Verhaltenswünschen in begrenzter Weise zu „spielen".

Mit 9 und 10 Jahren spielen Kinder Fangspiele, in denen Gruppenbildungen eine Rolle spielen. Bei manchen Spielen nimmt die Gruppe der Fänger kontinuierlich zu (jeder abgeschlagene Spieler wird zum Fänger). Die Aufmerksamkeit richtet sich jetzt nicht mehr so stark auf die zentrale Fängerperson, sondern auf den Spieler, der zuletzt übrig bleibt, der bis zuletzt den Fangversuchen Widerstand entgegensetzen konnte. Die symbolischen Handlungen nehmen ab, statt dessen verstärkt sich der direkte körperliche Kontakt (das Schlagen, Festhalten, Zupacken). Das Spiel wird dadurch heftiger und aggressiver. Es bietet den Kindern so eine Möglichkeit, ihre aggressiven Impulse kennenzulernen und in einem geregelten Spielraum damit umzugehen.

Bei noch etwas älteren Kindern (ab etwa 11 Jahren) werden gleich zu Beginn des Spiels zwei Mannschaften gebildet, die miteinander Fangen spielen. Im Mittelpunkt steht das Verfolgen und Kämpfen. „Räuber und Gendarm" und Formen von „Schnitzeljagden" sind beliebte Spiele dieser Art. Später kommen Geländespiele mit differenzierten Rollen hinzu: Beim „Schmuggelspiel" z.B. steht der Mannschaft der Schmuggler die Mannschaft der Zöllner gegenüber, beide mit unterschiedlichen Rollen, Handlungsmöglichkeiten und Aufgaben. Innerhalb der Mannschaft selbst gibt es auch wieder Differenzierungen (vom „Oberschmuggler" bis zum „Schmugglergehilfen"). Damit sind die Voraussetzungen geschaffen, daß Kinder in sportlichen Mannschaftsspielen mit differenzierter Aufgabenverteilung mitwirken können. Ferner spiegelt sich in diesen Spielen etwas von den gruppenbezogenen Auseinandersetzungen in der Erwachsenenwelt, speziell im Berufsleben wider, bei denen es auch darauf ankommt, in „Mannschaften" zusammenzustehen.

Allgemein kann man sagen, daß Regelspiele etwas von den Kräften widerspiegeln, die unsere Wirklichkeit ausmachen. Im Gegensatz zur Wirklichkeit kann das Kind im Spiel diese Kräfte kontrollieren und auf sie einwirken, weil das Regelspiel vom umfassenderen Gewebe des sozialen Lebens einzigartig abstrahieren kann. Das Spiel bietet „dynamische Gestalten", in denen die Art und Weise, wie Menschen ihr Leben in der Gesellschaft handhaben, eingefangen sind. Diese „spieldynamischen Gestalten" (verfolgen, fliehen, angreifen, verteidigen, Besitz anhäufen und verlieren, sich richtig oder falsch verhalten, Erfolg haben oder versagen) finden sich im Leben wieder als Grundstrukturen menschlichen Handelns in der Gesellschaft. Das Regelspiel bildet nicht die Vielschichtigkeit dieses gesellschaftlichen Handelns ab, sondern „beschränkt" sich auf die Grundmuster, die dem gesellschaftlichen Handeln zugrunde liegen. Diese Grundmuster tauchen als „spieldynamische Gestalten" in einfachen Spielhandlungen von Regelspielen auf und werden für die Kinder sowohl zu einer Möglichkeit, ihre Eindrücke aus der Wirklichkeit zu verarbeiten als auch zu einem

Potential, sich mit dieser Wirklichkeit handelnd auseinanderzusetzen, ja sie überhaupt zu verstehen.

Bedeutung des Spiels für die Entwicklung der Kinder

Fassen wir einmal zusammen, worin die wichtigsten Bedeutungen des Spiels für die Entwicklung von Kindern liegen:

a) Das Spiel gibt Möglichkeiten, sich auf die Realität einzulassen. Durch das Spiel kann das Kind Innenwelt und Außenwelt voneinander trennen und zugleich aber in wirkungsvoller Weise miteinander verbinden. Indem das Kind im Spiel seine Eindrücke „nacherschafft", gelingt es ihm, die Wirklichkeit für sich „wirklich" werden zu lassen.

b) Durch das Spiel entsteht ein Zwischenbereich, der sowohl die Anpassung *an* die Realität ermöglicht als auch die Ausbildung von Potentialitäten (also möglichen Handlungsweisen) für die *Veränderung* der Realität bewirken kann. So entsteht ein Wechselbezug zwischen Einflüssen der Umwelt und spielerischer Umsetzung: Die Umwelt wirkt auf die Spielinhalte und das Ausbilden spieldynamischer Gestalten ein. Im Spiel werden diese Einflüsse „bearbeitet": verändert, in neue Zusammenhänge gestellt. Als Potentialitäten wirken diese „Bearbeitungen" auf die Umwelt zurück.

c) Das Spiel entfaltet ein vielfach geschichtetes und ineinander verwobenes Wirkgefüge. So werden im Spiel sensumotorische Fähigkeiten ausgebildet und *zugleich* können Kinder ihre konflikthaften Situationen darstellen und allmählich assimilieren. Im Spiel werden soziale Verhaltensweisen (Kooperation, Rollenverständnis, Fähigkeit zum Ebenenwechsel, Empathie, Gemeinschaftsgefühl) gefordert und gefördert, *zugleich* werden gesellschaftliche Konfliktmuster in Form von spieldynamischen Gestalten reproduziert und „bearbeitet". Das Spiel ermöglicht sowohl ein Verändern der Realität, ein Ausprobieren neuer Möglichkeiten als auch die Stabilisierung von Wahrnehmung und Wirklichkeitssicht (weil man lernt, sich auf die Sichtweisen der Mitspieler einzustellen und sie angemessen bei der Ausbildung und Festigung der eigenen Wirklichkeitsvorstellungen zu berücksichtigen).

d) Das Spiel schafft emotionale und geistige Freiheit. Mit der Entwicklung des Symbolspiels gelingt es Kindern, die Realtität von ihrem Begriff zu trennen. Zeichen und Bezeichnetes, Symbol und Symbolisiertes können etwas verschiedenes werden: Der Stock wird zum Pferd, der ausgestreckte Finger zur Pistole. Die Kinder haben nun die Möglichkeit, den Begriff ganz neu zu füllen, für die eigenen Zwecke dienstbar zu machen und mit ihren Gefühlen und Umwelteindrücken zu „befrachten". So können sie auch in symbolischer Weise Besitz von den Möglichkeiten und Rollen unserer Welt nehmen. Sie gewinnen durch das Spiel eine geistige und emotionale Distanz zu ihrer inneren und äußeren Welt. So wie das Spiel ein gewisses Maß an Distanz und innerer Freiheit voraussetzt, so schenkt es auch diese Distanz und Freiheit im Spielen.

e) Die wesentliche Bedeutung der Spielentwicklung des Kindes ist also, daß ein „Spielraum“ geschaffen wird, eine „lebendige Hüllschicht“, die trennt und verbindet, abfedert, klärt und entspannt, inhaltlich füllt und konkretisiert, Realität „verkleinert“, verändert, neu gruppiert – zugleich aber Realität neu schafft. Der „Spielraum“ ist „Wirklichkeit im Vorstadium“, ein „vorläufiges Manuskript der Realität“, dessen endgültige und letzte Fassung erst am Ende des Lebens vorliegt.

Zum Weiterlesen empfohlen:

Garvey, C.: Spielen, Verlag Klett-Cotta, Stuttgart 1978.

Nitsch-Berg, H.: Kindliches Spiel zwischen Triebdynamik und Enkulturation, Verlag Klett-Cotta, Stuttgart 1978.

Piaget, J.: Nachahmung, Spiel und Traum, Ernst Klett Verlag, Stuttgart 1969.

Sutton-Smith, B. und S.: Hoppe, hoppe Reiter … Die Bedeutung von Kinder-Eltern-Spielen, Piper Verlag, München 1986.

Winnicott, C.W.: Vom Spiel zur Kreativität, Verlag Klett-Cotta, Stuttgart 1979.

3. Was spielen Kinder?

Klassifizierung von Spielen

Die Fülle der Spiele und der spielerischen Betätigungen ist schier unüberschaubar: Vom Spielen mit einer Rassel bis zu den modernsten Videospielen; vom stillen, in sich versunkenen Spiel des einzelnen Kindes bis zu „Spielfesten“ mit mehreren tausend Menschen erstreckt sich das, was wir „Spiel“ nennen. Mal entwickelt sich das Spiel durch die Kinder selbst, ein anderes mal ist es „pädagogisch angeleitet“. Das Erinnern an die eigene Kindheit fördert viele Spiele zutage. Im Mittelpunkt des Erinnerns stehen meistens Spiele, die man mit mehreren gespielt hat. Sehr lesenswert sind Bericht über erlebtes Spiel in der Kinderzeit oder persönliche Spielgeschichten. Schon sehr früh entstanden Spielesammlungen, in denen die damals üblichen Spielformen enthalten waren: 1380 Meister Altswerts Spielregister, um 1580 Johann Fischarts „Geschichtsklitterei“ mit über 600 Spielnamen. Bekannt geworden ist auch das 1560 entstandene Kinderspielbild von Pieter Bruegel d.Ä., mit vielen (noch heute) bekannten Kinderspielen. Überhaupt enthält die Bildende Kunst viele Darstellungen des Spiels – quer über alle kunstgeschichtlichen Epochen.

Es fehlt nicht an Versuchen, diese Fülle an Spielen zu systematisieren und Klassifikationen vorzuschlagen. Die Unterscheidung in Übungsspiele, Symbolspiele und Regelspiele (Piaget) hatten wir bereits kennengelernt. Dieses Klassifikationsmodell geht vom *Spieler* aus und stellt die geistige Struktur, die zur Bewältigung des Spiels notwendig ist, in den Mittelpunkt. Ein ähnliches Modell hatte bereits Charlotte Bühler (1928) entwickelt. Es unterscheidet 5 Spielformen: 1) Funktionsspiele (vergleichbar den Übungsspielen im Modell von Piaget), 2) Konstruktionsspiele (eine spezielle Form der Funktionsspiele, die durch Materialverwendung gekennzeichnet ist: Bauen, Malen), 3) Illusions- oder Fiktionsspiele (vergleichbar mit dem Typ des Symbolspiels), 4) Rollenspiele (als höchste Form des Illusionsspiels), 5) Regelspiele.

Eine gänzlich andere Klassifikation stammt von Roger Callois (1958)[1]; Er geht nicht vom Spieler, sondern vom *Spiel* aus und unterscheidet 1) Wett-

1 Callois, R.: Die Spiele und die Menschen. Maske und Rausch, München und Wien o.J. (1961).

kampfspiele (Agon): vom nichtgeregelten Wettlauf über Brettspiele wie Dame und Schach, einfachen Wettkampfspielen wie Boxen, Fechten, Fußball, bis hin zu Sportwettkämpfen im allgemeinen. 2) Glücksspiele (Alea): Auszählspiele, Wettspiele, Roulette, Lotterie. 3) Verkleidungsspiele (Mimicry): kindliche Nachahmung, Illusionsspiele, Theater. 4) Rauschhafte Spiele (Ilinx): Drehspiele, Zirkus, Schaukel, Jahrmarktsattraktionen, Ski, Kunstsprünge.

Eher pragmatisch orientierte Klassifikationen (die keinen Anspruch auf vollständige Erfassung aller Spiele erheben) beziehen sich beispielsweise auf das *verwendete Spielmaterial:* Spiele mit Würfeln und Karten, mit Decken und Tüchern, mit Tonbandcassettengerät, mit Puppen, mit Brettspielen usw. Ebenfalls auf die Praxis des Spiels gerichtet sind Klassifikationen nach dem *Handlungstyp:* laufen, schwimmen, sprechen, wahrnehmen. Auch der *Spielinhalt* bietet sich für Klassifikationen an: Friedensspiele, Ökospiele, Ausländerspiele. Bei pädagogischer Betrachtungsweise des Spiels wird bei manchen die *Sozialform* als Kriterium der Unterscheidung gewählt: Einzelspiel, Parallelspiel, Kreisspiel, Gruppenspiel, Mannschaftsspiel.

Untersucht man die einzelnen Systematiken des Spiels genauer, wird man feststellen, daß die jeweilige Einteilung entweder nicht allzu trennscharf ist oder recht einseitig und nicht umfassend genug erscheint. Die Klassifikationen sind „Gewebeschnitte" durch den Bereich des Spiels, die das Spiel unter einem ganz bestimmten Gesichtspunkt ordnen möchten. Die kritischen Einwände sollten nun nicht dazu führen, auf Klassifikationen schlechthin zu verzichten. Sie sind ein Weg, die Erscheinungsformen und Wirkungen des Spiels genauer zu betrachten. Jedes vorgestellte Klassifikationssystem muß sich auf seine Gültigkeit und Brauchbarkeit hin befragen lassen und kann so weiterführende Gedanken über das Spiel auslösen.

Ursprung und Entwicklung der Spiele

In den Spielen der Kinder haben historische Ereignisse ebenso ihren Niederschlag gefunden wie Rechtsbräuche und kultisches Geschehen. Dazu einige Beispiele: Das Freimal in Laufspielen, bei dem man vor den Verfolgern sicher ist, findet seine Entsprechung im mittelalterlichen Asylrecht (Kirchen oder Heiligtümer als Schutzräume vor Verfolgung). Auch soziale Schichtungen feudaler Gesellschaftsformen haben ihren Niederschlag in Kinderspielen gefunden. In Tribut- und Pfänderspielen finden sich Anklänge des alten Zoll- und Abgabenrechts.

Es ist zu fragen, warum sich diese Elemente in den heutigen Spielen der Kinder noch immer finden lassen. Wenn sich in Spielen Gesellschaftliches widerspiegelt, dann müssen die überlieferten Formen in einer anderen Gestalt fortleben. Auch jetzt erfahren Kinder möglicherweise Zonen, in denen sie vor Inanspruchnahmen (vielleicht sogar vor Verfolgung) sicher sein dürfen: ihr eigenes Zimmer, ein Versteck, eine Höhle. Auch unsere bürgerliche Gesellschaft kennt soziale Schichten, die für Kinder spürbar werden können: in der Schulklasse, aus den Erzählungen der Eltern vom Arbeitsplatz, im Fernsehen. Gleichwohl: Die Lebensverhältnisse der Kinder haben sich in den letzten 30 Jahren deutlich verändert: immer stärkere wirtschaftliche Nutzung des städtischen Raumes und damit Beschneidung der Außenspielmöglichkeiten; deutlicher Rückgang der Kinderzahlen (insgesamt und in den einzelnen Familien), Zunahme der medialen Beeinflussungen (insbesondere Fernsehen, Musikhören, Radio, Videospiele); stärkere Verplanung der Zeit von Kindern und Jugendlichen durch vielfältige Bildungs- und Sportverpflichtungen. Man darf vermuten, daß in letzten Jahrzehnten gravierende Veränderungen im Bereich des Kinderspiels eingetreten sind.

Untersuchungen in den fünfziger und sechziger Jahren in der Bundesrepublik – sowohl in Städten als auch Dörfern – belegen übereinstimmend, daß das Kinderspiel nach wie vor vorhanden ist, ja sich großer Beliebtheit erfreut. Man kann nicht davon sprechen, daß sich das Kinderspiel insgesamt zurückziehe oder gefährdet sei. Es wandeln sich lediglich bestimmte Bevorzugungen und Spielinhalte. Aktuelle Gegenwartsbezüge finden sich in den Spielen ebenso wieder wie Veränderungen in Normen und Wertvorstellungen.

Untersuchungen zum historischen Wandel von Kinderspielen liegen von Sutton-Smith und Rosenberg vor und umfassen einen Untersuchungszeitraum von 1959 bis 1961. Die Autoren haben Spielesammlungen des neunzehnten Jahrhunderts mit den damaligen Spielesammlungen verglichen.[2] Danach zeigt sich folgendes Bild:

Die heutigen Spiele enthalten weniger Rollen mit hohem sozialen Status: Kaiser und Könige kommen in den Spielen nicht mehr so häufig vor. Möglicherweise hängt das zusammen mit Veränderungen in der Familie (hin zu mehr partnerschaftlichem Verhalten), wahrscheinlich haben die Adelsränge für die Lebenswirklichkeit der Kinder kaum noch Bedeutung. Spiele, die eher den Mädchen zugeschrieben werden (Singspiele, Rate- und Fragespiele) haben deutlich abgenommen. Insgesamt zeigen Jungen eine geringere Vorliebe für Mädchenspiele, während Mädchen sich stärker zu Jungenspiele hingeneigt fühlen als ehedem. Möglicherweise hängt dies mit sich wandelnden Geschlechtsrollen zusammen, die den Frauen eine stärkere Leistungs- und Wettbewerbsorientierung ansinnen.

2 Vgl. Sutton-Smith, B.: Die Dialektik des Spiels, Verlag Karl Hofmann, Schorndorf 1978, S. 116 ff.

In den Spielen werden weniger direkte Aggressionen ausgedrückt (wie z.B. grausame Späße). Stattdessen treten häufiger indirekte Formen der Aggression auf. Möglicherweise hängt es auch damit zusammen, daß insbesondere in den Mittelschichtfamilien psychische anstelle von physischen Strafen getreten sind.

Die Spiele scheinen sich zu entformalisieren. Spiele mit spontaner Organisation und improvisierter Rollenverteilung nehmen deutlich zu. Auch diese Tendenz könnte im Zusammenhang stehen gesellschaftlichen Veränderungen, die strenge Ordnungen, Sitten und Verhaltensmuster zunehmend auflockern und relativieren. Bei all diesen Befunden muß einschränkend vermerkt werden, daß der rasche soziale Wandel ein Veralten empirischer Ergebnisse innerhalb kürzester Zeit zur Folge haben kann. Was Kinder in den achtziger Jahren spielen, wie sie es spielen und welchen Stellenwert das Spiel für sie hat, läßt sich kaum verbindlich sagen. Die neuesten empirischen Untersuchungen in der Bundesrepublik (Erhebung 1985)[3] deuten für Jugendliche ab 10 Jahren in Richtung auf eine starke mediale Freizeitbeschäftigung. Das Zusammensein mit Freunden und Musikhören stehen unangefochten an der Spitze des Freizeitinteresses. Bei den Älteren wird das Weggehen und das Entspannen (nichts tun) zunehmend wichtig. Der Bereich Spiele spielen ist deutlich abgeschlagen. Nach einer 1983 durchgeführten Untersuchung[4] hatte etwa die Hälfte der Befragten dreimal und öfter in der Woche gespielt. Etwa ein Viertel hatte überhaupt nicht gespielt. Bei diesen Befunden muß man davon ausgehen, daß ein recht enger Spielbegriff zugrunde gelegt wurde: Spielerische Betätigungen außerhalb eines irgendwie formal geregelten Spiels wurden nicht benannt.

Bei den Elf- und Zwölfjährigen wurde überwiegend zu Hause gespielt (fast zu 70%); Spiele im Freien kamen zu etwa 30% vor. Während bei Mädchen dieser Anteil mit zunehmendem Alter sehr deutlich abnimmt (etwa 10%), steigt er bei Jungen an (auf etwa 40% zwischen 13 und 16 Jahren). Bei Älteren sinkt der Anteil dann spürbar ab (unter 30%). Besonders bevorzugt waren Sportspiele – und zwar bei beiden Geschlechtern und in jedem Alter. Es folgen dann Kartenspiele, Würfelspiele und Brettspiele. Alle anderen Spielaktivitäten wurden kaum ausgeübt.

Bei Berücksichtigung dieser empirischen Befunde dürfte davon auszugehen sein, daß das in der älteren Literatur in den Vordergrund gerückte Straßenspiel (mit Regeln und bestimmten Abläufen) zumindest bei Jugendlichen ab 11 Jahren deutlich im Rückgang begriffen ist. An dessen Stelle treten Sportspiele und Spiele in der Wohnung (hauptsächlich wohl

---

3 Spanhel, D.: Jugendliche vor dem Bildschirm, Deutscher Studien Verlag, Weinheim 1987.

4 Spanhel, D.: Das Spiel bei Jugendlichen, Ansbacher Verlagsgesellschaft, Ansbach 1985, S. 53 ff.

Gesellschaftsspiele). Das schließt nicht aus, daß Spielformen vorhanden sind, die die Kinder und Jugendlichen nicht als Spiel bezeichnen würden, die aber gleichwohl deutlichen spielerischen Charakter besitzen. Auf diese Randbereiche des Spiels werden wir jetzt etwas genauer eingehen.

Randbereiche des Spiels

Erwachsene haben ihre Umwelt mit festen Bedeutungen versehen: Eine Mülltonne ist für sie eine Mülltonne: ein Behältnis für Abfall, das einmal die Woche geleert wird. Kinder schreiben Dingen ihrer Umwelt, je nach Situation, sehr verschiedene Bedeutungen und Funktionen zu. Für sie kann eine Mülltonne ein faszinierender Spielgegenstand sein, um hinaufzuklettern und wieder nach unten zu springen. Eine Mülltonne kann eine „geheimnisvolle Schatzkiste" sein, in der sie überraschende Funde machen können. Als Musikinstrument, als „Buschtrommel" kann eine Mülltonne ganz vorzüglich sein. Kurz: Für Kinder ist die Mülltonne nicht nur Mülltonne, sondern alles andere auch. Kinder sind in der Lage, eine vollkommen neue Welt zu schaffen, in der die Objekte neue Bedeutungen erhalten. Sie können sich von den festgelegten Bedeutungen lösen und spielerisch andere Bedeutungsmöglichkeiten erproben.

Ausgestattet mit dieser Fähigkeit zur Transformation durchstreifen Kinder ihre Wohnumgebung und nehmen sie in Besitz. Sie erleben die Straße als „wildbewegtes Meer", den Bürgersteig als „Malfläche", die Rasenflächen vor dem Haus als Steppenlandschaft, in der wilde Tiere leben. Die Festlegungen und Unterscheidungen der Erwachsenen sind für Kinder nicht sehr bedeutsam. Das schafft Konflikte: Wenn Kinder beispielsweise einen Autoparkplatz als „Spielbrett" für ein Geschicklichkeitsspiel nutzen und sich wehren, wenn ein Erwachsener diese Transformation bestreitet.

Das Aneignen von Räumen, das fortwährende Transformieren und „Umfunktionieren" von Objekten der Umwelt sind sicher nicht die „klassischen" Straßenspiele, die in der Literatur so oft beschrieben werden. Sie sind eher spontane, wenig geregelte Spiele, die jedoch unter den Bedingungen der Wohnumwelt von Kindern typisch geworden sind. Wie Kinder allenfalls Randbereiche ihrer Wohnumwelt zum Spiel nutzen dürfen, so sind es gerade die Randbereiche des Spiels, die sich dort ansiedeln können.

Dies gilt auch für die Spielaktivitäten von älteren Kindern und Jugendlichen, die für den erwachsenen Betrachter (und für die Jugendlichen selbst) kaum noch als Spiele kenntlich sind. Kleidung und Schmuck, Körperhaltung und Mimik werden spielerisch variiert und „angetestet": auf die Reaktionen der Umgebung hin überprüft. „Kontaktspiele" mit Erwachsenen bringen vielen Jugendlichen Spaß: Das Fragen nach der Uhrzeit, um mögliche Reaktionen kennenzulernen und sich darauf einzustellen; das Klingeln vor der Tür, nicht etwa um wegzulaufen, sondern um sich mit unterschiedlichen Reaktionen auseinanderzusetzen; das Ansprechen („verarschen") von Erwachsenen in öffentlichen Verkehrsmitteln, um zu sehen, was passiert. All diese Spiele machen deutlich, daß Jugendliche sich nicht in einen eigenen, von den Erwachsenen abgegrenzten Spielraum zurückziehen, sondern zunehmend auch Erwachsene in ihr Spiel einbeziehen. Manche merken die spielerische Absicht und „spielen mit", andere fühlen sich provoziert und sind verärgert, weil ihre engen Wirklichkeitsvorstellungen damit berührt werden.

Ein weiterer Randbereich des Spiels sind spielerische Aktivitäten in Freizeiträumen wie Ferienlager, Segelfahrten, längere Wanderungen: Essen organisieren und kochen, Zelte aufbauen, Holz sammeln usw. Der Bereich der Erlebnispädagogik bietet insgesamt genau das, was Jugendliche durch spielerische Aktivitäten erreichen möchten: Die Transformierung ihrer Umwelt, das „Erspielen" neuer Möglichkeiten, sich selbst und andere zu erfahren und zu erleben, sich von festgefahrenen Bedeutungszuweisungen lösen zu können. Sie gewinnen im Grunde durch diese pädagogischen Aktivitäten Spielräume hinzu, die für die Entfaltung ihrer Persönlichkeit wichtig sind.

Ebenfalls um das Erweitern von Spielräumen geht es, wenn Jugendliche herumblödeln, durch Provokation „Action" machen. Sie unterlaufen festgelegte Bedeutungszuweisungen und erkämpfen sich so „ihren" Raum. Die Gefahren sollten nicht unterschlagen werden: Die Jugendlichen geraten leicht dabei in Konflikt mit der Erwachsenengesellschaft – bis hin zur Dissozialität. Diese Gefahr ist umso stärker, als sich die Erwachsenenwelt gegen diese spielerischen Versuche abschließt und den Jugendlichen keine sinnvollen Räume anbietet, in denen sie ihr eigenes Leben in angemessener Distanz zu tradierten und gefestigten Formen entfalten können. In diesem Fall würden sich die spielerischen Verhaltensmuster der Jugendlichen verhärten und mögliche Lösungswege verengen. Aufgabe der Pädagogik, müßte es sein, dieser Verengung der Perspektive entgegenzutreten, das Spiel als *Modell* einer Vieldeminsionalität des Handelns zu entfalten und auf konkrete Lebenszusammenhänge zu übertragen.

Einflüsse der Umgebung auf das Spiel

Bei der Erörterung der Randbereiche des Spiels wurde bereits deutlich, wie wichtig die Umwelt bei der Entstehung der Spiele ist und wie stark sie auf die Spielenden einwirken kann. Wir wollen diesen Aspekt nun noch etwas vertiefen.

Wenn man von „Umgebung des Spiels“ spricht, denkt man zunächst an die städtische Umwelt, also an die Bedingungen der Stadt als Wohnumwelt für das Spiel des Kindes. Die bereits 1930 und 1932 durchgeführten Untersuchungen von Muchow[5] sehen die Kinder nicht als bloße „Opfer“ ihrer Umgebung, sondern zugleich auch als Subjekte, die sich ihre Umwelt handelnd aneignen. Die städtische Umwelt wird (im Spiel) von den Kindern „umgelebt“, Räume und Gegenstände werden „umfunktioniert“. Der Zaun begrenzt nicht nur etwas; er ist zugleich auch Klettergerüst. Die Straße wird so zu einem Lernfeld, um sich die Realität anzueignen, um Orientierungsschemata auszubilden, die auch für die Zukunft wichtig sind. Die „Straßenspiele“ des Kindes sind nicht nur Ausdruck der Umgebung, sondern auch des spielenden Kindes und seines Bemühens, sich die Umwelt anzueignen.

Während Muchow darum bemüht ist, die positiven Aspekte der „Straßensozialisation“ hervorzuheben, sind neuere Untersuchungen eher pessimistisch. Die Veränderungen der Stadt in den letzten 30 Jahren haben zu einer erheblichen Beeinträchtigung der Spiel- und Lernmöglichkeiten von Kindern auf der Straße geführt:

– Der Kontakt der Kinder zur Natur hat sich stark vermindert. An die Stelle sind mediale Erfahrungen getreten.

– Die Zunahme des Autoverkehrs und die Nutzung von städtischen Freiräumen für das Auto haben zu einer Einschränkung und Gefährdung des Spielraums der Kinder auf der Straße geführt.

– In den städtischen Bereichen machen Kinder und Jugendliche zunehmend „bereinigte“ Erfahrungen: Bestimmte Bevölkerungsteile sind ausgesondert worden („Irre“, „Krüppel“, Prostituierte, Bettler). Die Stadtteile sind nach funktionalen Gesichtspunkten entmischt („Schlafstadt“, „Einkaufsstadt“, Fabrikgelände usw.). Von daher lassen sich viele gesellschaftliche Tätigkeitsfelder nicht mehr unmittelbar einsehen.

– Die Kinder ziehen sich, bedingt durch die Veränderungen ihrer Umwelt, zum Spiel in die Wohnungen zurück. Diese Tendenz wird noch unterstützt durch mediale Angebote (Fernsehen, Videorecorder, Videospiele) und durch eine tendenzielle Vergrößerung des Wohnraumes. – Die Kontakte der Kinder untereinander (innerhalb von Gruppen) haben sich durch die beschriebenen Umstände und durch den Geburtenrückgang (Ein-Kind-Familie) verringert; Kontakte (und auch Konflikte) zwischen Kindern und Erwachsenen nehmen dagegen zu. Die Spielräume der Kinder und die eindeutig festgelegten Lebensräume der Erwachsenen überlagern sich.

---

5 Muchow, M. und H.H.: Der Lebensraum des Großstadtkindes, päd extra buchverlag, Bensheim 1978

Die „insulare" Struktur der Stadt mit ihren entmischten Funktionsbereichen führt dazu, daß der Nahraum der Kinder – insbesondere in bestimmten Wohngebieten – tendenziell entwertet wird. Stattdessen erfolgt die Raumaneignung der Kinder durch ein „Springen" zwischen den spezialisierten Räumen: Sie gelangen durch Verkehrsmittel von einem Teilbereich zum anderen, ohne daß zwischen den einzelnen segmentierten Bereichen noch örtliche Zusammenhänge bestünden. Ausgangspunkt ist die „Wohninsel". Von hier gelangt man zu „Inseln" wie Kindergarten, Freunde, Verwandte, Schule, Einkaufsstadt. „Der Raum zwischen den Inseln verschwindet, verdünnt sich zum erlebnisarmen „Zwischenraum". Dieser wird nicht mehr zum Spazieren, Schlendern oder Spielen genutzt, sondern nur noch überbrückt."[6]

Die Kinder insbesondere der Mittelschicht unterliegen vermehrten Zeitzwängen, die ihnen die Möglichkeiten zum freien Spiel nehmen. Ihr Leben gerät zunehmend zu einem „Termingeschäft": Schule, Sport, Kulturangebot, Musizieren. – Anstelle der Spielmöglichkeiten auf der Straße (die vielfach zu gefährlich geworden sind) entstehen öffentliche und gesellschaftlich organisierte Spielräume für Kinder (Spielplätze, Sportplätze, Abenteuerspielplätze).

Wie haben sich diese Bedingungen auf das Spiel des Kindes ausgewirkt? Die hervorgehobene Bedeutung der Straße als Spielort ist erhalten geblieben. Neben zentralen Spielplätzen sind es besonders die Eingangsbereiche von Wohnanlagen, die von Kindern aufgesucht werden. Trotz der beeinträchtigenden Wirkung des Verkehrs haben sich die Kinder also nicht aus den naheliegenden Freiräumen verdrängen lassen. Dieser Spielbereich wird deutlich häufer genutzt als Spielplätze. Im Straßenbereich erfahren Kinder – so eingeschränkt es auch sein mag – soziale Zusammenhänge. Sie erfassen die für sie wesentliche Realität dort – und nicht etwa auf dem Spielplatz. Die Isolation des Spiels auf gesonderten Bereichen (wie dies auch ein Abenteuerspielplatz ist) dürfte daher eine Fehlentwicklung sein. Das Interesse des Kindes, den Bereich um die Wohnung in das Spiel einzubeziehen und sich so anzueignen, erfordert es, in stärkerem Maße Spielräume in der Stadt für freies und unreglementiertes Spiel der Kinder offenzulassen.

Die veränderte städtische Umwelt ist auf die Spiele selbst nicht ohne Einfluß geblieben. Sicher werden auch noch „klassische" Straßenspiele gespielt, ihre Bedeutung geht jedoch zurück. Dies gilt insbesondere für Spiele mit großem Platzbedarf und formalen Organisationserfordernissen (Völkerball, Kreisspiele). Die „neuen Spiele" heißen jetzt: „Von Brücken auf Autodächer spucken", „Vorbeifahrende Autos mit Schneebällen bewerfen", „Bei Rot über die Ampel laufen", „Mercedessterne pflücken",

---

6 Rolff, H.-G. und Zimmermann, P.: Kindheit im Wandel. Einführung in die Sozialisation im Kindesalter, Beltz Verlag, Weinheim und Basel 1985, S. 152.

„Automarken nach Geräusch erraten". Eine einzige Kindergruppe konnte mehr als 20 Spiele nennen, bei denen man quer über eine Straße laufen muß.

Im Mittelpunkt vieler Spiele steht die Benutzung von Fahrzeugen: Fahrräder, Scateboards, Mofas. Allein für das Fahrradfahren wurden nahezu hundert – teilweise aggressive – Spiele von den Kindern genannt.[7] Dem Fahrrad kommt ein entscheidendes Gewicht bei der Aneignung ihrer Wohnumwelt zu: Es erweitert die Mobilität und damit den Bereich, den Kinder und Jugendliche kennenlernen können. Zugleich ist das Fahrrad eine Möglichkeit, Körperkräfte zu entwickeln, motorische Bedürfnisse zu befriedigen, sich in der Gleichaltrigengruppe zu beweisen und Kontakte zu anderen zu entwickeln. Die Fahrradspiele eröffnen einen – keinesfalls ungefährlichen – Spielraum, die eigenen Möglichkeiten zu entfalten und den Lebensbereich „Straße" für sich zu nutzen – auch in Auseinandersetzung mit Erwachsenen. Insofern sind die „neuen" Straßenspiele eine folgerichtige Entwicklung in der Funktion des Spiels, innere Wirklichkeit und äußere Wirklichkeit miteinander zu verbinden. Es sind konsequente Versuche von Kindern und Jugendlichen, aus den „Ersatzwelten" wie Kindergarten, Schule, Fernsehen auszubrechen, sich der gefährlichen Realität zu stellen und dafür Fähigkeiten auszubilden.

Kommen Kinder in andere Umgebungen, ändert sich ihr Spielverhalten teilweise erheblich: Bei einem Aufenthalt in einem Ferienlager treten Erkundungs- und Rollenspiel, Bau- und Konstruktionsbeschäftigungen und unorganisierter Sport in den Mittelpunkt. Die Umgebung des Ferienlagers bietet den Kindern Möglichkeiten, Neugier zu befriedigen, Phantasie zu entwickeln und den eigenen Gestaltungswünschen Raum zu geben.

Spiel ist also zu einem wesentlichen Teil auch Ausdruck der Umwelt, der Reaktion der Kinder auf das, was die Umwelt ihnen an Entfaltungsmöglichkeiten bietet und an Anforderungen stellt. Anregend sind in diesem Zusammenhang Untersuchungen von Zacharias[8] zu eigenen Spielerfahrungen, die im Kontext der eigenen Biographie herausgearbeitet und in einem Netzwerk früherer Spiel-Umwelten verankert werden. In einem Reflexionsschritt vergleicht Zacharias diese subjektiven Erfahrungen mit dem gegenwärtig Möglichen. Dieser erlebnismäßige Zugang führt dann zu einer Kartierung dieser Spielumwelt: zu einer Art Stadtplan des Ausgangspunktes und der näheren Umgebung, in der die verschiedenen Spielorte, Spielplätze und Erlebnismöglichkeiten des Spiels festgehalten werden.

---

7 Vgl. Reiter, K : Spiel und Straßenverkehr; in: Kreuzer, K.J. (Hg.): Handbuch der Spielpädagogik, Band 3, Schwann Verlag, Düsseldorf 1984.

8 Zacharias, W. (Hg.): Zur Ökologie des Spiels – Spielen kann man überall?! Materialien Spiel und Kulturpädagogik, Pädagogische Aktion e.V., München 1985; Zacharias, W. (Hg.): Spielraum für Spielräume. Zur Ökologie des Spiels, 2. Reihe: Materialien Spiel und Kulturpädagogik. Pädagogische Aktion e.V., München 1987.

Die Kinder sind mit ihrer Umwelt durch das Spiel verbunden. Ihre Innenwelt setzt sich mit den Objekten, die diese Umwelt ihnen bietet, in Beziehung. Das hat zur Folge, daß die Umwelt nichtnur Anregung für das Tun ist, sondern auch Anlaß für Gedanken, Gefühle, Phantasien. Jedes Kind stellt über die Verwandlungen im Spiel einen persönlichen Bezug zu seiner Umwelt her. Die Umwelt wird in je eigener Weise für das Kind bedeutsam, weil mit den Objekten dieser Umwelt persönliche Erfahrungen, Gedanken, Gefühle und Phantasien verbunden werden. Dies wird Älteren insbesondere dann deutlich, wenn sie die „Stätten ihrer Kindheit" wieder betreten und sich erinnern, mit welchen Augen sie diese erlebt, erfahren und begriffen haben. Wie ein Kind die kleinteiligen Objekte seiner Umwelt (Geschirr, Holzstücke, Stoffreste usw.) im Spiel verwandelt und ihnen andere Bedeutungen ansinnt, so verwandelt sich auch die Umwelt und ihre Besonderheiten im Spiel der Kinder. In ihrer Wahrnehmung erschließen sich die Kinder ihre Umwelt so, daß sie für ihr Spiel tauglich wird – und nur dadurch wird ihre Umgebung für sie bedeutsam.

Diese Überlegungen münden bei Schäfer[9] ein in das Konzept einer „Ökologie des Spiels": „Sie besorgt eine detaillierte Beschreibung von Spielräumen, Spielfeldern und Spielumwelten, legt ihre strukturellen Möglichkeiten frei, untersucht die Vielfalt der dadurch möglichen Spielformen und hält die Rhythmen ihres Gebrauchs, also auch die zeitliche Strukturierung, fest. Sie verknüpft (. . .) die Vielfalt der Spielumwelten mit dem Reichtum (oder der Armut) der inneren Erfahrungs- und Erlebniswelt des Subjekts. (. . .). Ökologie des Spiels reflektiert das Spiel von einem Standpunkt grundsätzlicher Vielfältigkeit und Verzweigtheit aus. (. . .) Sie betrachtet Spiel als einen Übergangsbereich von einer Ökologie der äußeren Welt zur einer Ökologie der innersubjektiven Welt. (. . .) Die Vieldimensionalität des Spielens ermöglicht reichhaltige und weitverzweigte Verbindungen zwischen innerer und äußerer Wirklichkeit."

Im Rahmen einer solchen „Ökologie des Spiels" gewinnt die Untersuchung von Naturräumen insofern eine besondere Bedeutung, weil unsere Beziehung zur Natur unser Selbst entscheidend fundiert: „Unsere Beziehungen zur Natur spiegeln (. . .) gleichzeitig ein Stück unserer Beziehungen zu uns selbst wider. Das hat Folgen: Wenn die Beziehungen in der Natur verarmen, verarmen auch die Beziehungen zum Subjekt und im Subjekt. Umgekehrt gilt auch: Wenn die Beziehungen des Subjekt zu sich selbst verarmen, sind auch die Beziehungen zur Umwelt und in der Umwelt bedroht. Wo diese Wechselseitigkeit intakt ist, kann ein Austauschprozeß stattfinden: Der Reichtum der Beziehungen in der natürlichen Umwelt wird den Reichtum der innersubjektiven Welt stimulieren."[10]

---

9 Schäfer, Gerd E.: Spielphantasie und Spielumwelt, Juventa Verlag, Weinheim und München 1989, S. 107 ff.
10 Schäfer, Anmerkung 9, S. 110.

Nicht umsonst sind Spielpädagogen darum bemüht, Spielprozesse in und mit der Natur zu initiieren: in Ferienfreizeiten, bei Geländespielen (die nicht dem Kampf und dem Wettbewerb dienen), in „Naturrallyes“, in Spielen am Strand und im Meer. Eine andere Richtung verfolgen diejenigen, die insbesondere Großstadtkindern naturnahe Spielräume in Form von Abenteuerspielplätzen, Bauspielplätzen und City-Farmen bieten möchten. Sicherlich bieten diese Spielumwelten vielfältige Anregungen für Kinder und mögen einiges an Defiziten ausgleichen, was eine kinderfeindliche (ja menschenfeindliche!) Stadt bewirken kann. Sie dürfen jedoch nicht zu einer abschließenden Alternative werden zur Notwendigkeit, den städtischen Lebensraum so zu gestalten, daß Kinder sich darin wohlfühlen und ihre Spielwelten entfalten können.

Einen Schritt weiter sind großräumige naturnahe Lebensräume, die in Form eines Stadtgartens Übergänge schaffen sollen, zwischen den üblichen städtischen Grünanlagen und der offenen Landschaft mit ihren Wiesen, Feldern und kleineren Gehölzen. Solche Stadtgärten sind als eine Art Naturreservat geplant und sollen den Bewohnern als Lebensraum zur Verfügung stehen (z.B. in Form von aufeinander bezogenen Kleingärten oder eines Schulgartens für Kinder).

Gegen Projekte dieser Art ist kritisch einzuwenden, daß sich das freie Spiel, das einen Subjektbezug zur Natur schaffen kann, nur in relativ nutzungsfreien Naturräumen entfalten kann: Wäldern, Wildwiesen, Böschungen, Flußtälern, aufgelassenen Gärten, Trümmergrundstücken. Ein gestalteter Naturraum birgt häufig pädagogisierende Absichten, die einer freien Inanspruchnahme der Umwelt durch Kinder entgegenstehen könnten. Die Nutzung der Natur durch Kinder ist häufig mit einer teilweisen Veränderung, wenn nicht gar Zerstörung verbunden. Dies würde der gestalterischen Absicht, Natur zu *erhalten,* zuwiderlaufen können. Von daher muß das Spiel ökologische Reservate anbieten, die für die Kinderzahl groß genug sind, damit sich die Natur regenerieren kann. Oder man müßte Zonen des Spiels von Bereichen abgrenzen, die der ökologischen Bewahrung vorbehalten bleiben sollen. „Wo die Flächen zu klein sind, und Natur durch Spiel allzu schnell zerstört wird, muß entweder der Anspruch auf Spiel oder der auf Bewahrung von Natur aufgegeben werden. Beides bedeutet aber auch die Preisgabe des Anspruchs auf einen Naturspielplatz.“[11]

---

11 Schäfer, Anmerkung 9, S. 122.

Andere Einflußfaktoren auf das Spiel

Beeinflussungsfaktor des Spiels ist nicht nur die Wohnumwelt. Das Geschlecht und die Familienstruktur dürften einen nicht unerheblichen Einfluß darauf haben, welchen Spielen sich das Kind zuwendet. Die von *Jungen* (im Alter von 5 bis 12 Jahren) bevorzugten Spiele betonen körperliche Kraft und körperlichen Kontakt. Auffällig ist die großräumige Nutzung von Flächen. Es geht vielfach um tatsächliche oder gespielte Konflikte zwischen Gruppen. Jungen bevorzugen endeutig bestimmte Ergebnisse, in denen Gewinner und Verlierer klar bezeichnet sind. Aktives Eingreifen, persönliche Initiative, kontinuierlicher Aktivitätsfluß, motorische Aktivitäten und gemeinsames bzw. gemeinschaftliches Handeln kennzeichnen den Typus von bevorzugten Jungenspielen. Charakteristisch hierfür wären Sportspiele.

Mädchen hingegen zeigen Vorlieben für Spiele mit geregeltem An-die-Reihe-Kommen, Liedern und Reimversen, Wortspielen, rhythmischen Aktivitäten. Sie spielen an vielfältigen, aber klar bestimmten Plätzen und bevorzugen indirekten Wettbewerb mit Regeln (Einzelwettbewerbe anstelle von Gruppenwettbewerben). Spielinhalte sind häufig das Angenommen- oder Zurückgewiesenwerden.

Aus diesen geschlechtsspezifischen Unterschieden kann man den Schluß ziehen, daß *Jungen* im Spiel erwarten, stark und mächtig sein zu dürfen bzw. um Macht und Durchsetzungsfähigkeit zu konkurrieren. Bei den Spielen der *Mädchen* geht es eher um Genauigkeit und Anpassung an den Partner. Die Spiele der Mädchen sind stärker durch formale Regeln vorgeschrieben und sind körperlich wie räumlich stärker eingeschränkt als die Spiele der Jungen. Das Verhalten der Mädchen im Spiel erscheint im Vergleich zu den aggressiven Verhaltensweisen der Jungen ungleich gesitteter und geordneter. Die Bedeutung der Spiele der Mädchen scheint nicht – wie bei den Jungen – in einem Kampf um Macht und Einfluß zu liegen. Wichtiger sind offenbar Geselligkeit, Miteinander, wechselseitige Anpassung. Damit sind bereits in den Bevorzugungen für bestimmte Spiele die Rollenerwartungen der Gesellschaft an die Frauen vorgezeichnet.

In neueren deutschen empirischen Untersuchungen werden bedeutsame geschlechtsspezifische Unterschiede zwischen Jugendlichen im Alter zwischen 11 und 23 Jahren herausgestellt. Während Jungen – unabhängig von der sozialen Schicht – Sportspiele deutlich bevorzugen (im Durchschnitt über 50%), liegen Mädchen in diesem Bereich bei knapp 30%. Ihr Schwergewicht liegt bei Kartenspielen, Würfelspielen und Brettspielen (über 65%), während Jungen dort nur auf knapp 40% kommen.

Die schichtspezifischen Unterschiede in den Spielbevorzugungen sind in der Untersuchung von Spanhel eher gering und uneinheitlich. Sie lassen keine klaren Trends erkennen. Allenfalls fällt auf, daß bei den Akademikerkindern die Sportspiele deutlich geringer in der Gunst liegen (19% gegenüber 37% im Durchschnitt). Möglicherweise bestehen die Unterschiede nicht in der Wahl der Spiele, sondern in der Art, *wie* diese Spiele gespielt werden. Bei Mittelschichtkindern kann in Hinblick auf Sportspiele möglicherweise der Wunsch beherrschend sein, die eigene Leistung unter Beweis zu stellen und den Status zu verbessern, während bei Unterschichtkindern die Integration in eine Gemeinschaft im Mittelpunkt steht. Mögliche Unterschiede können auch in der Sportart liegen. Gesicherte empirische Befunde darüber liegen jedoch nicht vor.

Lieblingsspiele als Verständnisbrücken

Wie wir aufzeigen konnten, wirken verschiedene Kräfte auf das Zustandekommen von Spielen ein. Das können tradierte Formen des Spiels sein oder auch aktuelle Ereignisse. Besonders wichtig ist die Lebenssituation der spielenden Kinder: ihre Wohnumwelt und die damit zusammenhängenden Anregungen und Belastungen, aber nicht minder die Situation in der Familie. Auch die Geschlechtszugehörigkeit wirkt offenbar auf die Wahl der Spiele ein. Man kann diese Kräfte als Einflußfaktoren in einem Feld ansehen, die *gemeinsam* das Zustandekommen bestimmter Spiele möglich machen. Wenn Kinder und Jugendliche nicht alleine, sondern zu mehreren in einer Gruppe Spiele organisieren und betreiben, erhöht sich sehr schnell das Ausmaß unterschiedlicher Einflüsse. Gleichwohl findet man recht häufig in Gruppen „Lieblingsspiele“, die innerhalb eines längeren Zeitraumes eindeutig in der Gruppe bevorzugt werden. In der Wahl dieser „Lieblingsspiele“ in einer Gruppe artikuliert sich das Maß an Gemeinsamkeit zwischen den verschiedenen Spielern: Alle sind mehr oder weniger von bestimmten Einflüssen, Impulsen, Lebenssituationen betroffen, die sich im Spiel wiederfinden und dort die individuellen Aneignungsprozesse vorantreiben können. Wir werden uns jetzt einige „Lieblingsspiele“ von speziellen Gruppen ansehen und erläutern, inwiefern diese bei genauer Betrachtung als Verständnisbrücke für die Spieler und für die Gruppe dienen können.

a) „Zublinzeln“

In fünften und sechsten Klassen wird dieses „Partnerwahlspiel“ teilweise mit einer wahren Begeisterung gespielt. Die Hälfte der Gruppe sitzt auf Stühlen in einem Kreis; ein Stuhl bleibt frei. Hinter jedem Stuhl (also auch hinter dem unbesetzten) stellt sich jeweils ein Spieler aus der anderen

Hälfte der Gruppe und verschränkt die Arme auf dem Rücken. Aufgabe des Spielers hinter dem unbesetzten Stuhl ist es nun zu versuchen, einen der sitzenden Mitspieler auf seinen Stuhl zu bekommen. Dazu blinzelt er einen der sitzenden Spieler an, der nun versuchen muß, so schnell wie möglich auf den freien Stuhl zu gelangen. Sein „Wächter" hinter dem Stuhl verhindert dies, indem er blitzschnell an die Schultern seines Mitspielers packt und so ein Entkommen unmöglich macht. Verliert ein „Wächter" seinen vor ihm sitzenden Mitspieler, kann er seinerseits versuchen, einen anderen durch Zublinzeln zu bekommen.

Was löst gerade bei Elf- bis Dreizehnjährigen die starke Faszination bei diesem Spiel aus? Die Jugendlichen finden in der spieldynamischen Gestalt des Spiels wesentliche Aspekte ihrer gegenwärtigen Lebenssituation wieder: Partner wählen und bekommen, Partner verlieren, um das Bleiben des Partners bemüht sein, Partner verlassen, andere kennenlernen. Die spieldynamische Gestalt des Spiels fängt genau die Situation ein, vor der Jugendliche dieses Alters stehen: Vertrautwerden mit den Möglichkeiten und Problemen bei der Partnerwahl. Im „Zublinzelspiel" können sich die Spieler psychisch auf diese Situationen einstellen, mit ihnen vertraut werden und ihre Erfahrungen assimilieren. Durch das Spiel gewinnen sie innere Distanz vor ihren Ängsten, Hoffnungen und Wünschen. Der Spielraum bietete die Möglichkeit, die ungewohnte Lebenssituation kennenzulernen, sie spielerisch vorwegzunehmen, angemessene Einstellungen zu gewinnen und möglicherweise in der realen Situation spielerische Elemente zuzulassen. Das Spiel selbst bietet vielfältige Anknüpfungspunkte und zahlreiche Möglichkeiten, die geforderten Spielrollen recht unterschiedlich auszufüllen. Man kann sein Vergnügen darin finden den „Besitzansprüchen" der verschiedenen „Wächter" zu entkommen, man kann Spaß daran haben, möglichst viele Mitspieler für kurze Zeit in seine Einflußzone zu bekommen, man kann sein Bestreben ausleben, seinen „Besitz" nicht wieder herzugeben, man kann Talente entwickeln, Mitspieler möglichst geschickt, schnell und unbemerkt zu sich her zu „blinzeln". Kurzum: Jeder kann sich in einer für alle ähnlichen Lebenssituation mit seinen Fähigkeiten, Wünschen und Handlungsabsichten in diesem Spiel wiederfinden. Und das macht die große Faszination aus, die von diesem Spiel auf Jugendliche des entsprechenden Alters ausgeht.

b) „Lord extra"

Dieses Fangspiel wird – mit einem eigenen Regelzusatz – ausgesprochen gern von den Mädchen eines Heims für „dissoziale Jugendliche" (im Alter zwischen 15 und 17 Jahren) gespielt. Die Regeln sind sehr einfach: Die „Fängerin" versucht eine Mitspielerin abzuschlagen, die daraufhin dann die „Fänger"-Rolle übernimmt. Vor dem Abschlagen kann man sich schützen, wenn man rechtzeitig eine Zigarettenmarke ruft, z.B. „Lord extra“. Warum findet dieses doch recht einfache Kinderspiel einen derartigen Anklang bei den Mädchen? Die beherrschenden spieldynamischen Gestalten des Spiels sind zum einen die Bedrohung durch das Abschlagen (fliehen und verfolgen), zum anderen das (durch eine „magische Formel“) gebildete „Freimal“: der Schutz vor dem Abgeschlagenwerden. Das Fliehen und Verfolgen weist auf eine Konfliktstruktur, bei der es darauf ankommt, Vorstellungen zu entwickeln, vor wem man fliehen muß (von wem Bedrohung ausgeht) und wen man seinerseits verfolgen kann (wen man selbst bedrohen kann). Jugendliche mit problematischem sozialen Hintergrund (schwierige „Heimkinder“) – zumal Mädchen – haben in der Regel nur sehr selten Gefühle der Geborgenheit und des Schutzes erleben dürfen. Sie sind vielmehr ständig in der Gefahr, verfolgt und beeinträchtigt zu werden. Ihr Überleben hängt in großem Maße davon ab, Gefahrensituationen rasch und richtig zu erkennen und damit angemessen umzugehen. Die Situation im Heim trägt im Grunde dazu bei, daß sich diese Strukturen fortsetzen. Im Spiel erleben die Mädchen die permanente Situation des Verfolgtwerdens und der Gefährdung. Durch den Spielraum versuchen sie, ihre eigene Belastungssituation zu assimilieren. Sie sind es zugleich auch, die verfolgen können, im Spiel also eine aggressive Potenz besitzen, die sie ungestraft darstellen und entfalten dürfen. Die „Freimal“-Regelung im Spiel bewirkt ein Gefühl der Geborgenheit, einen Schutz vor Bedrohung: etwas, nach dem die Mädchen gerade in einem Heim suchen und dessen sie bedürfen. Im Spiel schützen sie sich selber durch ihr „Wissen“ und ihre „Schlagfertigkeit“ – Fähigkeiten, die auch im Leben vor Bedrohung schützen können. Warum nun gerade Zigarettenmarken als sprachliches Symbol für Schutz vor Bedrohung? Zigaretten gelten unter Jugendlichen solcher Heime (wie in der Nachkriegszeit auch in der Bundesrepublik) als eine Art „Währung“. Gegen Zigaretten kann man andere Dinge tauschen (bis hin zu kleinen Gefälligkeiten). Zigaretten sind im Heim verboten, zumindest nicht gern gesehen. Der Besitz von Zigaretten stellt mehr oder weniger einen wesentlichen, frei konvertierbaren Vermögenswert im Heim dar, mit dessen Hilfe man sich „schützen“ kann: vor Beeinträchtigungen durch andere Mädchen aber auch vor eigenen Mißlaunen. Zugleich sind Zigaretten eingewoben in das „Verfolgungssystem“ des Heimes, in dem Rauchen verboten oder verpönt ist.

c) „Volleyball“

Studentinnen und Studenten in der Studienrichtung „Sozialpädagogik“ haben eine große Vorliebe für dieses Spiel. Auf auswärtigen Wochenseminaren spielen sie Volleyball sehr gerne in der Freizeit: in der Mittagspause oder am Abend – teilweise mehrere Stunden täglich, Tag für Tag, sofern das Wetter es zuläßt. Die Organisation des Spiels ist denkbar locker: Es gibt keine festen Mannschaften; jeder, der Lust hat, kann mitspielen. In der Regel wird nicht nach Punkten gespielt. Starke Spieler und Anfänger sind gleichermaßen willkommen. Man hilft einander; Kritik an der Spielweise ist selten und wenn, dann eher scherzhaft als ernst gemeint.

Was macht die Faszination des so organisierten Volleyballspiels bei Studentinnen und Studenten aus? Die Spieler finden sich in dem Spiel mit ihren Wert- und Lebensorientierungen wieder. Wie die Studenten studieren möchten, spiegelt sich in der Spielweise wider: wenig konkurrenzorientiert, gemeinschaftlich, die Einzelleistung verschmilzt mit der Gruppenleistung, Spaß und wechselseitige Anerkennung stehen im Mittelpunkt. Volleyball ist für die Studentinnen und Studenten kein hartes Wettbewerbsspiel, sondern Ausdruck ihres Gemeinschaftsgefühls, in dessen Rahmen Leistungen wohl anerkannt werden, aber nicht den absoluten Stellenwert genießen. Also keine Abkehr vom Leistungsprinzip (ohne ein solches würde ein Spiel überhaupt nicht zustande kommen), wohl aber eine angemessene Relativierung. Insofern spiegelt das Spiel Erwartungen an zukünftige Lebens- und Berufssituationen wider, in denen man sich frei und gleichermaßen verbunden, engagiert aber nicht vom Wettbewerb verzerrt erleben möchte.

Von der Kategorisierung des Spiels zu einem Faktorenmodell

Mit diesem letzten Punkt des Abschnittes nehmen wir Überlegungen auf, die den Anfang gebildet haben: unseren Versuch, die Fülle der verschiedenartigen Spiele zu ordnen. Offensichtlich unterliegt das Spiel sehr vielen Einflußfaktoren und „Brechungen“, so daß einheitliche Gestalten im Grunde nicht auszumachen sind. Alle Kategorisierungen beleuchten allenfalls Aspekte des Spiels, ohne dabei konkrete Spiele noch in Blick nehmen zu können. Unsere Frage: „Was spielen Kinder?“ kann man allenfalls mit einem Wortspiel beantworten: „Was mit ihnen spielt.“ Die unterschiedlichen Einflußgrößen (Familie und Freunde, soziale Schicht und gesellschaftliche Prozesse, Spielumwelt, Entwicklungsstand, Geschlecht, . . .) bilden ein miteinander zusammenhängendes Feld, das die Spielgestalten zustande bringt, aus denen die Spieler „ihre“ Spiele auswählen und organisieren.

Die Spiele lassen sich, wenn schon nicht angemessen kategorisieren (weil im Grunde *alles* in ihnen steckt), so doch hinlänglich topographisch lokalisieren. Mit anderen Worten: Wir müßten eine „Landkarte“ der konkreten Spiele entwickeln, auf der sich die Lage der einzelnen Spiele zueinander ablesen läßt. Das erste Problem, was dabei entsteht, ist die Bestimmung der Koordinaten: Was soll bei dieser „Landkarte“ Höhe, Breite und Tiefe sein? Die zu findenden Faktoren müßten sich trennscharf voneinander unterscheiden und – was noch schwerer zu erfüllen ist – sich *nicht* beeinflussen. Gibt es solche Faktoren, mit denen man das „Universum der Spiele“ aufspannen kann?

Faktorenmodell der Spiele

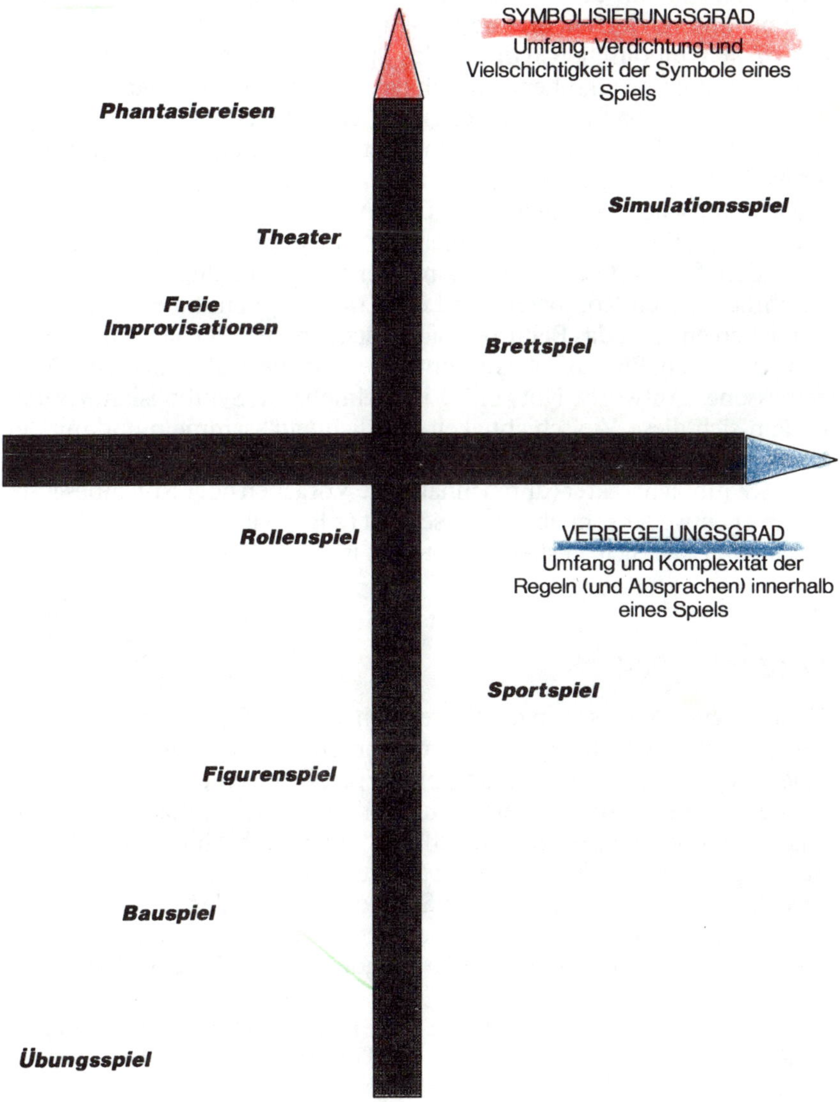

a) Symbolisierungsgrad

Von einem bestimmten Alter an „verwandeln" Kinder ihre Umwelt; in Spielen nehmen sie andere Rollen an. Zunächst sind es bekannte Personen ihrer Umwelt, später Phantasiefiguren und dann inhaltlich möglicherweise nicht näher bestimmte Rollenfunktionen. Der Symbolisierungsgrad von Spielen ist also eine unipolare Dimension von einem Übungsspiel ohne Symbolisierungsbestandteile, über vielschichtige Rollenspiele bis hin zu „mineralisierten" Formen des Symbolspiels, in denen sich die Symbolisierungen so stark verdichtet haben, daß sie nur noch in der spieldynamischen Gestalt (mit universaler symbolischer Ausdeutung) deutlich sind (wie bei unseren letzten drei Beispielen). Man kann davon ausgehen, daß der *offene* symbolische Charakter des Spiels aufgegeben werden muß, je mehr Symbolisierungsebenen durch das Spiel hindurch gelegt werden: Je vielschichtiger der Symbolisierungsgrad eines Spiels ist, desto „offener" (für unterschiedliche „Betrachtungen" durch die Spieler) und damit abstrakter wird der zutage tretende Spielinhalt. Der Spielinhalt tritt zugunsten der spieldynamischen Gestalt zurück. Der Inhalt hat dann lediglich eine Bedeutung als „Einkleidung" des Spiels, als motivierende „Verpackung" insbesondere für Jüngere. Mit Zunahme der geistigen Fähigkeiten der Spieler, ihrer sozialen Kompetenz und der Erfahrungen in unterschiedlichen Bereichen entsteht das Bedürfnis nach verstehbaren und handlungsleitenden Strukturen. Ein einfaches Symbolspiel wäre hierauf nicht mehr die angemessene „Antwort". Notwendig ist vielmehr ein Symbolisierungsgrad, in dem sich diese Vielschichtigkeit „verdichtend" sammeln und mit den „Erwartungen" der anderen Spieler verbinden kann. Dies können Spiele, deren Symbolcharakter (durch inhaltliche Vorgaben oder Rollenbeschreibungen) entweder sehr abstrakt erscheint (z.B. „Halma") oder ins Phantastische und Wirklichkeitsfremde entrückt ist (z.B. „Fantasy-Rollenspiele").

b) Regelungsgrad

Unabhängig von dieser ersten Dimension unserer „Landkarte" der Spiele kann man eine zweite Dimension annehmen: den *Grad der Regelung* des Spiels. Auch dieser Faktor ist unipolar: Von einfachen Übungsspielen des Kindes, bei denen die „Regel" allenfalls darin bestehen mag, etwas nachzuahmen, über die „Selbstverpflichtung" im Spiel bis hin zu simulativen Spielen mit Regelwerken von mehr als hundert Seiten. Der von Piaget vorgeschlagenen Trennung zwischen Symbolspielen und Regelspielen kann nicht gefolgt werden. Wie jedes Spiel symbolische Bestandteile besitzt, so besitzt es auch regelbezogene. Wie Wygotski[12] zutreffend ausführt, stellt

12 Wygotski, L.S.: Das Spiel und seine Rolle für die psychische Entwicklung des Kindes; Röhrs, H. (Hg.): Das Spiel – ein Urphänomen des Lebens, Akademische Verlagsgesellschaft, Wiesbaden 1981, S. 133 ff.

ein Spiel mit einer fiktiven Situation im wesentlichen nichts anderes dar als ein Spiel mit Regeln. So wie das fiktive Spiel implizit Regeln enthält (z.B. darüber wie sich ein Mensch verhält oder ein Gegenstand beschaffen ist), so enthält jenes Regelspiel Symbolisierungen (und damit fiktive Gehalte).

Die Dimensionen „Symbol“ und „Regel“ stehen nicht in einer wechselseitigen Abhängigkeit. Der Grad der Symbolisierung wirkt nicht auf den Grad der Regelung ein. Es gibt Spiele mit einfachsten Regeln (z.B. „Lord Extra“), die einen ebenso hohen Symbolisierungsgrad besitzen wie Spiele mit höchst komplexen Regelwerken (z.B. „Konfliktsimulationsspiele“). Einfache Rollenspiele mit einem mittleren Grad an Symbolisierung sind in ihrem Regelungsgrad durchaus vergleichbar mit Mannschafts-Sportspielen, obwohl die Regeln des Rollenspiels nicht explizit deutlich werden und das Sportspiel sich in seinem Symbolisierungsgrad so stark „mineralisiert“ hat, daß die Symbolisierungsebenen sich nur interpretativ erschließen lassen, den Spielern selbst jedoch nicht bewußt sind. Aus diesen Beispielen wird ferner deutlich, daß es keinen gradlinigen Verlauf in der Entwicklung des Spielverhaltens des Kindes und des Jugendlichen gibt (vom Übungsspiel über das Symbolspiel zum Regelspiel), sondern eher das (teilweise recht individuelle) Ausdifferenzieren von alters- und situationsangemessenen Spielen *zwischen* den beiden unipolaren Dimensionen. Z.B. kann auf der Dimension „Symbolisierungsgrad“ jederzeit ein „Schwenk“ vorgenommen werden zu einem höheren Grad der Regelung: Das einfache Rollenspiel mit zwei Personen erfordert mehr Regelung, wenn eine dritte und vierte Person hinzutreten und angemessen in das Spiel einbezogen werden sollen – gewiß ein Entwicklungsfortschritt im Spielverhalten der Kinder, nicht jedoch gradlinig vom Symbolspiel zu Regelspiel oder von geringen zum höheren Symbolisierungsgrad, sondern eben mehrdimensional.

c) Zufall und Leistung

Mit diesen beiden Dimensionen lassen sich die Spiele bereits ihrer Lage nach zuordnen und miteinander vergleichen. Auch die Spielentwicklung der Kinder ist so besser nachvollziehbar. Man könnte noch eine dritte Dimension einführen, die nun jedoch bipolar ist: *Zufall und Leistung.* Man kann ein Spiel einschätzen, ob es *eher* zufallsbestimmt, also vom Glück abhängig ist, oder ob dem Leistungsvermögen das entscheidende Gewicht zukommt. Je stärker der Zufallscharakter ausgeprägt ist, desto schwächer wird die Leistungsanforderung – und umgekehrt. Von daher sind *Zufall und Leistung* nicht *zwei unipolare* Faktoren, sondern nur *ein bipolarer* Faktor. Mit der zusätzlichen Einschätzung des Spiels nach dieser Dimension spannt sich ein *dreidimensionaler* Raum auf, in dem wir das einzelne Spiel

„kartographisch" erfassen können, ohne uns auf die Schwierigkeiten einer Kategorisierung einlassen zu müssen.

Mit Hilfe dieses Faktorenmodells können wir die Spiele besser miteinander vergleichen, Entwicklungen des Spielverhaltens mehrdimensional erfassen und Spielanregungen gezielt geben.

Zum Weiterlesen empfohlen:

Deutsch, R. und Hertlein, B.: Geschichte der Kinderspiele, esprint Verlag, Heidelberg 1981.

Muchow, M. und H H : Der Lebensraum des Großstadtkindes, päd extra Buchverlag, Bensheim 1978.

Schäfer, G.E.: Spiel, Spielraum und Verständigung, Juventa Verlag, Weinheim und München 1986.

Spanhel, D.: Das Spiel bei Jugendlichen, Ansbacher Verlagsgesellschaft, Ansbach 1985.

Thomas, L.: Bedingungen des Kinderspiels in der Stadt, Metzler Verlag, Stuttgart 1979.

Ward, C.: Das Kind in der Stadt, Fischer Verlag, Frankfurt 1978.

Weber-Kellermann, I. und Falkenberg, R.: Was wir gespielt haben, Insel Verlag, Frankfurt 1981.

Zacharias, W. (Hg.): Spielraum für Spielräume. Zur Ökologie des Spiels, Pädagogische Aktion e.V., München 1987.

4. Wie organisieren Kinder ihr Spiel?

Entwicklung der Sozialformen des Spiels

In den vorigen Abschnitten haben wir zusammengetragen, welche Einflußfaktoren das Spiel bestimmen. Nun ist es nicht so, daß mit diesen Einflüssen das Spiel in seiner Entscheidung und in seinem Ablauf vollständig festgelegt wäre. Die Spieler sind nicht nur „Spielbälle" der sie bestimmenden Einflußfaktoren. Es ist vielmehr so, daß die verschiedenen Einflüsse im Spielraum miteinander „spielen": Keiner der Einflüsse ist so mächtig und drängend, daß er alle anderen zur Seite schieben könnte. Es macht gerade das Wesen des Spiels aus, daß der Mensch von solchen starken Einflüssen im Moment des Spielens befreit ist. Der spielende Mensch steht nicht unter unmittelbarem Handlungsdruck der ihn bestimmenden Einflußfaktoren. Er kann aus diesen Einflüssen vielmehr wählen: Er kann akzentuieren, kombinieren, verstärken und abschwächen. Im Spiel gewinnt er eine innere Freiheit von seinen Impulsen und Handlungszwängen: Er gewinnt eine psychische Distanz zu sich selbst. Dieser Prozeß wird dadurch noch unterstützt, daß das Kind lernt, mit anderen Kindern zusammenzuspielen. Dieses gemeinsame Spiel beschneidet zunächst die eigene Freiheit, unbeschränkt die eigenen Impulse spielerisch umzusetzen. Es wird vielmehr notwendig, sich in Hinblick auf Spielthemen und Rollenverteilung mit den anderen Kindern abzustimmen. Durch diesen Prozeß erweitert sich der eigene Handlungs- und Bewußtseinsraum: Impulse anderer Kinder können aufgenommen, verarbeitet und mit eigenen Impulsen verbunden werden. Das Ausmaß innerer Freiheit vor drängenden Impulsen und Handlungsbereitschaften nimmt zu. Im Laufe der Zeit lernt das Kind, Sachverhalte mit den Augen seiner Spielpartner zu sehen. Dem Ausbilden sozialer Fähigkeiten im gemeinsamen Spiel kommt daher entscheidendes Gewicht zu.

Kinder können nicht ohne weiteres mit anderen zusammenspielen und ihr Spiel organisieren. Es sind vielmehr viele Entwicklungsschritte notwendig, bis es dazu kommt. Parten (1933) kennzeichnet diese Schritte mit: 1. Nichtstun, 2. Einzelspiel, 3. Zusehen, 4. Parallelspiel, 5. assoziatives Spiel, 6. organisiertes oder kooperatives Gruppenspiel. Weitere Untersuchungen von Parten und Newhall (1943) bestätigen die Abfolge in den Entwicklungsschritten. Bei den *jüngeren Kindern* (zwischen zwei und drei

Jahren) überwiegen das Einzelspiel und das Parallelspiel. Das Parallelspiel ist dadurch gekennzeichnet, daß Kinder in unmittelbarer Nähe beieinander sind, einander zugucken, sich auch gegenseitig in Gang halten, aber nicht aufeinander als Spielpartner angewiesen sind. Die Kinder können sich ganz auf ihr Spiel konzentrieren und Sozialkontakte nach Belieben aufnehmen und wieder beenden.

Bei etwas *älteren Kindern* (zwischen dreieinhalb und viereinhalb Jahren) geht der Anteil des Einzelspiels und des Parallelspiels deutlich zurück. Stattdessen beteiligen sie sich an höher organisierten Gruppenaktivitäten. Sie spielen ähnliche Spiele wie ihre Nachbarn (assoziatives Spiel). Das unstrukturierte Neben- und Miteinanderspielen ähnelt von außen gesehen bereits einer Gruppe. Pseudo-Gruppen dieser Art finden sich oft in Sandkästen, wo die Kinder – durch die Umstände bedingt – dicht nebeneinander spielen und das gleiche tun. Das Gruppenspiel ist in diesem Alter noch recht selten. Erst bei Kindern ab fünf Jahren entwickeln sich soziale Spielsysteme in Form von Spielpaaren. Hier nehmen die Kinder wechselseitig bezug zueinander. Handlungen des einen lösen Reaktionen des anderen Kindes aus. Es findet eine gegenseitige Abstimmung und Koordination des Verhaltens statt. *Schulkinder* (ab etwa sechs Jahren) sind in der Lage, aus Spielpaaren soziale Gruppen von mehreren Kindern zu bilden. Mit etwa neun Jahren entstehen daraus Banden: enger zusammengeschlossene Gruppen mit etwa sechs bis sieben Mitgliedern, gleichen Geschlechts und Alters, die meist in enger Nachbarschaft wohnen. In solchen Gruppen bilden sich Strukturen heraus, in denen jeder einzelne eine bestimmte Position hat. Spielgruppen dieser Art sind häufig unbeständig und von Zerfall bedroht. Starke äußere Faktoren sind notwendig, damit eine genügend feste Beziehung unter den Kindern entstehen kann. Dies kann häufig dadurch geschehen, daß ein älteres Kind Führungspositionen einnimmt. Mit dem Entwickeln gemeinsamer Unternehmungen bilden sich weitere Rollen und Funktionen in Spielgruppen heraus und verleihen ihr Konstanz.

Entwickeln und Handhaben von Regeln

Um ein gemeinsames Spiel organisieren zu können, müssen Kinder nicht nur lernen, sich als Gruppe zu strukturieren, sondern sie müssen auch in der Lage sein, Regeln zu verstehen, ihnen zu folgen, neue Regeln zu entwickeln und im Umgang mit Regeln flexibel zu werden. Dies erfordert – wie schon die Fähigkeit, eine Gruppe zu bilden – eine längere Entwicklungszeit des Kindes.

Über das Parallelspiel und das assoziative Spiel in Pseudogruppen gelangt das Kind mit etwa drei Jahren zur Fähigkeit, an Kreis- und Reigenspielen teilzunehmen. Diese Spielformen erfordern, daß das Kind in der Lage ist, nachzuahmen, was andere vormachen. Dreijährige können auch Kreispantomimen spielen, bei denen alle das gleiche zur selben Zeit machen (z.B. „Häschen in der Grube"). Voraussetzung dafür ist, daß ältere Kinder oder Erwachsene dabei sind und Hilfen geben können. Mit etwa vier Jahren kann das Kind im Rahmen von Kreis- und Reigenspielen lernen, sich mit anderen abzuwechseln, z.B.: ein Kind klatscht in die Hände, die anderen klatschen nach. Komplexere Aufgabenteilungen (wie z.B. bei „Plumpsack") beherrschen Kinder in der Regel gegen Ende des fünften Lebensjahres.

Erst im sechsten oder siebten Lebensjahr gelangen Kinder langsam dazu, Regeln für das Spiel auszubilden und eine Aufgabenteilung innerhalb des Spiels vorzunehmen. Die Regeln sind zunächst noch recht einfach und orientieren sich an einer Zentralperson, von der die Aktivitäten ausgehen und auf die sie sich beziehen (z.B. Versteckspiele und Nachlaufspiele mit „Freimal"). Kinder im Alter von sechs bis zehn Jahren bevorzugen Spiele mit festumschriebenen Aufgaben und klaren, einfachen Regeln. Innerhalb dieser einfachen Spiele können sie sich über Regeln einigen und sich an die hierdurch gesteckten Grenzen halten. In diesem Alter beginnen Kinder auch damit, einfache Brettspiele zu lernen (wenn ihnen entsprechende Hilfe gegeben wird).

Mit zunehmendem Alter werden die Regeln komplexer und die Aufgabenteilung innerhalb des Spiels differenzierter. Kinder im 8. und 9. Lebensjahr können ausdauernd Karten- und Brettspiele spielen, wenn die Regeln ihnen rasch einleuchten. Kartenspiele, bei denen es im wesentlichen um Kartenvergleiche ankommt, sind beliebt – ebenso Brettspiele wie „Mensch-Ärgere-Dich-Nicht", „Malefiz". Mit zehn bis fünfzehn Jahren gelangen die Jugendlichen zu Regeln, die ihnen breiten Handlungsspielraum einräumen. Diese Fortschritte hängen eng mit der kognitiven Entwicklung zusammen. Die Kinder und Jugendlichen erwerben im Laufe der Jahre die Fähigkeit, allgemeine regelbezogene Verhaltensstandards situationsabhängig anzuwenden. Die Zunahme dieser Fähigkeit hängt vom abstrakten Denkvermögen der Kinder ab. Es ist daher einsichtig, daß Kinder mit einem höheren Intelligenzniveau Spiele mit komplexeren Regeln bevorzugen als ihre Alterskameraden.

Mit zunehmendem Alter verändert sich auch die *Handhabung* der Regeln. Insbesondere jüngere Kinder im Alter zwischen sieben und zehn Jahren haben eine sehr starre Regelauffassung: Die Regel ist „geheiligtes Gesetz"; Regelverstöße werden streng beahndet. Das Kind lernt schnell, daß es die Regeln einhalten muß, wenn es in der Spielgruppe bleiben will. Mit zunehmendem Alter können Kinder die Regeln auch abändern. Aber nicht nur das Alter, sondern auch die Erfahrung über das Entstehen von Regeln beeinflußt die Flexibilität bei Regelvereinbarungen. Wird die Regel als Ergebnis einer Übereinkunft erkannt, mit dessen Hilfe man sich Spaß und

Vergnügen bereiten kann, sind die Kinder und Jugendlichen eher bereit, diese Regel in Abstimmung mit anderen Spielkameraden abzuändern.

Prozesse und Strukturen in der Spielgruppe

Nachdem wir einige wichtige Voraussetzungen für die Organisation des Spiels durch Kinder besprochen haben, wollen wir uns jetzt der Frage zuwenden, was passiert, wenn Kinder sich zum Spiel zusammenfinden. Gemeinsames Spiel erfordert Übereinkünfte zwischen den Kindern in bezug auf das Spielthema, den Ablauf und die Rollenverteilung. Dies ist für jüngere Kinder ein großes Problem. Bis etwa zum zehnten Lebensjahr verwenden sie etwa genauso viel Zeit auf die Auseinandersetzung um die Organisation wie auf das Spielen selbst. In den Diskussionen entscheiden die Kinder beispielsweise, welche Regeln beim Fangspielen gelten sollen, wer als nächster mit dem Fangen dran ist, ob jemand gemogelt hat, ob jemand ausscheiden soll oder weiter mitmachen darf. Die teilweise sehr heftig geführten Auseinandersetzungen auf der „Regie-Ebene" des Spiels sind für die soziale Entwicklung des Kindes von nicht zu unterschätzender Bedeutung, lernt es doch, gemeinsam mit anderen soziale Regeln auszubilden und auf ihre Einhaltung zu achten.

In der Organisation des Spiels, in der Vereinbarung und Entwicklung von Regeln gehen die latenten Handlungsbereitschaften der Spieler ein, werden die verschiedenen Kräfte, die auf das Spiel einwirken können, aktualisiert und finden eine angemessene Form, sich auszudrücken. Die Formen der Spiele sind Einigungsformeln zwischen den Spielern und zwischen den sie bestimmenden Kräften ein Einflußgrößen: Aus dem Chaos der unterschiedlichen Antriebe und Strebungen wird Ordnung – häufig mühsam errungen, ständigen Gefährdungen ausgesetzt und Veränderungen unterworfen.

In bestimmten Spielthemen, z.B. „Familie", „Kampf", „Verfolgung", kristallisieren sich bestimmte wichtige Impulse der Kinder. Sie versuchen, auf der „Regie-Ebene" Mitspieler für die ihnen wichtigen Themen zu finden. Sie üben Macht und Einfluß aus, um die Spielgruppe auf ihre Seite zu ziehen. Schon im Alter von drei Jahren bilden Kinder Machttaktiken heraus: „Sie benutzen körperliche und verbale Mittel sowie auch Strategien. Manchmal rufen sie einfach um Hilfe. Sie schreien, strecken ihre Hände aus, bitten, fragen, tun so, als ob sie weinten, oder bieten Geschenke dar. Sie drohen, andere auszuschließen, oder bieten ihnen an, sie in die Gruppe hineinzulassen. Sie versuchen selbst in eine Gruppe hineinzukommen, indem sie lächeln, bestechen, bitten, argumentieren, andere Kinder ablenken oder die Aufmerksamkeit der Gruppe auf jemand anderen lenken."[1] Dabei drohen Mädchen häufiger mit der Ausschließung, während Jungen körperlich und verbal angreifen oder negative Folgerungen beschreiben, die jemanden zustoßen könnten, der sich nicht fügt.

Kleinere Kinder lösen das Problem der Beteiligung, indem sie sich älteren oder dominanteren Kindern unterordnen und die festgelegten Regeln befolgen. Ältere beginnen einfach ein Spiel, in dem sich mögliche Mitspieler wiederfinden können: „Ich bin jetzt der Vater und komme müde nach Hause und ihr seid Mutter und Kinder und wartet mit dem Abendessen auf mich". Eine solche Spielinitiative funktioniert in der Regel besser als die Frage: „Kann ich mitspielen?" Kinder, die in einer Gruppe mitspielen möchten, schauen zunächst zu, entdecken dann „Nebenrollen", die sie dann anbieten zu spielen, um später dann auch höherwertige Rollen zu übernehmen.

Spielthema und Struktur der Gruppe hängen eng miteinander zusammen. Ändert sich das Spielthema, verändert sich auch die Beziehungsstruktur der Spieler. Bei einem Rollenspiel zum Thema „Familie" könnte z.B. ein Mädchen in der Rolle der Mutter die dominierende Funktion einnehmen (nicht nur im Spiel, sondern auch auf der „Regie-Ebene"). Ändert sich das Thema, ist z.B. ein Verfolgungsspiel vereinbart worden, geht die Handlungsinitiative möglicherweise auf einen Jungen über, der nun das Spielgeschehen selbst aber auch die Erörterungen über das Spiel bestimmt. Mit der Einigung auf ein gemeinsames Spielthema ist zugleich auch die Bestätigung eines Rollensystems verbunden. Das kann bedeuten, daß neben einer „Zentralfigur" (z.B. dem Besitzer eines attraktiven Spielmittels) Nebenrollen existieren, die eher die Funktion von Zuschauern haben. Spiele dieser Art ermöglichen es, kleinere Kinder als Nebenspieler mit aufzunehmen und damit Spieler mit verschiedenen Spielfähigkeiten zu einem gemeinsamen Spiel zusammenzuführen.

Im Spiel erfährt das Kind die Begrenzungen des Lebens und die Notwendigkeit, im Rahmen dieser Grenzen seine Fähigkeiten zu entfalten. Regeln und Grenzen sind jedoch nicht willkürlich gemacht, sondern eine Folge von Organisationsprozessen in der Gruppe. Sie sind somit auch veränderbar. Die Einigungsformen des Spiels haben einen vorläufigen Status. In der Trennung des Spiels in „Spiel-Ebene" und „Regie-Ebene" entsteht für die Kinder die Chance, auf der „Regie-Ebene" zu ihren eigenen Impulsen und Spielhandlungen Distanz zu gewinnen und das Spiel so zu organisieren, daß alle Beteiligten daran Spaß haben. In den Prozessen der Spielorganisation beginnen die Kinder aufzuhören, ihre eigene Sicht und ihre eigenen Impulse für die einzig möglichen und gültigen zu halten. Es gelingt ihnen, Sichtweisen und Vorstellungen der Mitspieler zu verstehen und in ihre Spielvorschläge einzubeziehen.

---

1 Sutton-Smith, B. und S.: Hoppe, hoppe, Reiter ... Die Bedeutung von Kinder-Eltern-Spielen, Piper Verlag, München und Zürich 1986, S. 119.

Es ist daher wichtig, daß die Kinder lernen, Spiele selbst zu erfinden, Regeln zu variieren, statt sie nur nachzuspielen. Mit der Zunahme der Fähigkeit zur Organisation des Spiels wächst das Verständnis für den anderen und steigt die Bereitschaft, das eigene Vergnügen mit dem Vergnügen des Spielpartners zu verbinden. Dies kann man z.B. auch bei Brettspielen beobachten, in denen die Spielpartner (z.B. durch Vorgaben) die Regeln so modifizieren, daß jeder Spieler Chancen zum Gewinnen hat. Nur indem das Spiel so organisiert wird, bleibt es für alle Beteiligten spannend, und es entstehen weniger Langeweile und Verdruß.

Spielraum, „Regieraum", Realität

Im Gang unserer Erörterungen haben wir herausgestellt, daß zwischen der Innenwelt der Spieler und ihrer Außenwelt das Spiel als ein „intermediärer Raum", als eine „Hüllschicht" tritt, das beide Bereiche *zugleich* trennt und miteinander verbindet. Wir haben nun den „Regieraum" als ein wichtiges Verbindungsglied zwischen Realität und Spiel kennengelernt. Im „Regieraum" werden die inneren und äußeren Realitäten der Spieler so miteinander in Beziehung gebracht, daß Spielthemen, Spielstrukturen und Rollenverteilungen entstehen. In ihnen spiegeln sich sowohl allgemeine (und gemeinsame) äußere Eindrücke und innere Erlebniswelten (der einzelnen Spieler) als auch Gruppenstrukturen und Gruppenprozesse.

Spielraum, „Regieraum" und Realität werden durch „Rahmungssignale" voneinander getrennt: Die Kinder geben einander zu erkennen, wann sie spielen, wann sie das Spiel organisieren wollen und wann sie die Spielebene verlassen haben. Auch in Hinblick auf diese Fähigkeit, unterschiedliche „Rahmen" für das Handeln zu entwickeln, hat das Spiel eine wichtige soziale Funktion für Kinder. So wie sie lernen, Innenwelt und Außenwelt zu trennen (und voneinander getrennt zu halten), so lernen sie, Spielebene und Realität voneinander zu trennen und beides durch den „Regieraum" miteinander zu verbinden. Je differenzierter sich dieser „Regieraum" entfaltet, umso besser können die Spieler die verschiedenen Einflußfaktoren so miteinander verbinden, daß sie „spielen" und d.h., daß kein Impuls zu drängend und zu „mächtig" wird und daß jeder Beteiligte sich mit seinen Impulsen im Spiel wiederfindet.

Wegener-Spöhring[2] zeigt dies anhand des Bemühens von Kindern, ihre aggressiven Impulse so in das Spiel einzubeziehen, daß kein Kind „ausstei-

---

2 Wegener-Spöhring, Gisela: Die balancierte Aggressivität; in: „Spielmittel", Heft 2/1989, S. 32 ff.

gen“ und Aggressionen außerhalb des Spiels zeigen muß: „In guten Spielen balancieren die Kinder das Aggressive, Beängstigende und Unanständige, so daß alle Mitspieler es verkräften können. (...) Dieses Balancieren ist eine komplexe soziale Leistung, erfordert viel soziale Kompetenz von den Spielenden. Bei guten Spielen bleiben aggressive Handlungen auf der So-tun-als-ob-Ebene und beeinträchtigen die freundlichen Interaktionen der Spielteilnehmer nicht. (...) Störungen der Balance aber führen notwendig zu Spielstörungen und -stagnationen, oft auch zu spielexterner Aggressivität und zu Konflikten. Bei guten Spielen blieben auch Konflikte spielimmanent. (. . .) Meinungsverschiedenheiten, Konflikte können spielimmanent bleiben, weil sie durch adäquate Integration der Spielwünsche gegenstandslos werden.“

Im Spiel des Kindes werden also Fähigkeiten zum „sozialen Zusammenspiel“ gefordert und gefördert. Diese Kompetenzen sind nicht naturwüchsig vorhanden, sondern bilden sich – auch im Spiel – im Laufe der Entwicklung des Kindes heraus. Behutsame Unterstützung durch Erwachsene (oder ältere Kinder) mag angezeigt sein, wenn Kindergruppen über längere Zeit Spielwünsche der einzelnen Kinder nicht adäquat integrieren können. Dies zeigt sich häufig daran, daß Schwierigkeiten bestehen, situations- und rollenangemessene Spielangebote zu machen oder darauf einzugehen. Hier könnten konkrete Spielvorschläge modellhaft wirken, wenn sie mit der notwendigen Zurückhaltung und Vorsicht erfolgen. Die Fähigkeit der Erwachsenen soll ja nicht die noch nicht bestehende Fähigkeit der Kinder ersetzen, sondern – im Gegenteil – sie zur Entfaltung bringen.

Zum Weiterlesen empfohlen:

Frommberger, H. u.a. (Hg.) Lernendes Spiel – Spielendes Lernen, Schroedel Verlag, Hannover 1976.

Schmidtchen, S. und Erb, A.: Analyse des Kinderspiels, Verlag Kiepenheuer & Witsch, Köln 1976.

Sutton-Smith, B. und S.: Hoppe, hoppe, Reiter ... Die Bedeutung von Kinder-Eltern-Spielen, Piper Verlag, München und Zürich 1986.

5. Was ist das Wesen des Spiels?

Zum Phänomen des Spiels

Unsere bisherigen Untersuchungen bezogen sich darauf, die Kräfte und ihr Zusammenwirken zu beschreiben, die für die Entstehung des jeweiligen Spiels verantwortlich sind. Was Spiel nun von seinem Wesen her ist und wodurch es sich von anderen Erscheinungsformen abhebt, haben wir bislang noch nicht erörtert. Insbesondere diesem Bereich hat sich Hans Scheuerl zugewendet.[1] Für Scheuerl ist Spiel eine *Bewegungsform* von besonderer Ablaufgestalt, auf die man durch Tätigkeiten verschiedener Art zwar Einfluß nimmt, die aber als ganze niemals in diesen Tätigkeiten aufgeht, sondern erst geglückt ist, wenn sie sich ihnen gegenüber verselbständigt.

Machen wir uns anhand eines Beispiels klar, was damit gemeint ist: Ein Kind setzt durch äußere Einwirkung (z.B durch Peitschen) den Kreisel in Bewegung. Die Fähigkeit des Kindes, dies zuwege bringen zu können, ist eine notwendige, jedoch keine hinreichende Voraussetzung, damit das Spiel „glücken“ kann. Faszination übt das Kreiselspiel auf das Kind erst dann aus, wenn sich der Bewegungsablauf des Kreisels gegenüber dem gezielten spielerischen Handeln „verselbständigt“ hat. Wie kann sich die Bewegung des Kreisels so „verselbständigen“, daß die faszinierende Bewegungsform des Spiels entsteht? Die Bewegung des Kreisels muß gegenüber dem betrachtenden Kind eine Art „Eigenleben“ führen, zwar durch das spielerische Handeln beeinflußbar – aber nicht in vollem Umfang. Es bleibt ein Bereich des Überraschenden und Unvorhersehbaren, der die Grundlage dieses „Eigenlebens“ ist. Der Kreisel wird zum faszinierenden Gegenüber des spielenden Kindes, weil das Kind sich in die von ihm losgelöste Bewegungsform des sich drehenden Kreisels versenkt, alles andere vergißt und ganz hingegeben ist dem von ihm erzeugten Spiel des Kreisels. Damit ein Spiel gelingt, müssen also neben der spielerischen Tätigkeit

1 Sein Hauptwerk „Das Spiel“, Beltz Verlag, Weinheim und Basel 1979, enthält umfassende Erörterungen zum Phänomen „Spiel“. Auch spätere Veröffentlichungen kehren immer wieder darauf zurück, phänomenologisch darzulegen, was eigentlich „Spiel“ sei.

auch ganz bestimmte innerpsychische Voraussetzungen beim Kind (und auch beim Erwachsenen) gegeben sein: „Verlangt wird bei allen Spielen eine Sensibilität für die Selbständigkeit und allzeit gefährdete schwebende Gleichgewichtslage des Spielverlaufs. Man kann ihn nicht einfach willkürlich ‚in die Hand nehmen', nicht ‚machen'. Man muß zu seinem Gelingen behutsame Impulse beitragen und die Antworten der Gegenstände oder Mitspieler, ihre neue Konstellationen und Konfigurationen abwarten. Dazu ist oft eine gespannte, manchmal geradezu lauernde Aufmerksamkeit nötig, die sich aber nur einstellt, wenn man in allen anderen Beziehungen gelöst und entspannt ist, wenn man nicht krampfhaft und starr etwas durchsetzen will, sondern sich flexibel hält. Das Können des Spielers ist von eigentümlicher, doppelseitiger Art: Er muß nicht nur *tun,* sondern auch *lassen* können; er muß beides zugleich im rechten Augenblick."[2]

Nur bei dieser spielerischen Fähigkeit können Spielformen entstehen, die Scheuerl „Spiel" nennt. Dabei müssen die folgenden Merkmale vorhanden sein:

a) Spiel ist in seiner Erscheinung ungezwungen und frei. Die spielerische Bewegung einer hin- und herspringenden Flipperkugel oder seines tanzenden Kreisels ist frei, nicht weil sie ohne Ursachen ist, sondern weil sie sich abhebt von ihren Ursachen, in ihrer Erscheinungsform nicht getan wird, sondern geschieht. Wie die Erscheinung frei ist, so müssen dies auch die Spieler sein: frei von äußeren Zwängen und sekundären Zweckbestimmungen, sonst können sie das Spiel zwar betreiben, sich ihm aber nicht überlassen und in seinen Bann ziehen lassen. Es entsteht, ist das Spiel gelungen, eine Art schwebender Schein, eine Faszination, die sich den Ursachen gegenüber verselbständig.

b) Die spielerische Bewegung ist in sich geschlossen: durch Spielfeldbegrenzungen, durch Regeln, durch materiale Eigenarten (z.B. bei einem Flipper).

c) Der spielende Bewegungsablauf ist ambivalent. Es herrscht ein dauerndes Hin und Her, eine Spannung und ein Unentschiedensein. Daraus folgt das Erfordernis, Spiele so zu konzipieren, daß der Ausgang, so lange wie dies sinnvoll ist, offen bleibt. Dazu müssen die Kräfte so verteilt werden, daß kein Übergewicht auf der einen oder anderen Seite entsteht.

d) Spiele haben „Ewigkeitscharakter": Sie dauern „unendlich" und enden lediglich durch Mächte, die für die Spielbewegung selber äußerlich sind: Hunger, Müdigkeit, ein Spielleiter, der das Spiel abbricht.

---

2 Scheuerl, H.: Theorien des Spiels, Beltz Verlag, Weinheim und Basel 1975, S. 208.

e) Spiele sind von einer zeitentrückten Gegenwärtigkeit gekennzeichnet. Die Bewegungen des Spiels sind nicht zukunftsbezogen, sondern bleiben in der Gegenwart. Keine ihre Phasen determiniert die folgende schon eindeutig. Jede Phase, jeder Moment birgt seine eigenen Überraschungen. „Gerade die Verknüpfung des Gegensätzlichen, der Entspanntheit des Feldes als ganzem, der relativen Ausgrenzung aus dem gewöhnlichen Alltag und Lebenskampf einerseits, mit einer Spannung, die innerhalb dieses Feldes nun geradezu gesucht, macht die Variationsbreite der Spiele (. . .) verstehbar."[3]

Das Spielverständnis Scheuerls begrenzt die Spielphänomene auf eine besondere „Hochform", die im wesentlichen durch die Freiheit der Spieler (von ihren Determinierungen) und durch die Offenheit für die Phänomene des Spiels gekennzeichnet ist. Dadurch, daß die Spieler seelisch „leer" (also frei von Gedanken und Impulsen) sind, werden sie vom Spiel fasziniert: Sie können die besondere Bewegungsgestalt „unvermittelt" und „unverstellt" aufnehmen; sie werden von ihr berührt, weil keine Absichten, Handlungsmuster und Wünsche den unmittelbaren Zugang verstellen.

Man muß davon ausgehen, daß diese „Hochform" des Spiels (das Spiel als kontemplative Erfahrung) insbesondere ein „Geschenk" für Kinder ist. Je älter der Mensch wird, desto eher kann der Zugang zu dieser Form des Spiels durch die sich entfaltende Gedankenwelt, durch Zwecke und Determinierungen verstellt werden. Was bleibt sind spielerische Tätigkeiten, die, wenn man Glück und Fähigkeiten hat, mit anderen Handlungen (in Beruf, Freizeit und Familie) verwoben sind: spielerische Elemente bei Geschäftsentscheidungen, bei der Planung eines Urlaubs, beim Lösen von Konflikten. Das etwas ältere Kind, der Jugendliche und der Erwachsene sind von vielfältigen Einflußfaktoren so stark geprägt, daß diese überdeutlich auch in die Sphäre des Spiels (also der spielerischen Tätigkeiten) hineinragen. Dies fängt bei der Auswahl der Spiele und der Spielpartner an, setzt sich bei den eigenen Spielmotivationen fort und findet sich wieder in den konkreten Spielhandlungen. Und gleichwohl ist es auch dann möglich, über alle Determinierung hinaus, „arm" zu werden an Gedanken und Impulsen, sich dem Spiel selbstvergessen hinzugeben, sich darin zu verlieren und sich gleichwohl in ihm wiederzufinden. Es gelingt immer dann, wenn das Spiel zum „Spiel" mit den eigenen, einen bestimmenden Kräften wird, man sich im Spiel fortwährend „verwandelt" und der Spielraum selbst zum „Ort der Verwandlung" wird. Doch schauen wir uns dies etwas genauer an, führen uns doch diese Überlegungen ein Stück weiter zur Beantwortung der Frage, was das Wesen des Spiels sein könnte.

3 Scheuerl, Anmerkung 2, S. 196.

Verwandlung und Spiel

Alles Geschehen in unserer Welt
gleicht einem großen Spiel,
in dem von vornherein nichts
als die Regeln festliegen.
Ausschließlich diese
sind objektiver Erkenntnis zugänglich.
Das Spiel selber ist weder
mit dem Satz seiner Regeln
noch mit der Kette von Zufällen,
die seinen Ablauf individuell gestalten,
identisch.
Es ist weder das eine noch das andere,
weil es beides zugleich ist,
und es hat unendlich viele Aspekte –
so viele man eben in Form von Fragen
hineinprojiziert.

Manfred Eigen und Ruthild Winkler[4]

Alle Erscheinungen dieser Welt unterliegen der Veränderung: Sie verwandeln sich fortlaufend. Dies gilt für die belebte Natur ebenso wie für die sogenannte „unbelebte“, für Gefühle ebenso wie für Gedanken, für Wertvorstellungen genauso wie für Erkenntnisse. Den Prozeß, der diese Verwandlungen bewirkt und steuert, kann man „Spiel“ nennen. Im Spiel der Wellen im Wind spielen physikalische Wirkkräfte miteinander und beeinflussen durch ihr Spiel unsere wahrnehmbare Umgebung. Damit wir die Wellen im Wind spielen sehen, müssen unsere eigenen Dispositionen in einer bestimmten Weise miteinander spielen.

Die Wirkkräfte, die alle beim Zustandekommen des Spiels eine Rolle spielen, bilden in ihrer Gesamtheit des Zusammenwirkens ein „Feld“. Wie in der von Lewin (1944) formulierten Feldtheorie steht dahinter die Annahme, daß die Bewegungsform des Spiels von einer Vielzahl gleichzeitiger vorliegender Wirkkräfte abhängt, die in ihrer Gesamtheit das Phänomen „Spiel“ erst ausmachen. „Diese Feld enthält solche Tatsachen, wie etwa die Bedürfnisse der handelnden Person, die Ziele und Wünsche des Individuums; die Art und Weise, wie das Individuum Vergangenheit und Zukunft sieht; die Art und Lage von Schwierigkeiten; ferner die Gruppen, zu denen das Individuum gehört; seine Freunde und seine eigene Position

4 Eigen, M. und Winkler, R.: Das Spiel. Naturgesetze steuern den Zufall, Piper Verlag, München und Zürich 1981 (4), S. 11.

unter ihnen. (. . .)" Das Feld „repräsentiert (. . .) eine Vielzahl von Bereichen, die alle zu gleichen Zeit existieren und die untereinander in Wechselwirkungen stehen".[5]

Gleich dem von Lewin beschriebenen „psychologischen Feld" besitzt auch das Spiel eine Vielzahl von Einflußfaktoren, die alle zur gleichen Zeit existieren und die untereinander in Wechselwirkungen stehen. Stern (1929) sieht in einzelnen Momenten des Menschen dauerhaft in dessen Totalität eingebettet. Damit besitzt das Spiel für den Menschen einen unbewußten Tiefensinn: „ja, es ist ein ganzes Sinn-System, das aus der Verknüpfung aller oben erwähnten einseitigen Sinndeutungen des Spiels hervorgeht."[6] Für Stern sind die Zukunfts-, Vergangenheits- und Gegenwartsbedeutungen des Spiels miteinander verknüpft. Jede dieser einzelnen Ausdeutungen des Spiels enthält nur einen Teil der Wahrheit.

Wie sind nun die verschiedenen Einflußgrößen, die das Spielen bestimmen, miteinander verknüpft? Welche Verknüpfungsart läßt Spiel überhaupt möglich werden? Schiller (1793) sieht im gleichzeitigen Vorhandensein verschiedener Triebimpulse (des sinnlichen Triebes und des Formtriebes) einen Weg, um zum Spiel zu gelangen: Daß der Mensch „in voller Bedeutung des Wortes Mensch ist, kann er nie in Erfahrung bringen, solange er nur einen dieser Triebe ausschließend oder nur einem nach dem anderen befriedigt. (. . .) Sobald nämlich zwei entgegengesetzte Grundtriebe in ihm tätig sind, so verlieren beide ihre Nötigung, und die Entgegensetzung zweier Notwendigkeiten gibt der Freiheit den Ursprung."[7]

Denkt man diese Vorstellung weiter, kommt man zu folgender Antwort auf die Frage nach dem Wie der Verknüpfung: Die verschiedenen Einflußgrößen, die das Spiel bestimmen, sich wechselseitig beeinflussen und sich durchdringen, müssen so verknüpft sein, daß sie *miteinander spielen.* Dies ist an bestimmte Voraussetzungen gebunden: Keine der Einflußgrößen darf so mächtig und drängend werden, daß alle anderen sofort an Bedeutung und Einfluß verlieren. Es ist vielmehr notwendig, daß diese Faktoren sich in einem dauernden Hin- und Her befinden, Spannung bereiten, weil es unentschieden bleibt, welche davon sich letztlich durchsetzen werden. So bleibt das Spiel nicht nur in seiner äußeren Erscheinung, sondern auch in der Psyche der Spieler in der Schwebe. Dazu ist ein entlastetes Feld notwendig, frei von äußeren Zwängen und sekundären Zweckbestimmungen. In einem solchen Feld kann die Intensität der Einflußgrößen gemildert und ihr Übertragungszwang abgeschwächt werden.

---

5 Lewin, K.: Werkausgabe, Bd. 4 (Feldtheorie), Hans Huber Verlag und Klett-Cotta-Verlag, Bern und Stuttgart 1982, S. 25.

6 Stern, W., zit. nach Anmerkung 2, S. 100.

7 Friedrich Schiller: Über die ästhetische Erziehung des Menschen, Wilhelm Fink Verlag, München 1967; zit. nach Anmerkung 2, S. 35 und 38.

Die Abschwächung der Intensität der Kräfte, die auf das Spiel einwirken können, ist jedoch nur eine wesentliche Bedingung für das Gelingen des Spiels. Das Feld dieser Kräfte bildet insgesamt die *Erwartung* an ein Spiel. Das Spiel muß in einer bestimmten Weise beschaffen sein, damit diese Kräfte sich entfalten und verwandeln können. Dieses *Entgegenkommen* des Spiels (in seinen Regeln, seinen Spielmaterialien und seiner Inhaltlichkeit) muß zur Erwartung passen, sie hervorlocken und sie an sich binden. Wodurch wird das möglich?

Den Kräften, die auf das Spiel einwirken und die zugleich die Erwartung an ein Spiel ausmachen, liegen bestimmte Muster zugrunde. Von ihrem Wesen sind es dynamische Gestalten, Handlungsfiguren, typische Abläufe: verfolgen, fliehen, angreifen, verteidigen, Besitz anhäufen und verlieren, Erfolg haben oder versagen. Diese Grundmuster tauchen als Entgegenkommen des Spiels wieder auf: Fang- und Nachlaufspiele, Schach, Monopoly, Geschicklichkeitsspiele. Die Faszination des Spiels besteht nun darin, daß diese Grundmuster in einem entspannten Feld miteinander spielen können: Indem der Spieler handelnd mit ihnen spielt, spielen sie mit ihm und lösen Verwandlungsprozesse aus. Der Spieler kann herauslassen, was in ihm steckt und im Spiel dieser Impulse Gestalten sich bilden lassen, sich diesen Gehalten hingeben, ihnen im Spiel begegnen und sich darin wiederfinden. Dies macht die besondere Lebendigkeit des Spiels aus und das Vermögen, den Menschen vollständig zu machen.

Spiel ist eine auf Verwandlung abzielende Bewegungsgestalt, die äußere und innere Kräfte an sich bindet und zu neuen Ordnungen fügt. Ist dieser permanente spielerische Verwandlungsprozeß sich selbst genug oder dient er einem Ziel? Spiel ist die Schöpfung möglicher Wirklichkeit in einem Prozeß ständiger Verwandlungen. Ziel des Spiels ist, daß Wirklichkeit werde.

Spiel und Wirklichkeit

Betrachtest du von Flecken bedeckte oder aus Steinen aller Art zusammengesetzte Mauern, um dir irgendeine Szene vorzustellen, so kannst du darauf etwas den Landschaften mit dem Schmuck ihrer Gebirge, Flüsse, Felsen, Ebenen, tiefen Tälern und Hügel Entsprechendes, in vielfältiger Weise angeordnet, erkennen. Sehen kannst du dort auch Schlachten und Figuren in rascher Bewegung, merkwürdige Gesichter und Kleider und eine Unzahl von Dingen, die du in eine klare und vollständige Form bringen kannst. Und dies erscheint verworren auf den Mauern, wie im Klang der Glocken: in ihren Schlägen kannst du alle Klänge und Worte finden, die du dir vorstellen magst.

Leonardo da Vinci (1492)

Offensichtlich gibt neben unserer „verbürgten" Wirklichkeit, unseren Gewißtheiten über Stuhl, Tisch, Baum und Haus auch andere Realitäten, mit denen wir zu rechnen haben. Auf Wahrnehmung bezogene Spielformen transzendieren den Bereich unserer Wahrnehmungsgewißheiten: Im menschlichen Antlitz scheint die Tierphysiognomik auf, auf Steinen erblicken wir Bilder und Landschaften, Felsen sehen wie Profile von Menschen aus, Bäume haben die Gestalt von Lebewesen, ja selbst auf dem Mars erblicken wir monumenthaft große Formen von Gesichtern. Fotografie und Kunst setzen bewußt auf die menschliche Fähigkeit, Wirklichkeit auch ganz anders wahrzunehmen. Die Spielpädagogik nimmt das noch ungebrochenere Vermögen von Kindern, in Naturformen etwas „hineinzusehen", zum Anlaß für Wahrnehmungs- und Bastelspiele: Suchen geeigneter Objekte und Weiterbearbeitung, damit das Gesehene deutlicher hervortritt.

Offensichtlich haben Menschen Vergnügen daran, ihre Wirklichkeit auch anders zu sehen, sich den Festlegungen zumindest in spielerischen Teilbereichen zu entziehen, wohl wissend, daß man sich im Ernstfall auf die verbürgten Formen von Wirklichkeit verlassen kann. Ist das, was wir „Wirklichkeit" nennen, tatsächlich ein so sicheres Fundament, auf das wir uns stützen können? Die der Wissenschaftsrichtung des „Konstruktivismus" zuneigenden Forscher (z.B. Watzlawick, Maturana, Varela, von Glasersfeld) gehen davon aus, daß „unsere Wirklichkeit" nicht außerhalb des Menschen existiert, sondern ein Konzept ist, eine Art „Vereinbarung" unter den Menschen, was sie Wirklichkeit nennen wollen. Mit anderen Worten: Die Menschen bringen „ihre Wirklichkeit" selbst hervor. Unsere Sicht von Welt ist in unauflösbarer Weise mit unserer Struktur verknüpft: „Wir sehen nicht den ‚Raum' der Welt, sondern wir erleben *unser* visuelles Feld; wir sehen nicht die ‚Farben' der Welt, sondern wir erleben *unseren* chromatischen Raum. Dennoch sind wir ohne Zweifel in einer Welt. Aber wenn wir näher untersuchen, wie wir dazu kommen, diese Welt zu erkennen, werden wir immer wieder finden, daß wir die Geschichte unserer biologischen und sozialen Handlungen von dem, *wie* uns die Welt erscheint, nicht trennen können."[8]

Unsere Wirklichkeit bringen wir in Koexistenz mit anderen hervor, und sie weist immer genau jene Mischung von Regelmäßigkeit und Veränderlichkeit auf, jene Kombination von Festigkeit und Flüchtigkeit, die typisch ist für die Entwicklung dessen, was menschliche Wirklichkeit sich nennt. Diese Erkenntnis verpflichtet uns zur ständigen Wachsamkeit gegenüber der Festschreibung von Wirklichkeit, also der Gewißheit, daß dies und nichts anderes Wirklichkeit sei. Die Welt, die jedermann sieht, ist nicht *die* Welt, sondern *eine* Welt, die die Menschen im Laufe ihrer kulturellen Ent-

---

8 Maturana, H. R. und Varela, F. J.: Der Baum der Erkenntnis, Scherz Verlag, Bern, München und Wien 1987, S. 28.

wicklung hervorgebracht haben. Sie ist eine „Antwort" des Menschen auf die ihn umgebende Umwelt, die er im absoluten Sinne nicht fassen kann, weil sie offen ist für *jegliche* Sicht von Wirklichkeit. Das Äußerste, das Menschen vermögen, sind Einsicht und Toleranz, daß die Wirklichkeitsvorstellungen anderer Menschen genauso legitim und gültig sind wie die eigenen und daß die gesellschaftliche verbürgte Wirklichkeit vorläufig und vergänglich ist.

Ist damit Realität lediglich eine „Spielart der Illusion"? Sicher ist die Vorstellung von *der* Realität bereits eine Illusion, weil wir die Realität nie „an sich", das heißt ohne unsere Vorstellungen von ihr, schauen können. Es trifft auch zu, daß jede Realität erst in unserer Vorstellung von ihr entsteht und niemals unabhängig von uns existiert. Gleichwohl ist es kein Zufall, daß gerade eine bestimmte Sicht von Wirklichkeit zu *der* objektiven Wirklichkeit geworden ist, der wir in aller Regel zuneigen. Die Konstruktion von Wirklichkeit hat damit etwas zu tun, daß Lebewesen in ihrer Umwelt existieren und d.h. überleben wollen. Es setzen sich im Laufe der Entwicklung die Konstruktionen von Wirklichkeit durch, die diese Überlebensfähigkeit garantieren. Die Frage ist, ob unsere Wirklichkeitssicht dieses Überleben immer noch sichert. Unser Zeitalter maximaler Bedrohung durch weltweite Aufrüstung, Umweltzerstörung und Geburtenexplosion fordert neue Konstruktionen von Wirklichkeit geradezu heraus. Das Problem besteht darin, daß unsere Sicht von Wirklichkeit untrennbar mit Macht- und Herrschaftsinteressen verbunden ist. Das Heraufziehen eines neuen Paradigmas und einer neuen Wirklichkeitssicht muß gegenüber diesen Widerständen genügend Durchsetzungs- und Überzeugungskraft entwickeln.

In welchem Verhältnis steht nun das Spiel zu einer so verstandenen Wirklichkeit? In ihrem Entstehungsgrund ähneln sich Spiel und Wirklichkeit: Beide werden von Menschen konstruiert, gestaltet und bestimmt, und beide lösen sich vom Menschen ab und treten ihm als etwas Äußeres, nicht mehr nur vom Wollen des Menschen Abhängiges gegenüber. Spiel und Wirklichkeit unterscheiden sich in ihrem Grad der Festlegung. Im Vergleich zum Spiel kann man die Wirklichkeit als „fest" und verbindlich gewordenen Teil der menschlichen Möglichkeiten sehen, als eine Sandbank in einem Fluß, auf die Kräfte einwirken: sie bilden und verändern und auf die Menschen sich „retten" können in dem Wunsch, in ihrer Umwelt zu bestehen. Das Spiel ist weitaus flüchtiger, zufälliger, unverbindlicher. Es entsteht und vergeht viel rascher. Es sind Schwebeteile des Flusses, die an die Oberfläche gewirbelt werden, für einige Zeit sich miteinander verbinden und dahintreiben, um ebenso rasch wieder zu vergehen. Das Spiel transzendiert den Menschen, es verlockt ihn, die Festlegungen seines Lebens für einige Zeit zu übersteigen. Im Spiel drückt sich Distanz zur Realität aus. Der Mensch verläßt für einige Zeit die „Sandbank" seiner Wirklichkeit, um im „Fluß der Möglichkeiten" verbunden zu sein mit seiner eigenen Sinnlichkeit, seinen Wünschen, Impulsen und Bedürfnissen. Der spielende Mensch bestätigt nicht die Realität, sondern entwickelt mit „Bausteinen der Wirklichkeit“ neue Modelle – teilweise der vorgegebenen Wirklichkeit genau entgegengesetzt, sie parodierend und sich über sie hinwegsetzend. Auf dem „Fluß der Möglichkeiten“ fügt er „Treibgut der Wirklichkeit“ zu einem „Floß“ zusammen, auf dem er für einige Zeit verweilen kann. Insofern ist Spiel ein unbedarfter, unbekümmerter Umgang mit Realität, immer wieder neu eingrenzend und prinzipiell alles möglich machend. Spiel ist eine „andere Realität“, eine Art „vorgeburtliche“ Wirklichkeit, in der keimhaft vorgezeichnet ist, wie Wirklichkeit sein könnte. Insofern erfordert die spielerische Einstellung eine innere Distanz zur Wirklichkeit. Der Spieler muß innerlich „leer“ sein, frei von Bedrängungen, zwingenden Impulsen; er muß „offen“sein für das, was in ihm und mit ihm spielen kann. „Es“ spielt mit allen Impulsen und Einflußgrößen, wirbelt sie durcheinander und fügt sie zu immer wieder neuen Formen zusammen. In dem Maße, wie Spiel zu einer elementaren Lebensäußerung wird, die auf Integration und Entfaltung gerichtet ist und befreit von Beeinträchtigung und Behinderung, wird es zum Ausdruck einer ungebrochenen Lebensfreude des Menschen. Dies kann zum Impuls werden, auf Wirklichkeit einzuwirken und Sichtweisen von Wirklichkeit zu verändern.

Im Vergleich zur Phantasie und zum Traum steht das Spiel der Realität wesentlich näher. Es schafft eine sichtbare Verbindung zwischen unseren phantasievollen Vorstellungen und unserer konstruierten Realität: „Spiel ist als äußere Realität inszenierte Phantasie. Es nimmt also eine eigentümliche Zwischenstellung ein, entspringt und dient vielfach der inneren Welt, bedient sich aber realer Handlungen und Gegenstände. Dadurch sichert es der Rückwirkung der äußeren Realität auf die innere einen größeren Spielraum zu als die reine Imagination.“[9] Indem sich das Spiel der durch Vereinbarungen geronnenen Bestandteilen der Wirklichkeit bedient und sie als etwas Äußeres und Eigenständiges ansieht, bleibt die Phantasie nicht auf sich bezogen, sondern wirkt auf die Realität ein, wie die Realität die Phantasieentwicklung anregt und lenkt. Dieser Prozeß der „Interaktion“ zwischen der phantasievollen inneren Welt und den äußeren Gegebenheiten läßt sich am besten mit dem Begriff der „Rahmung“ fassen.[10] Wenn Kinder miteinander spielen, machen sie durch „Rahmungssignale“ untereinander aus, daß das Folgende nun ein Spiel sein. „Rahmungssignale“ können explizite Sprachäußerungen sein: „Wollen wir jetzt mit den Autos spielen?“. Sie können eine Rollenverteilung ausdrücken: „Ich bin die Biene Maja“ oder durch Gesten und Art des Sprechens signalisieren, daß bereits eine Spielhandlung begonnen wurde.

9 Schäfer, Gerd E.: Spiel, Spielraum und Verständigung, Juventa Verlag, Weinheim und München 1986, S. 292.

10 Zum Begriff „Rahmung“ vgl. Goffman, E.: Rahmenanalyse, Suhrkamp Verlag, Frankfurt 1974.

Im Rahmen des Spiels kommt es zu immer weiteren Rahmungshandlungen: Dieses „Auto“ ist der „Präsidentenwagen“ und das ist eine „kugelsichere Scheibe“; der Besenstil wird zur „Rakete“ erklärt und dann verwandelt er sich in ein „Schwert“. Das Spiel zeichnet sich dadurch aus, daß Wirklichkeitselemente einer ständigen Transformation unterliegen, mit unterschiedlichen Bedeutungen mal einen Teil dieses Rahmens, dann eines ganz anderen abgeben. Spiel ist also auch ein „Spiel“, um einen (oder viele!) Rahmen zu finden, in dem „es“ spielen kann. Im Spiel lernt das Kind, unterschiedliche Rahmen zu finden für seine Spiele, die Elemente dieser Spiele in unterschiedlicher Weise zu rahmen und das Spiel selbst durch Rahmungshandlungen zum Spiel werden zu lassen.

Wenn ein Kind zu einer Baumwurzel „Baumwurzel“ sagt, hat es seinen visuellen Erfahrungsraum in einer „konventionellen“ Weise gerahmt, also so gerahmt, wie es in Übereinstimmung mit den verbürgten Weisen unserer Sicht von Wirklichkeit gemeinhin üblich ist. Entdeckt das Kind in der Baumwurzel Gesichter, unterlegt es seiner Wahrnehmung einen anderen Rahmen. Die Mutter wird die Anmutung ihres Kindes als „Phantasie“ rahmen. Für das Kind selbst ist die Wahrnehmung von Gesichtern ein spielerischer Umgang mit Wahrnehmungsmöglichkeiten: Es spielt mit möglichen Rahmen für seine Wahrnehmungseindrücke. Indem das Kind wahrzunehmen lernt, lernt es zugleich den Gebrauch von Rahmen für seine Wahrnehmung. Die gesamte Wahrnehmung ist ohne Rahmung der Wahrnehmungseindrücke nicht denkbar. Das Spiel „erzeugt“ immer wieder neue Rahmen, in denen sich Innenwelt und Außenwelt verweben können, und bildet damit fortwährend neue Möglichkeiten der Wirklichkeit. Spiel ist ein Schöpfungsakt möglicher Wirklichkeit im Prozeß ständiger Verwandlungen. Verwandlung geschieht, weil die Rahmen sich ändern; und dies tun sie, weil die Verwandlungswünsche nach neuen Strukturen suchen, in denen sie sich wiederfinden können.

Durch Rahmungshandlungen lernt das Kind, Wirklichkeit von Spiel zu scheiden. Die Rahmungskompetenz, die das Kind im Spiel erwirbt, ist notwendig, um die komplexe Wirklichkeit zu verstehen. Die Elemente der Wirklichkeit sind nicht eindeutig zueinander gefügt, sondern bedürfen ständiger Rahmung, um zu verdeutlichen, was gemeint ist und wie es gemeint ist. Ein Stuhl in der Küche ist etwas anderes als ein Stuhl auf dem Müllplatz. Der Satz: „Ich finde dich toll!“ kann, je nachdem wie, wann und in welchem Zusammenhang gesprochen, mal ein Lob, das andere mal eine Kritik ausdrükken – eine Liebeserklärung oder eine Abweisung. Im Spiel kann das Kind diesen schwierigen Zugang zur Wirklichkeit gewinnen, weil im Spiel noch alles im Fluß ist, weil das Kind dort mit vielfältigen Bedeutungen und Rahmungen spielen kann. Im Spiel können neue Rahmungsmöglichkeiten gewonnen werden – Vorräte an Handlungsmustern für möglichen Gebrauch.

Diese Fähigkeit des Spiels macht zugleich auch seine Gefährlichkeit aus. Im Spiel kann eine andere Realitätssicht vorweg genommen werden, können Repräsentanten des Staates und Träger von Macht ganz anders gerahmt werden, werden Handlungsmuster erprobt, die über die jetzigen Ordnungsstrukturen hinausführen. Ein Spiel, das die „Reservation des Spiels" verläßt, das beansprucht, Realität zu sein und sich gegen die „herrschende" Realität wendet, wird gefährlich. Das beginnt bei den „Pubertätsspielen" der Jugendlichen, die sich in „Randale", „Anmache" und „Action" äußern und geht bis zu Demonstrationen, Sitzstreiks und gewaltfreien Aktionen (z.B. von „Greenpeace").

Da im Spiel die verbürgte Realität der Gesellschaft „aufgehoben" wird (in der doppelten Bedeutung des Wortes), muß das Spiel aus den wichtigen gesellschaftlichen Bereichen ausgegrenzt und *zugleich* gefördert werden. Leitet Spiel zu stark und zu schnell „Zersetzungsprozesse" der bestehendes Wirklichkeit ein, kann dies zu ernsthaften Beeinträchtigungen des Zusammenhalts der Gesellschaft führen. Werden spielerische Elemente zu rigide aus der Gesellschaft getilgt, kann es zu einer systembedrohenden Erstarrung kommen, denn von der Fähigkeit des Menschen, spielerisch sein zu können, hängen die Möglichkeiten für Innovation und Weiterentwicklung ab. Die Lösung besteht darin, das Spiel durch deutliche Rahmungssignale von anderen Tätigkeitsformen abzutrennen, in bestimmter Weise zu strukturieren und in bestimmten „Reservaten" anzusiedeln. Verläßt jemand das „Reservat", verlangt er die Anerkennung seines Spiels als Realität, landet er im Gefängnis oder in der Irrenanstalt. Die „Reservate" unsrer Gesellschaft heißen „Kinderzimmer", „Spielhalle", „Abenteuerspielplatz". Die Reife eines Kindes wird daran gemessen, daß es unterscheiden *ge*lernt hat zwischen „Spiel" und „Ernst" des Lebens, zwischen Phantasie und Realität und daß es *ver*lernt hat, daß beide Bereiche nur unterschiedliche Aggregatzustände des Bemühens der Menschen sind, Wirklichkeit durch Rahmungshandlungen zu konstruieren.

Das Spielzeug ist, wie kein anderer Gegenstand, geeignet, gesellschaftliche Interessen an das Spiel zu binden. Das für das Spiel gefertigte Objekt ist Teil der Realität und zugleich Abbild dieser Wirklichkeit. Es sagt dem Kind, wie es Wirklichkeit zu verstehen hat und daß es eine Entsprechung zu diesem Spielzeug in der Realität gibt. Das Puppengeschirr kann man sehen und anfassen und sich darauf verständigen, wie man es nennen will. Es bildet einen Teil der Realität, nämlich Geschirr, ab. Im Umgang mit diesem Puppengeschirr kann man Realitätsaspekte simulieren, wohl wissend, daß es nicht Realität ist, die man in dieser Simulation erzeugt. Das Puppengeschirr vertieft also die Trennung von Spiel und Realität. Der spielerische Umgang mit realem Geschirr ist gefährlich – und dies in mehrfacher Hinsicht: Es könnte etwas kaputt gehen und: Die vom Kind erzeugte spielerische Realität könnte Zugang suchen zur verbürgten Realität des Umgangs mit Geschirr. Tassen, Teller, Schlüsseln werden zu einem „Gebirge" durch das „Autos" ihren Weg suchen – eine Abenteuerlandschaft, die weitaus spannender und anregender ist, als die rituelle Form, das Geschirr für eine Mahlzeit zu verwenden. Und wer sagt denn, daß man in der verwirrenden Landschaft aus Porzellan nicht auch etwas Eßbares finden könnte?! Nur – welcher Vater, welche Mutter könnten ein Picknick an einem solchen Ort akzeptieren? Da ist es wesentlich einfacher, das Kind auf sein Spielzeug zu verweisen und ihm dort zu gestatten, seine Phantasie „aus-zuleben", in dem Sinne, das es „aus" ist mit der Phantasie, wenn es um den Vollzug der verbürgten Realität geht. Spielzeug jedoch, wenn es getreuliches Abbild der Realität ist, regt zu einer solchen Phantasie, zu solch „abwegigen" Verwandlungen kaum mehr an. Spielzeuge sind für das Kind vielmehr Hinweise, wie die Wirklichkeit wahrzunehmen ist, was es tun muß, um ihr nahe zu sein. Sie sind „Sendboten" der verbürgten Wirklichkeiten und haben den Auftrag, diese Wirklichkeitsauffassungen auch im Spiel des Kindes durchzusetzen, Kinder auf eben diese Wirklichkeit zu „vereidigen": „Durch den Prozeß der Gestaltung werden dem Spielzeug Botschaften mitgegeben, die dann beim Kind (mehr oder weniger pädagogisch erwünscht) zum Sprechen kommen."[11]

Es ist sicher berechtigt, vielschichtiges Spielzeug zu fordern, um Kinder vor einseitigen Festlegungen und Festschreibungen durch das Spielzeug zu „schützen", um ihnen die Möglichkeit zu geben, *ihre Wirklichkeit* zu finden und zu entfalten. Abgesehen von der Schwierigkeit, solches mehrdeutiges Spielzeug zu konzipieren und gegen die Kaufgewohnheiten der Erwachsenenwelt zu vertreiben, stellt sich die grundsätzliche Frage, „ob überhaupt Spielzeug notwendig ist; denn innere und äußere Vielfalt und Vielschichtigkeit ergibt sich völlig ungestaltet und zwanglos, wenn Kinder mit Gegenständen aus ihrer Umgebung spielen können. Da spielen sie nämlich nicht nur mit den Dingen, sondern ebenso mit der Vielfalt der Kontexte sachlicher, sozialer und individueller Art, in die diese Gegenstände eingebettet sind. Insofern wir Kinder aber pädagogischen Arrangements, wie z.B. dem Kindergarten, aussetzen, gibt es diesen Kontext individueller, sozialer, sachlicher und kultureller Alltäglichkeiten nicht. Er muß eigens geschaffen werden. Und dazu braucht man Spielzeuge und Spielumwelten."[12]

Nun haben wir es mit dieser Realität in unserer heutigen Zeit nicht ganz einfach. Durch die Medien wie Fernsehen, Film, Comics, Videospiele ist eine „Medienrealität" entstanden, die wirkungsvoller zu werden scheint als die außermediale Wirklichkeit, also unsere „eigentliche" Realität. Medienrealität ist eine Simulation der Realität, die man in Aspekten außerhalb des Bildschirms vielleicht noch erfahren kann. Vielfach werden nurmehr andere Medien simuliert, aufbereitet, umgestellt, miteinander verbunden. In dieser labyrinthischen Struktur von Verweisungen und Rahmungen nimmt die Medienrealität zunehmend den Charakter einer

---

11 Schäfer, Gerd, E.: Spielphantasie und Spielumwelt, Juventa Verlag, Weinheim und München 1989, S. 128.
12 Schäfer, Anmerkung 11, S. 133 f.

eigenen (nunmehr festgelegten und festlegenden) Realität an: „War dereinst der Film die Verdoppelung der Realität, so hat sich das Verhältnis inzwischen umgedreht. Die Maßstäbe der Wirklichkeit und des wahren Lebens sind der Welt des Kinos und des Fernsehens entlehnt. Das Fernsehen (...) stellt von daher gesehen eine Umkehrung von Original und Kopie dar. Der Ort der Wirklichkeit ist die Kopie geworden."[13]

Dies hat unübersehbare Konsequenzen – auch für das Spiel. Der Realitätsaspekt im Spiel bezieht sich immer stärker auf Medieninhalte, auf Fernsehstars, spannende Filme, bekannte Serien. Die den Kindern angesonnene Trennung zwischen Spiel und Realität beginnt sich wieder zu verwischen. Eingesperrt in labyrinthische Strukturen von Verweisungen, Simulationen und Simulationen von Simulationen, gerät außermediale Realität aus dem Blick, bleibt nicht mehr faßbar, wird uninteressant. In der Konstruktion von Realität setzen wir eine „absolute Wirklichkeit" voraus, die für uns weder in der Anschauung noch in der reflexiven Sprache faßbar ist. Um uns über unsere konstruierte Realität verständigen zu können, ja sie überhaupt hervorzubringen, bedienen wir uns der Sprache. Mit Hilfe dieses Mediums verdeutlichen wir die Konstruktion unserer Wirklichkeit. Ziel dieses Bemühens ist es, Verständigungsbrücken untereinander zu schaffen, um so unsere Vorstellungen von Wirklichkeit zu vereinheitlichen, also zu objektivieren. Unsere Massenmedien verstärken diesen Verständigungsprozeß. Sie expandieren inzwischen so stark, daß sie einen Großteil spielerischer Re-Konstruktionen von Wirklichkeit an sich binden und festlegen, in welchen Formen und Bereichen spielerischer Umgang mit Elementen unserer Wirklichkeit stattfinden kann. Zunehmend auf massenmediale Vorgaben festgelegt, entwickelt sich das spielerische Verhalten der Kinder zu einem medienbezogenen Spiel – bis hin zum Umgang mit „medialem Spielzeug", das auf bestimmte Filme und Videos bezogen ist. Ein solches Spiel erzeugt nicht mehr, was Wirklichkeit werden kann, sondern überträgt das im Film wirklich Gewordene auf die Wirklichkeit des Spiels – und nur darauf.

Zum Weiterlesen empfohlen:

Börsch, S. u.a.: Kinderkram. Spiele ohne Anweisung, Transit Verlag, Berlin 1981.

Eigen, M. und Winkler, R.: Das Spiel. Naturgesetze steuern den Zufall, Piper Verlag, München und Zürich 1981.

Scheuerl, H.: Das Spiel, Beltz Verlag, Weinheim und Basel 1979.

13 Koch, Joachim: Abschied von der Realität, Rowohlt Verlag, Reinbek 1988, S. 104.

Teil 2
Was ist Spielpädagogik?

6. Welches sind die Aufgaben und Bereiche der Spielpädagogik?

Nachdenken über das eigene Selbstverständnis

Jeder mit Erziehung befaßte Mensch hat auch mit Spiel zu tun, Eltern ebenso wie Erzieherinnen, Lehrer, Sozialpädagogen, Animateure, Therapeuten. Spiel ist ein „Urphänomen", das es im pädagogischen Bereich einfach gibt und das sich nicht ausklammern läßt: „Ganz gleich ob sich Pädagogen oder Psychologen theoretisch mit dem Spiel auseinandersetzen oder nicht, ganz gleich auch, ob Lehrer und Erzieher sich seiner bedienen und aus welchen Gründen sie dies tun, das Spiel ist immer bereits Bestandteil des tatsächlichen pädagogischen Geschehens, bestimmt die erzieherischen Zustände, Eigenschaften und Prozesse mit."[1] So gesehen ist jeder Pädagoge zugleich auch *Spiel*pädagoge – bewußt oder unbewußt, gut oder schlecht: „In Wahrheit hat der Pädagoge keine Chance, dem Spiel auszuweichen, es läuft ihm nach, ob er Erziehungsprozesse deskriptiv, analytisch oder interpretativ zu erfassen sucht, oder ob er handelnd in sie eingreift."[2]

Die Vielschichtigkeit und Verwobenheit des Spiels macht es schwer zu sagen, was „Spielpädagogik" eigentlich ist. Spielpädagogik ist mit dem Erzieherischen befaßt: Was wirkt auf den zu erziehenden Menschen ein? Wie wirkt es? Was bewirkt es? Was kann ich tun, um auf diesen Prozeß einzuwirken? Was sollte ich tun, und was sollte ich lassen? Wie sollte ich es tun? Mit welchen Zielen und Absichten sollte ich einwirken? Die Spielpädagogik wendet sich diesen Fragen unter dem Blickwinkel des Spiels zu und beantwortet die Fragen nach dem Erzieherischen aus der Kenntnis des Wesens, der Möglichkeiten, Chancen, Wirkungen, Grenzen und Gefahren des Spiels.

Eine Grunderkenntnis dabei lautet, daß das Spiel auf den Menschen einwirkt, zugleich aber auch durch ihn bewirkt wird. Das Objekt der Spielpäd-

1 KREUZER, KARL JOSEF: Zur Komplexität der spielpädagogischen Fragestellungen und Bereiche; in: Handbuch der Spielpädagogik, Band 1, Schwann Verlag, Düsseldorf 1983, S. 17.

2 Anmerkung 1, S. 20.

agogik, der lebendige Mensch, ist zugleich das Subjekt der Spielprozesse. Nur das eigene Interesse und das freibestimmte Wollen dieses Menschen ermöglichen es, daß so etwas wie Spiel überhaupt stattfinden und seine Wirkungen entfalten kann. Dabei kann das vom Menschen schließlich gewählte Spiel ein anderes sein, als das vom Pädagogen beabsichtigte.

Spiel als ein „Urphänomen" ist mit zahlreichen anderen pädagogischen Bereichen in vielfältiger Weise verwoben. Das gilt für die „klassischen" Randbereiche des Spiels wie Musik, Tanz, Theater, Pantomime ebenso wie für Unterrichtsfächer (insbesondere Kunst, Sport, Sprachen), kulturelle Techniken (Zeichnen, Malen, Basteln, Schreiben, . . . Computern) und therapeutische Verfahren (Spieltherapie, Maltherapie, imaginative Techniken). Von daher greifen Erkenntnisse der Spielpädagogik weit über den Rahmen dessen hinaus, was zum „angestammten Gegenstandsbereich" des Spiels gehört.

Selbst wenn man sich auf diesen Gegenstandsbereich begrenzte, weitet er sich zunehmend auf weitere Bereiche der Gesellschaft aus: Auseinandersetzung mit Spielwaren, Initiativen zum Bau von Spielplätzen, Organisation von Stadtteilfesten und spielerischen Aktivitäten, Aktionen für spielgerechte Städte. Spielpädagogik wendet sich also nicht nur an „professionelle Erzieher" in eng begrenzten Handlungsfeldern, sondern richtet sich mit umfassendem Anspruch an Eltern, Kindergarten, Schule, Erwachsenenbildung, Jugendarbeit, Rehabilitation, Therapie. Sportvereine, Freizeitanbieter, Stadtplanung.

Und schaut man auf Teile der Gesellschaft, die mit dem kindlichen Spiel nun wirklich nicht viel gemein haben (z.B. die Wirtschaft und das Militär), braucht man nicht lange zu suchen, um auf Spiel und „Spielpädagogen" zu stoßen: Von Unternehmensplanspielen bis zu militärischen Simulationen spannt sich der Bogen der Inanspruchnahme des Spiels durch Pädagogik.

Je genauer man untersucht und je intensiver man den Spuren des Spiels folgt, desto schneller verliert sich Fähigkeit, Spiel in irgendeiner Wiese noch sinnvoll abzugrenzen zu könnnen. Möglicherweise ist das, was wir „Spiel" nennen, eine geheime Bindungskraft im menschlichen Denken und Tun, ein Faszinosum, ein Ingredienz der Lebendigkeit des Lebens. Spielen ist Leben und stimuliert Leben. Spielpädagogik hat damit die Entwicklung des Lebens in all seiner Lebendigkeit und Vielfalt zur Aufgabe. Die Pädagogik des Spiels weist auf neue Formen pädagogischen Handelns, weg von „Zwang", „Pflicht" und „Müssen" hin zu Freiheit, Selbstbestimmtheit und Muße.

Da eine solche Spielpädagogik auch Pädagogik ist, entstehen in der erzieherischen Praxis typische Widersprüche. Die Notwendigkeit zur Planung steht grundsätzlich im Widerspruch zur Spontaneität, zur Freiwilligkeit und zur Zweckfreiheit des Spiels. Die auf die Entwicklung des Lebens in all seiner Lebendigkeit und Vielfalt gerichtete Planung muß notwendigerweise begrenzen, ausgrenzen, akzentuieren und steht damit in Gefahr, gerade die gewünschte Lebendigkeit und Vielfältigkeit zu behindern. Eine fehlende Planung kann hingegen einen ähnlichen Effekt bewirken: Es fehlt an Stimulanz für Lebendigkeit und Vielfalt; die Spielprozesse „versanden" in Langeweile. Von daher ist ein „subjektsensibler" Pädagoge vonnöten, der seine Planung und sein pädagogisches Eingreifen von der jeweiligen Situation und von den jeweiligen Menschen mit ihren Bedürfnissen, Wünschen, Fähigkeiten und Defiziten abhängig machen, der den schmalen Grat zwischen festlegender Planung und planungsloser Freiheit sicher gehen kann.

Jede Pädagogik hat das Umfeld mitzudenken, in das das pädagogische Handeln eingebettet wird: die Situation der Menschen ebenso wie institutionelle Rahmenbedingungen. So auch die Spielpädagogik. Ihr Ziel ist es, gerade weil sie den Widerspruch zwischen Planung und Freiheit sieht, dieses Umfeld so zu verändern, daß sich das Spiel in fruchtbarer Weise entfalten kann – bis hin zu einer spielgerechten Stadt für Kinder. Spielpädagogik vermeidet damit bewußt die Begrenzung des Erzieherischen auf den unmittelbaren Umgang des Pädagogen mit seinen „Zöglingen". Spielpädagogik will eine Bresche für das Spiel schlagen – wo auch immer: im Elternhaus, im Kindergarten, in der Schule ebenso wie in der Gestaltung der Stadt.

In diesem umfassenden Anspruch ist Spielpädagogik zugleich (in wechselseitiger Abhängigkeit voneinander und sich wechselseitig hervorbringend):

- Spielforschung,
- Spielkultur,
- Spielpraxis,
- Spielpolitik,
- Spieldidaktik,
- Spielmethodik.

Die *Spielforschung* schafft die Grundlagen für die handlungsorientierte Spielpädagogik. In Abgrenzung zur naturwissenschaftlich-mathematischen Spielforschung geht es um Erkenntnisse wie z.B. der Entwicklung des Spielverhaltens der Kinder, der Analyse von Spielprozessen in Gruppen, der Wirkungen von Spielmittel. Wir werden nachfolgend detaillierter Angaben zur Spielforschung machen.

Spielkultur meint Spielprozesse und Spielstrukturen, Spielinhalte und Spielentwicklungen so wie sie sich naturwüchsig in der Gesellschaft zeigen: bei Kindern auf der Straße, unter Erwachsenen, auf dem Sportplatz, bei Feiern und Festen, im Familien- und Verwandtenkreis. Im Unterschied dazu geht es bei der *Spielpraxis* um das pädagogisch angeleitete oder begleitete Spiel: im Kindergarten, in der Schule und Jugendarbeit, bei den Aktionen des Spielmobils, bei Ferienfreizeitmaßnahmen, in Vereinen, bei stadtbezogener Sozialarbeit, in der Freizeitpädagogik mit Senioren und vieles andere.

Gegenstandbereiche der Spielpädagogik

ÖKOLOGIE - KULTUR - PÄDAGOGIK

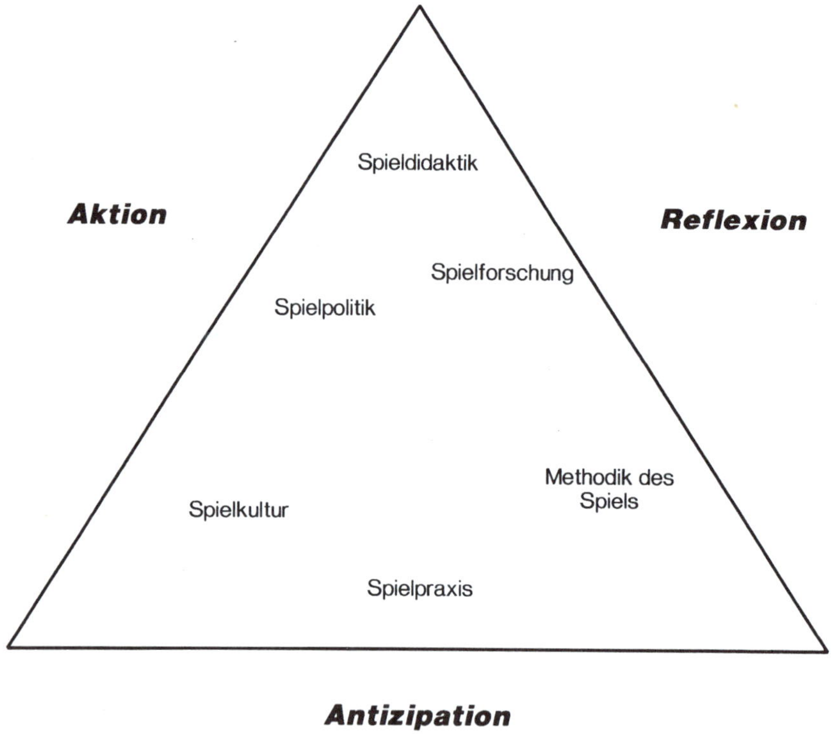

Während die Spielpraxis das pädagogische Handeln in bestimmten sozialen Gruppen meint, bezieht sich die *Spielpolitik* auf die Rahmenbedingungen des Spiels: Spielplätze, Entwicklung zu einer spielgerechten Stadt, Schaffung angemessener Spielräume für Kinder. Eine solche Spielpolitik können die Betroffenen selbst initiieren oder mit Unterstüztung von „Spielpädagogen" (Sozialarbeitern, Verwaltungsbeamten, Kommunalpolitikern).

Spieldidaktik meint das Nachdenken über eine angemessene Spielpraxis: Ziele einer solchen Praxis und ihre Begründung; grundsätzliche Gedanken über eine handlungsorientierte Pädagogik des Spiels; Analyse der Rahmenbedingungen für eine konkrete Spielpraxis; Entwicklung von Planungsmodellen für die Spielpraxis, bis hin zur Entfaltung konkreter Planungsschritte (z.B. für eine größere Spielaktion in der Stadt):

Eng verbunden mit der Spieldidaktik ist die *Spielmethodik*. Die Spielmethodik beschäftigt sich mit der konkreten Gestaltung und dem Ablauf von pädagogisch initiierten Spielprozessen: Welche Spiele werden angeboten? In welcher Reihenfolge? Wie werden sie inhaltlich eingebunden? Welche Materialien werden dazu benötigt? Welche Spielmittel sind erforderlich? Welcher zeitliche Rahmen wird dem geplanten Ablauf zugrunde gelegt? Wer wird in den Spielprozeß einbezogen? In welcher Weise? Diese und viele andere Fragen stecken den Rahmen dessen ab, was wir unter Spielmethodik verstehen.

Im Zusammenwirken von Spielforschung, Spielkultur, Spielpraxis, Spielpolitik, Spieldidaktik und Spielmethodik entfaltet sich die Spielpädagogik in einer deutlichen Wechselbeziehung zu Ökologie und Kultur. Spielpädagogik ist damit die umfassende (ökologisch-kulturelle) Auseinandersetzung mit Spiel und seinen Rahmenbedingungen in den Bereichen Reflexion, Aktion und Antizipation.

Reflexion bedeutet nicht nur das Nachdenken über Spiel, die Analyse von Spielprozessen, sondern auch *Selbst*reflexion, also das Nachdenken über sich selbst im Spiegel der erlebten Spielprozesse, das Erfahren eigener Möglichkeiten und Begrenzungen und das Herausfinden der Ursachen und Hintergründe.

Antizipation ist die Teilnahme am Spiel, ist die Vorwegnahme der Freiheit in der Gesellschaft im Spiel, ist die Entfaltung einer „befreiten" Spielpraxis.

Aktion dagegen meint gesellschaftliches Handeln, meint das sich Einsetzen für Rahmenbedingungen und Strukturen, die eine optimale Spielpraxis ermöglichen können: angemessene Spielplätze, kindgerechte Gestaltung von Schulen und Kindergärten, Schaffung einer „spielbaren Stadt".

Spielpädagogik ist in Reflexion, Antizipation und Aktion dem Ziel verpflichtet, die optimale Entfaltung des Menschen und seiner Fähigkeiten zu fördern, dem Menschen Gestaltungsräume anzubieten, in denen er seine Talente entwickeln und dem Ausdruck verleihen kann, was an positiven Kräften in ihm ist. Spielpädagogik formuliert in Spielforschung, Spielkultur, Spielpraxis, Spielpolitik, Spieldidaktik und Spielmethodik was Spiel ist, was Spiel sein kann und sein sollte. Spielpädagogik ist damit kritisch, pragmatisch und utopisch zugleich. Sie wird vom Phänomen des Spiels bewirkt und wirkt zugleich auf die Entwicklung des Spiels zurück. Spielpädagogik fördert die wechselseitigen Beziehung des Menschen zum Spiel: sie ist Erziehung in dem Sinne, als sie Erziehung durch das Spiel nicht nur zuläßt, sondern begünstigt und ermöglicht. Kinder lernen im Spiel vornehmlich spielen; das scheint nichts zu sein – und ist doch alles. Insofern ist die Pädagogik des Spiels eine Zukunft der Pädagogik.

Erforschung des Spiels

Eine zentrale Aufgabe der Spielpädagogik besteht darin, das für das Handeln und die Wertentscheidungen wichtige Wissen über Spiel und Spielprozesse zu erlangen. Dieses Wissen ist wichtige Grundlage für die handlungsorientierte Spielpädagogik. Kenntnisse über die Entwicklung des Spielverhaltens von Kindern, den Ablauf von Gruppenprozessen beim Spiel oder die Wirkungen bestimmter Spielmittel können Hilfen sein, das Handeln in der pädagogischen Praxis zu optimieren, Zielvorstellungen zu überdenken, realistisch zu planen. Die Methoden der wissensorientierten Spielpädagogik, zu diesen Kenntnissen zu gelangen, können recht unterschiedlich sein. Neben phänomenologischen Forschungen (z.B. über das Wesen des Spiels) gibt es eine Fülle von empirischen Forschungsansätzen, Detailaspekte des Spiels zu erhellen (z.B. geschlechtsspezifisches Spielverhalten, Ausstattung von Spielplätzen, Wirkung bestimmter Spielmittel auf die Phantasieentwicklung von Kindern). Breiten Raumen nehmen auch historische und anthropologische Forschungen über das Spiel ein (Entwicklung bestimmter Spielmittel über die Zeitepochen, Veränderungen des Spielverhaltens von Kindern im Laufe der Jahrhunderte, Vergleiche zwischen Spielgewohnheiten von Menschen aus verschiedenen Kulturen). Fassen wir die wichtigsten Bereiche der Spielforschung einmal zusammen:

a) Spielphänomen und Erscheinungsformen des Spiels

Ziel dieser meist phänomenologisch und empirisch orientierten Forschungen sind Antworten auf die Fragen: Was ist Spiel?, Was sind die Merkmale des Spiels?, Wo überall taucht Spiel auf?, Welche verschiedenen Spiele sind bei den Kindern beobachtbar?, Wie lassen sich die Spiele systematisieren?, Auf welchem gesellschaftlichen/historischen Hintergrund sind die Spiele zu verstehen?, Was steckt hinter den Spielen, wofür sind sie Ausdruck?, Welche Funktionen haben die Spiele für das Kind/für die Gesellschaft? Diese und ähnliche Fragen schaffen ein vertieftes Verständnis für das Spiel in seinen vielfältigen Wechselbezügen. Die Antworten auf diese Fragen können helfen, das eigene pädagogische Handeln unter neuen Aspekten zu sehen und zu angemessenem Verhalten zu gelangen.

Der erste Teil dieses Buches wirft einige dieser wichtigen Fragen auf und versucht Antworten zu formulieren, die die Reichweite bisheriger Forschung wiedergeben.

b) Historische Entwicklung der Spiele, des Spielens und der Spielmittel

Das Verständnis des Spiels erschließt sich in besonderer Weise, wenn man sich der Geschichte der Spiele, der Art zu spielen und des Spielzeugs zuwendet. Die historisch bzw. kulturhistorisch orientierte Spielforschung hat viel Wissens- und Nachdenkenswertes über diesen Aspekt des Spiels zutage gefördert. Besonders lesenswert sind Veröffentlichungen, die sich mit der Spielkultur der Kinder bzw. der Geschichte der Kinderspiele befassen. In gleicher Weise anregend sind literarisch orientierte Veröffentlichungen über erlebtes Spiel in der Kinderzeit. Eine andere Möglichkeit zum Verständnis der Spielformen früherer Zeiten bieten Werke der Bildenden Kunst.

Neben der historischen Untersuchung des Kinderspiels gibt es auch Arbeiten, die sich mit geschichtlichen Hintergründen des „Erwachsenenspiels“ befassen, z.B. Tanz, Jahrmarkt. Breiten Raum nehmen Veröffentlichungen ein, die sich mit der historischen Entwicklung des Spielzeugs befassen. Neben wenigen allgemeineren Arbeiten dieser Art, die das Spielzeug eingebettet in die damalige Spielkultur beschreiben, überwiegen kunsthistorische Arbeiten. Am häufigsten findet man teilweise sehr aufwendig gedruckte Bildbände über spezielles historisches Spielzeug: Puppen, Teddybären, Handpuppen und Marionetten, Blechspielzeug, Eisenbahnen, Baukästen, Bleisoldaten.

Ein großer Bereich der historischen Betrachtung von Spiel und Spielzeug befaßt sich mit Gesellschaftsspielen (insbesondere Brettspiele und Kartenspiele). Bei den Brettspielen sind es neben allgemeinen Darstellungen der Geschichte verschiedener Brettspiele und Bildbände über Brettspiele aus bestimmten Zeitepochen insbesondere Veröffentlichungen zur Geschichte spezieller Brettspiele, insbesondere Schach und Go. Noch umfangreicher sind die Forschungen zum Bereich der Spielkarten. Hier ist insbesondere ein Name zu nennen: Detlef Hoffman. Von diesem Kulturhistoriker liegen zahlreiche Veröffentlichungen vor, sowohl umfangreiche Gesamtdarstellungen als auch Einzeluntersuchungen zu speziellen Epochen und Erscheinungsformen.

Was nützt die Beschäftigung mit diesen historischen Aspekten des Spiels? In der geschichtlichen Auseinandersetzung mit Spielformen und Spielmitteln lassen sich verschiedene Erkenntnisse gewinnen. Zum einen wird deutlich, wie Spiel durch die jeweilige Zeit und ihre Besonderheiten geprägt ist. Zum anderen ermöglicht eine solche Betrachtung einen angemessenen Hintergrund für die Beurteilung gegenwärtiger Spiele, Spielmittel und Spielformen.

c) Interkulturelle Vergleiche

Einen ähnlichen Nutzen kann man gewinnen, wenn man sich fremden Kulturen zuwendet und studiert, welche Spiele dort Ausfluß des kulturellen Umfeldes sind. Viele Einzeluntersuchungen dieser Art beziehen sich auf den afrikanischen Kontinent. Umfassender und breiter hat Orlick seine Kenntnisse über die Spielformen in verschiedenen Kulturen darauf zugespitzt, ob und inwieweit in ihnen kooperative Prinzipien verwirklicht sind. Sutton-Smith belegt anhand vielfältiger anthropologischer Studien, daß sich im Spiel bestimmte gesellschaftliche Prozesse und Konflikte widerspiegeln.

Die Kenntnis von Spielen anderer Kulturen ist nützlich insbesondere für eine interkulturelle Erziehung, die das Medium „Spiel" bewußt einbezieht. So gibt es Berichte über eine spielpädagogische Praxis, in der Spiele aus unterschiedlichen Kulturen einbezogen wurden und den Prozeß gegenseitigen Verständnisses voranbringen konnten.

d) Entwicklung und Formung des Spielverhaltens

Insbesondere in der psychologischen Forschung ist der Entwicklung des kindlichen Spielverhaltens, der sich ausbildenden Spielstrukturen viel Augenmerk geschenkt worden. Wir haben dazu ausführlicher im Kapitel 1, Abschnitte 2 und 4 Ausführungen gemacht. Neben diesen eher allgemeineren Forschungen gibt es auch spezielle Untersuchungen zu ausgewählten Teilbereichen: z.B. geschlechtsspezifische Unterschiede, Wirkungen sozialer Benachteiligung.

All diese Forschungsergebnisse können geeignet sein, das pädagogische Handlen in der Praxis einsichtsvoller zu machen. Die Forschungsergebnisse und Erkenntnisse können im Einzelfall zu einem Korrektiv werden, an dem sich das eigene Handeln überprüfen ließe.

e) Ökologie des Spiels

Das Nachdenken über Spiel hat sich dahingehend verdichtet, daß die Vielfalt des Spiels, seine Wechselwirkungsprozesse und Einflußfaktoren zunehmend in den Mittelpunkt gerückt werden. Die verschiedenen neuen Forschungsansätze fließen zusammen und verdichten sich um den Begriff „Ökologie". Damit ist gemeint, daß das spielerische Handeln des Kindes in untschiedliche Systeme eingebettet ist: vom *Mikrosystem* der Familienbeziehungen (mit Eltern, Geschwistern, Eltern-Kindverhältnissen und der Beziehungsstruktur der Geschwister untereinander) über das *Mesosy-*

stem kommunaler Organisationsformen (Gleichaltrigengruppen, verwandtschaftliche Netzwerke, Sport, Kirche, Kindergarten, Freundeskreis usw.), das *Exosystem* der gesellschaftlichen Strukturen (Werte, Normen, Staats- und Regierungsform, soziale Klassen, Erziehungseinrichtungen usw.) bis zum *Makrosystem* weltweiter Strukturen (Kulturen, Welwirtschaftssysteme, internationale staatliche Organisationen). Diese Systeme und die von ihnen ausgehenden Einflüsse stehen untereinander und mit der Persönlichkeit des Kindes in einem komplexen Wechselwirkungsprozeß.

Die ökologische Betrachtungsweise kindlichen Spielverhaltens kommt nicht von ungefähr. Sie folgt dem Bewußtsein einer miteinander vernetzten Welt, einer Welt wechselseitiger Abhängigkeit und Verantwortlichkeit. Die Betrachtung und Untersuchung des kindlichen Spiels folgt notwendigerweise dieser veränderten Bewußtseinslage.

Welche Auswirkungen hat das ökologische Paradigma auf eine Spielpädagogik, die sich der Aufgabe verpflichtet fühlt, Wissen über Spiel zu schaffen?

– Zunächst sollte sie die Spielräume des Kindes erfassen und in seiner Bedeutung herausarbeiten. Dies ist zunächst die materielle Spielumwelt des Kindes. Die Untersuchungen erstrecken sich von der Vergangenheit bis in unsere heutige Zeit. Dabei geht es meist nicht nur um eine reine Bestandsaufnahme der Spielmöglichkeiten, sondern sie zeigen auch auf, wie Kinder diesen Spielraum für sich zu nutzen gelernt haben.

– Die Fähigkeit des Kindes, die ihm zur Verfügung stehenden Spielräume zu nutzen, hängt auch von seiner inneren Welt der Wünsche, Gefühle, Fähigkeiten, Defizite zusammen, die wiederum in Wechselwirkung steht zu seinem Mikrosystem der Familienbeziehungen (das wiederum eingebunden ist in das Meso-, Exo- und Makrosystem). Diese „Interaktionen" zwischen der materiellen Welt und der inneren Welt des Kindes kann man durch verschiedene Verfahren transparent machen. Ein recht fruchtbarer Weg besteht darin, detaillierte biografische Angaben zu gewinnen: aus der Literatur, durch Befragungen, durch Erinnern an die eigene Kindheit. In der Entfaltung dieser Erinnerungen vermitteln sich die eigenen Wünsche, Bedürfnisse und Fähigkeiten mit den realen Gegebenheiten. In dem von den Kindern frei inszenierten Spiel spiegeln sich Innenwelt und Außenwelt in ihren Wechselbezügen. Bestimmte ökologische Strukturen von Innenwelt und Außenwelt bringen bestimmte Spiele hervor.

– Zur ökologischen Betrachtungsweise des Spiels gehört auch die Auseinandersetzung mit der medialen Welt und ihren Wechselwirkungsprozessen in Hinblick auf die innere und äußere Welt des Kindes. Die Medienwelt, in der mühelos vorgefertigten Spielprozesse initiiert werden können, hat einerseits große Faszinationskraft und birgt andererseits nicht zu übersehende Gefahren. Die Gefahr ist umso größer, je mehr die mediale Welt eigene Erfahrungen des Kindes mit seiner unmittelbaren Wirklichkeit verdrängt bzw. ersetzt. Andererseits würde ein Aussparen der Auseinandersetzung mit der medialen Welt bestimmte Fähigkeiten und Erfahrungen des Kindes nicht möglich machen. Der Wert dieser medialen Erfahrungen hängt sehr eng mit dem Grundwissen des Kindes über seine außermediale Welt zusammen. Die unmittelbare Erfahrung von Natur, die Erlebnisse mit realen Tieren können durch mediale Inszenierungen (Fernsehfilme, Dokumentarsendungen, das Spiel mit Tierfiguren) nicht ersetzt werden. Wohl aber können diese medialen Einflüsse, auf dem Hintergrund realer Erfahrungen, fruchbare Spiel- und Lernprozesse befördern. Es kommt also darauf an, das ökologische Feld so zu organisieren, daß unmittelbare und mediale Erfahrungen sich gegenseitig ergänzen und unterstützen.

Das ökologische Forschungsparadigma ist auf die Ausweitung und Qualifizierung der Fragen und Erkenntnisinteressen nicht begrenzt. Der ökologische Ansatz weist in Art und Methodik unmittelbar auf den Forschenden zurück: Die Ökologie des Spiels wird einem dann verständlich, wenn man sich mit den ökologischen Mustern seiner eigenen Spielsozialisation beschäftigt. Der selbstreflexive Aspekt verweist auf den aktionalen: Die Erkenntnisse der Forschung drängen darauf hin, die ökologischen Bedingungen für das Spiel des Kindes entscheidend zu verbessern. Erst durch ökologische Forschungen ist man in der Lage, die Probleme angemessen zu erkennen und daraus Folgerungen (und Forderungen) abzuleiten. Auch die handlungsorientierte Spielpädagogik erfährt durch eine solche Forschung entscheidende Impulse: anstelle einer „Spieleingriffspädagogik" erscheint es wesentlich angebrachter, die Spielumwelt so zu gestalten, daß für das Kind förderliche Spielprozesse entstehen können.

Mit anderen Worten: In der Ökologie des Spiels können sich Reflexion, Antizipation und Aktion wechselseitig hervorbringen und durchdringen. Das durch ökologische Forschung entstehende Wissen über Spiel ist kritisch (indem es die Mißstände bisheriger Spielumwelten benennt), pragmatisch (durch die Möglichkeit, aus den Forschungsergebnissen Handlungsalternativen herzuleiten) und utopisch (weil jegliche Forschung implizit die Forderung nach einer optimalen Entfaltung des Kindes im spielerischen Verhalten, also ein utopisches, auf eine positive Zukunft gerichtetes Bild, enthält).

Beurteilung von Spielmitteln

Der Bereich, in dem Spielpädagogen vornehmlich eine breitere Öffentlichkeit erreichen können, ist die Einschätzung von Spielwaren, also des industriell hergestellten Spielzeugs. Von Spielpädagogen wird erwartet, daß sie kompetente Urteile abgeben, ob ein bestimmtes Spielzeug gut oder schlecht, für Kinder förderlich oder schädlich ist. Wie beurteilen Spielpädagogen das Spielzeug und wie relevant sind ihre Einschätzungen?

a) Am leichtesten eingängig sind Beschreibungen der verschiedenen auf dem Markt erhältlichen Spielmittel, die auf dem eigenen Erfahrungshintergrund reflektiert werden, Alterseignungen aussprechen und in bestimmten Anschaffungsempfehlungen münden. Um sich einen Überblick zu verschaffen und einen ersten Eindruck zu gewinnen, sind diese Formen der Spielmittelbeurteilung insbesondere für Eltern recht brauchbar. Ein Stück weiter gehen Veröffentlichungen, die die Beurteilung der Spielmittel auf dem Hintergrund eines pädagogischen Praxisfeldes vornehmen. Alle diese Beurteilungen sind eher subjektiv und entsprechen gewiß nicht „wissenschaftlichen Standards". Gleichwohl sind sie für diejenigen, die erste praktikable und handlungsorientierte Informationen suchen, von nicht zu unterschätzendem Wert.

b) Um ein höheres Maß an „Objektivität" bemüht sind Versuche, die Spielmittel auf dem Hintergrund normativer Orientierungen und Absprachen einzuschätzen und als Ergebnis Werturteile abzugeben. Hier verdient insbesondere die jahrzehntelange Tätigkeit des Arbeitsausschusses Kinderspiel + Spielzeug Beachtung. Eine Gruppe von Pädagogen zeichnet, unter Beachtung bestimmter Kriterien, „pädagogisch wertvolles Spielzeug" mit der Prüfplakette „Spiel gut" aus. In verschiedenen Publikationen informiert der Verein über seine Arbeit, trägt zur Diskussion über Spielzeug bei, bringt Verzeichnisse über das vom Verein ausgezeichnete Spielzeug heraus.

Eine ähnliche Arbeit wird vom Verein „Spiel des Jahres" getan, der sich auf die Begutachtung und Prämierung von Brettspielen spezialisiert hat: Einmal im Jahr erscheint eine Auswahlliste über empfehlenswerte Brettspiele mit Prämierung eines Spiels zum „Spiel des Jahres". Der Gedanke, bestimmte Spielmittel zu bewerten und ein interessiertes Publikum über die Ergebnisse zu informieren, findet auch in bestimmten Fachzeitschriften seinen Niederschlag. Die Zeitschrift „Spielbox" (Nostheide-Verlag) hat sich auf Gesellschaftsspiele spezialisiert und stellt insbesondere Brettspiele nach einem bestimmten Punktesystem bewertet vor. In der pädagogischen Fachzeitschrift „Praxis Spiel + Gruppe" (Matthias-Grünewald-Verlag) erscheinen Rezensionen zu empfehlenswerten Brettspielen. An ein eher jugendliches Publikum richtet sich die Zeitschrift „Powerplay" mit den Bewertungen von Videospielen.

Die beurteilende Bewertung bestimmter Spielmittel schafft Orientierung auf dem Hintergrund explizit oder (meist) stillschweigend vereinbarter Wertentscheidungen. Extremmeinungen werden dadurch vermieden, daß eine größere Zahl kompetenter Beurteiler an der Bewertung mitwirkt. Ob die Beurteilungen von Relevanz für eine wie auch immer geartete Spielpraxis sind, steht jedoch dahin. Es sind immanente Bewertungen, die noch weit entfernt davon sind, das ökologische System zu reflektieren, in das dieses Spielzeug einbezogen werden kann.

c) Diese Begrenzung auf das Spielmittel an sich kennzeichnet auch das Beurteilungsverfahren, daß von Mieskes und Klinke mit wissenschaftlichem Anspruch entwickelt wurde. Es geht mehr oder weniger darum, mit Hilfe eines ausgefeilten „Begriffsbestecks", einer umfangreichen Systematik und gezielter Beobachtungen gutachterliche Aussagen über Spielwaren machen zu können. Ähnlich „abgehoben" wirken auch zahlreiche empirische Untersuchungen, die weniger die Bewertung eines einzelnen Spielmittels im Auge haben als vielmehr Wirkungen bestimmter Spielmittel auf Kinder in einem laborähnlichen Experiment herausfinden wollen.

d) Weniger um die Beurteilung und Bewertung spezieller Spielmittel als die kritische Einschätzung der Spielwaren insgesamt geht es bei kritisch orientierter Forschung. Auf dem Hintergrund politischer und ökonomischer Kenntnisse werden Spielwaren als Ausdruck einer Waren produzierenden Gesellschaft verstanden und mit den wichtigen Bedürfnissen von Kindern kritisch in Beziehung gesetzt. In die Beurteilung gehen durchaus eigene Erfahrungen in der pädagogischen Praxis mit ein.

e) Sehr viel stärker auf die Praxis bezogen sind Spielmittelerprobungen, an denen Pädagogen aus der Praxis kooperativ mit Wissenschaftlern beteiligt sind. Zwei umfangreiche Projekte zur Erprobung von Spielmitteln beziehen sich auf den Bereich der Grundschule. Über Jahre wurden ausgewählte Spielmittel in den Unterricht einbezogen. Die Planungen, Beobachtungen und Reflexionen im Team aus Lehrern und Wissenschaftlern haben zu pädagogisch relevanten Erkenntnissen geführt über die Möglichkeiten der Verwendung bestimmter Spielmittel in bestimmten unterrichtlichen Kontexten. Um es noch deutlicher zu sagen: Es ging weniger um die Beurteilung von Spielmitteln als vielmehr um eine an den Interessen der Schüler und den Möglichkeiten von Schule orientierter Spielpädagogik, die sich als Medium bestimmter Spielmittel bediente.

Während solche wichtigen spielpädagogischen Forschungen (und Erprobungen) als wenig spektakulär erscheinen, geraten Auseinandersetzungen um bestimmte, als problematisch eingeschätzte Spielmittel viel stärker in den Blickpunkt der Öffentlichkeit. Zu erinnern sei an eine jahrlang geführte Kontroverse um das, was „Kriegsspielzeug" genannt wird. Eine heftige Auseinandersetzung um die „He Man"-Figuren schloß sich Mitte der achtziger Jahre an – mit Argumenten, die weniger vom Verständnis der Kinder geprägt waren als vielmehr von geschmacksästhetische Vorstellungen. Nicht anders sieht es bei den Videospielen aus, deren „schlimmste Auswüchse" seit Jahren durch die Indizierungspraxis der Bundesprüfstelle für jugendgefährdende Schriften gebannt werden sollen.

Überblickt man den gegenwärtigen Stand der Spielmittelbeurteilung und Spielmittelbewertung, so lassen sich ökologisch orientierte Vorstellungen erst in Ansätzen ausmachen. Es überwiegt nach wie vor eine immanente Bewertungspraxis, die sich kaum dafür interessiert, was Kinder mit den Spielmitteln konkret anfangen und was sie davon halten. Allenfalls die wenigen Arbeiten kritischer Spielpädagogen reflektieren das gesellschaftliche Bedingungsgefüge der Spielwaren und ihrer Wirkungen. Erforderlich ist ein ökologischer Ansatz, der mehrdimensional und integrativ darum bemüht ist, historische Sichtweisen, Spielzeugeinschätzungen, Beobachtungen des Spielprozesses, gesellschaftspolitische und ökonomische Analysen als gleichgewichtig in die Beurteilungen einzubeziehen. Nimmt man dieses Forschungsparadigma ernst, darf es weniger darum gehen, Spielmittel zu bewerten als vielmehr diese Spielmittel (und was Kinder damit machen) als Verständnisbrücken anzusehen für die Spielwelt des Kindes.

Ist man bis zu diesem Punkt gelangt, stellt sich die Frage, ob nicht anstelle kommerzieller Spielwaren das selbstgebastelte Spielzeug viel stärker in den Mittelpunkt spielpädagogischer Betrachtungen treten sollte. Vieles spricht für selbstgemachtes Spielzeug: Die Kinder steigern ihre Geschicklichkeit und ihr Können. Sie finden zum selbstgemachten Spielzeug einen umfassenderen Bezug als zu Spielwaren. Durch die Notwendigkeit, Spielzeug selbst herzustellen, werden Einfallsreichtum und Phantasie angeregt. Der Herstellungsprozeß des Spielzeugs fördert das Kind in vielfältiger Weise: „Wenn man Indianersachen bastelt, muß man sich informieren, wie so etwas aussieht. Bei den Anziehpuppen aus Papier muß man vorsichtig ausschneiden, sonst reißen die Laschen ab. Beim Zeichnen muß man wissen, wo ein Ärmel ansetzt, wie ein Faltenrock fällt. (. . .) Wer eine Beleuchtung in der Puppenstube verlegt, hat etwas von den Grundregeln der Elektrizität begriffen. Und wer aus freien Stücken ein Holzpferd baut, lernt etwas über die Eigenschaften des Holzes, wird geschickt im Umgang mit Hammer, Nagel und Zange."[3] Im Herstellen von Spielzeug können Eltern und Kinder in besonderer Weise voneinander lernen und sich zueinander in Bezieung setzen. Gleichwohl „überschwemmt" kommerzielle Spielware die Kinderzimmer und droht die Impulse, sich das Spielzeug selbst herzustellen, zu ersticken.

Das hat Gründe: Eltern haben häufig sehr wenig Zeit für Kinder: Durch „großzügige" Geschenke hoffen sie, sich „loskaufen" zu können. Spielware ist vielfach auch zu einem Prestigeobjekt geworden und fädelt die Kinder in unsere Warengesellschaft ein, läßt sie zu „Warenbesitzern" und immer weniger zu „spielenden Kindern" werden. „Pädagogisch wertvolles" Spielzeug beruhigt das „schlechte Gewissen" vieler Eltern und verkündet zuversichtlich, daß damit für die „Förderung der Kinder" das beste getan sei. Vielfach haben die Kinder auch nicht die Zeit, Muße und Geduld, sich selbst Spielzeug herzustellen. Eingezwängt in einen Terminplan „sinnvol-

---

3 FLEMMING, IRENE: Selbstgemachtes Spielzeug; in: „Praxis Spiel + Gruppe", Heft 4/1988, S. 139 f.

ler Aktivitäten“ bleibt für das freie, „nutzlose“ Spiel allenfalls ein Randdasein im „Zeitbudget“.

Aus unseren Erfahrungen ergibt sich, daß Naturmaterialien und industriell gefertigtes Spielzeug kein unversöhnlicher Gegensatz beim Spiel des Kindes zu sein brauchen. Kinder lernen vielmehr, daß jeder Gegenstand in spezifischer Weise „Spielmittel“, also Mittel zum Spiel sein kann. Indem weder Naturmaterialien noch Spielzeug grundsätzlich ausgeschlossen werden, erfahren Kinder, welche Möglichkeiten in ihnen stecken. Sie entwickeln von sich aus die Fähigkeit, beides miteinander zu verbinden, um zu einem anregenden Spiel zu gelangen, das weder in Hinblick auf Phantasie und Verwandlung noch auf Funktionalität und Anpassung verarmt zu sein bräuchte.

Das gleiche gilt auch für die pädagogische Arbeit im Kindergarten. Hier sollten Kinder angeregt werden, die Dinge, die ihnen beim Spiel fehlen, selbst anzufertigen und in kreativer Weise mit den Spielwaren zu verbinden. Dies können wichtige Requisiten beim Rollenspiel sein: die Krone der Königin, ein goldener Apfel, ein breiter Gürtel. Voraussetzung dafür ist, daß die Erzieherin die Spielabläufe der Kinder beobachtet und im richtigen Moment Anregungen gibt und Material zur Verfügung stellt. Auch im Figurenspiel ist es eine wichtige Bereicherung, wenn Kinder zu Spielwaren wie z.B. Playmobil-Figuren spielnotwendige Gegenstände selbst basteln. „Vieles von dem, was für das Kind in der Wohnung oder auch im Freien (z.B. Naturmaterialien) erreichbar ist, läßt sich in Spielszenen mit Playmobilfiguren einbeziehen und bereichert das Spiel. Da wird etwa der umgedrehte Deckel eines Kochtopfes zum See, in dem die Kinder der Playmobilfamilie ihr Bad nehmen. Da sind kleine Ästchen, die in Knetbällchen gesteckt zum Wald werden, in dem rasch ein Picknick stattfinden kann. Haben die Kinder einmal diese Vielfalt erlebt, werden sie selbst viele neue Ideen entwickeln und ihr Spiel vielseitiger gestalten.“[4]

Im Spielzeug spiegelt sich die Umwelt des Kindes wider – mit allen ihren Möglichkeiten und Einschränkungen. Die Vereinsamung des Kindes wird ebenso deutlich wie das Einpassen in eine auf Wettbewerb und Konsum festgelegte Gesellschaft. Wenn wir beklagen, daß das Kind verlernt habe zu spielen und sich dem „falschen Spielzeug“ zuwende, müssen wir zugleich (und zuerst!) die Bedingungen kritisieren, die hierzu maßgeblich beigetragen haben. Das Spielzeug ist für das Kind eine Möglichkeit, in die Realität dieser Gesellschaft hineinzuwachsen. Das Kind wird zu dem Spielzeug greifen, das zu seiner Realität paßt, sei es die innere Realität seiner Wünsche und Gefühle oder die äußere Realität der Forderungen, Erwartungen, Anmutungen, Gefährdungen und Faszinationen, denen das Kind ausgesetzt ist. Die Realität kann eine Situation sein, in der das Kind

---

4 HABERKORN, RITA: Prinzessin, Monster, Astronaut, Rowohlt Verlag, Reinbeck 1988, S. 66.

in der Regel alleine spielt, die Eltern kaum Zeit haben, das Kinderzimmer klein ist, nichts in Unordnung gebracht werden darf und das Spiel auf der Straße gefährlich und daher verboten ist. Unter solchen Bedingungen (und unter Einfluß des Fernsehens) ist industriell gefertigtes Spielzeug die „Antwort" der Gesellschaft, der das Kind kaum noch etwas entgegensetzen kann. Völlig anders dagegen Bedingungen, wie sie beim Spielen am Meer bestehen und die sich so optimal für Kinder kaum herstellen lassen: Räume, Zeit, Mitspieler, Erwachsene, Spielwaren und Gegenstände aus der Natur stehen nahezu unbegrenzt zur Verfügung – und das in einer landschaftlich reizvollen Umgebung, die alles bietet, was für Kinder interessant ist. Hier ist die Gestaltungsfreiheit so groß, daß alles, was das Spiel zu fördern in der Lage ist, mit einbezogen werden kann.

Im Grunde geht es also nicht darum, ob Spielwaren oder selbst hergestellte Spielzeuge vorzuziehen sind. Entscheidend ist, ob ein hinlänglich großer Spielraum und ausreichend Anregungsmöglichkeiten (durch Menschen, Umgebung und Spielobjekten) zur Verfügung stehen, damit Kinder „ihr" Spiel finden können. Sie werden dann in der kreativen Entfaltung ihres Spiels die ihnen angemessenen Kombinationen zwischen Spielwaren und eigenen Produkten finden.

Schaffung von Spielräumen und Spielgelegenheiten

Diese zuvor geführten Erörterungen machen deutlich, daß Spielräume für Kinder, Spielanregungen und Gelegenheiten zum Spielen wichtiger sind als die „richtigen" Spielmittel. Die Forderungen nach „dem Recht des Kindes auf Spiel" schließen ausdrücklich eine „gesetzliche Verankerung für ausreichenden und passenden Raum für Spiel und Freizeit: (für) Recht auf Spielraum" mit ein.[5] Diese Forderungen folgen den Forschungen zur Nutzung der Umwelt durch die Kinder, berücksichtigen den Wandel der Kindheit und stellen die Forderungen für die Organisation des kindlichen Spielens in Rechnung.

Von daher ist es nicht verwunderlich, daß sich Pädagogen verstärkt dafür einsetzen, den Kindern die Freiräume für das Spiel zu schaffen und zu erhalten, und darin eine wesentliche Aufgabe der Spielpädagogik sehen. Aus der Erforschung spielbarer Umgebungen und dem Erinnern an eigene Spielumwelten erwächst die Forderungen an Eltern, Lehrern, Schulverwaltungen, Stadtplanern, Architekten, Sozialarbeitern, Erzieherinnen,

5 IPA-Erklärung: Das Recht des Kindes auf Spiel; in: WEGENER-SPÖHRING, GISELA und ZACHARIAS, WOLFGANG (Hg.): Pädagogik des Spiels – eine Zukunft der Pädagogik?, Pädagogische Aktion, München 1990, S. 8.

die Orte zu schützen, zu erhalten und zu schaffen, die besondere Bedeutung für die Kinder haben. Wie hat die Spielpädagogik auf die Verschlechterung der Spielbedingungen von Kindern bislang reagiert?

a) Die erste und früheste Reaktion darauf war die Schaffung von getrennten (und trennenden) Bereichen für das Spiel. Bis zum Beginn der Industrialisierung war das Spiel des Kindes in das Leben von Dorf und Stadt einbezogen (trotz vieler Spielverbote). Um 1800 entstanden (zunächst in London) die ersten Kinderspielplätze, 1835 folgte Deutschland. Bereits die ersten Plätze dieser Art zeigten die klassischen Merkmale der heutigen öffentlichen Kinderspielplätze: Einzäunung (zur Markierung der zugewiesenen Spielfläche und damit zur Reglementierung der spielenden Kinder) und Spielgeräte wie Sandkasten, Schaukel, Wippe. Um 1900 entwickelte sich der Gedanke, Freiflächen zur Erholung und zum Spiel zu schaffen, zügig weiter. Zu dieser Zeit wurden in Chicago mit einem Aufwand von 42 Millionen Dollar 24 Spielparks geschaffen, die von jeder Wohnung aus in 10 Minuten zu erreichen waren. „Jeder dieser Spielparks hatte einen von einer Promenade umgebenen Fußballplatz, jeweils einen seperaten Turnpatz für Männer und Frauen, eine Spielwiese im Sinne einer Planschwiese mit flachem Wasserbecken für die Kleinen und eine Schwimmanstalt."[6] 1889 entstand in Köln ein erster öffentlicher Kindspielplatz nach heutiger Sicht; in München gab es 1890 zehn Kinderspielplätze mit einer Gesamtgröße von 30.000 qm. Auch in anderen deutschen Großstädten entstanden zu dieser Zeit Spielplätze. Die Plätze folgten dem Ideal von Körperertüchtigung, Stärke und Gesundheit und entsprachen eher dem, was wir heute als „Sportplatz" bezeichnen würden.

Auch nach dem 2. Weltkrieg, etwa ab 1952, wurde der Gedanke des Kinderspielplatzes weitergetragen und erreichte, wenn man die Anzahl der Veröffentlichungen zugrunde legt, in den 70er Jahren einen Höhepunkt. Die Grundkonzeption des Spielplatzes hatte sich wenig verändert. Es blieb ein umzäunter Bereich mit Standard-Spielgeräten und Sandkisten. Dabei fehlte es nicht an Initiativen, die Spielplätze anregender zu gestalten, phantasievolle Spielgeräte einzubeziehen. Schaut man sich Bildbände über Spielplätze in aller Welt an, wird man von der Fülle an Ideen und Gestaltungsmöglichkeiten überrascht sein. Dies gilt auch für die Anregungen in der Fachliteratur zur Gestaltung von Kinderspielplätzen.

Trotz dieser vielfältigen Bemühungen kann man sich des Gedankens kaum erwehren, daß es sich bei diesen Spielplätzen im Grunde um Fehlinvestitionen handelt. Viele der Plätze stehen leer oder werden für andere Zwecke genutzt. Die Mängel dieser Spielplätze wurden bereits in empirischen Untersuchungen Anfang der sechziger Jahre deutlich: Die Anziehungskraft der Spielplätze „ist nicht so groß, daß Kinder sie bevorzugt

---

6 SEEGER, ROLAND: Spielplatzgeschichte – Spielplatzalltag; in: „Spielmittel", Heft 5/1985, S. 69.

zum Spiel benutzen wollen. Sie lassen eine Reihe von Betätigungen, die auszuführen es die Kinder drängt, nicht zu. Sie geben den Kindern bei der spielenden Eroberung der Welt zu wenig Raum. (. . .) Die öffentlichen Spielplätze in der von uns beobachteten Form sind nicht nur bei Kindern wenig beliebt. Sie lassen von der Fülle möglicher Spiele nur eine sehr beschränkte Zahl von Spielen zu."[7] Eine empirische Untersuchung Mitte der siebziger Jahre stellt fest, daß der Anteil der Rollenspiele und der kreativen Spieltätigkeiten äußerst gering ist; ferner bieten die Plätze kaum einen Anreiz und eine Möglichkeit zu kooperativen Tätigkeiten.

Die Gründe für die geringe Akzeptanz des Spielplatzes liegen darin, daß Kinder in ihrem Spiel ihre Umwelt erfahren möchten, lernen wollen, was um sie herum passiert. Auf den Spielplätzen befinden sie sich „außerhalb" und sind „abgesondert". Daran kann auch eine noch so luxuriöse Ausstattung mit Spielgeräten nichts ändern. Ist der Neuigkeitscharakter erst einmal verflogen, können auch diese Plätze sehr schnell verwaisen. Ob ästhetische Objekte (i.S. spielbarer Kunst) und die Einbeziehung von Erwachsenen (in der Anfangsphase) hier langfristig viel bringen, mag vom Einzelfall abhängen. Möglicherweise sind das nur Belebungsversuche der Spielplatzidee – zum Scheitern verurteilt, weil Kinder durch ihr Verhalten sehr deutlich zum Ausdruck bringen, daß sie das selbstgewählte Spiel an freigewähltem Ort den Spielmöglichkeiten auf einem Spielghetto wie dem des Spielplatzes vorziehen, denn „der öffentliche Spielplatz krankt an einer solchen Lebenfremdheit und Sterilität, die ihn nicht zu einer spielfördernden, sondern eher zu einer spielhemmenden Einrichtung werden läßt.[8]

b) Eine Sonderform des „umzäunten Spielghettos" sind Abenteuer-Spielplätze (Aktiv-Spielplätze, City-Farmen, Bauspiel-Plätze). Im Prinzip handelt es sich um weiträumigere und anregungsreichere Spielflächen, die von erwachsenen Spielpädagogen „betreut" werden. Im Mittelpunkt steht die Eigenaktivität der Kinder, die ihre Spielmöglichkeiten selbst wählen und ihre Spielumgebung selbst gestalten können. Das Spektrum reicht vom Hüttenbau, Feuermachen, Werken, Basteln, Musizieren bis zur Tierhaltung und -pflege, dem Garten- und Landbau, Reiten und Tanz. Spielplätze dieser Art entwickelten sich zunächst in Dänemark. Der erste Platz wurde dort 1949 eröffnet und fand rasch Verbreitung: zunächst in England und den skandinavischen Ländern. In Berlin entstand 1976 der erste Aktivspielplatz. Inzwischen gibt es in vielen deutschen Städten diese Form der Spielplätze.

Der Aktivspielplatz bietet ein reichhaltiges Angebot an Lernmöglicheiten. Zunächst verbinden sich mit dem Spiel soziale Lernprozesse: demokrati-

---

7 HETZER, HILDEGARD u.a.: Kinderspiel im Freien, Ernst Reinhardt Verlag, München und Basel 1974, S. 36.

8 HETZER, HILDEGARD u.a.: Kinderspiel im Freien, Ernst Reinhardt Verlag, München und Basel 1974, S. 37.

sche und emanzipatorische Denkweisen, Förderung des Gemeinschaftsgefühls und der Kontaktfähigkeit, Regulierung von Konflikten, und Umgang mit aggressiven Impulsen, Übernahme von Verantwortung, Überwinden von Rollenvorstellungen. Damit verbunden soll die Stärkung der Persönlickeit durch die spielerischen Aktivitäten ermöglicht werden: Entwicklung des Selbstbewußtseins, Entfaltung schöpferischer Kräfte, Erfahrung von Zuneigung und Anerkennung. Nicht zuletzt geht es auch um instrumentelle Fähigkeiten: körperliches und handwerkliches Geschick, angemessener Umgang mit Tieren, Herstellung von Objekten, angemessener Umgang mit Handwerkszeug.

Ohne Frage sind solche pädagogisch betreuten Plätze eine gute Möglichkeit für erzieherische Arbeit. Gleichwohl sind diese (wenigen) Spielplätze in keiner Weise geeignet, die entscheidende Spielmöglichkeit für Kinder einer Gemeinde zu werden. Bereits vom Kostenaufwand sind der Entwicklung von Abenteuer-Spielplätzen enge Grenzen gesetzt. Auch der Abenteuer-Spielplatz ist im Grunde Ersatz für eine anregende Spielumwelt der Kinder. Ein solcher Ersatz hat kaum Ausstrahlungskraft über das umzäunte Gelände hinaus. Im übrigen gehört es zur angemessenen Entwicklung eines Kindes, *ohne pädagogische Anleitung oder „Betreuung“* Spielort und Spielpartner selbst zu wählen und mit ihnen eine eigene „Spielkultur“ zu entwickeln. Vom Spiel und seinen Freiheitsimpulsen bleibt wenig, wenn es in ein sinnvolles, interessengebundenes, pädagogisch vorgeplantes Szenarium eingebunden wird.

Die Folge ist, daß auch der künstliche Spielort „Abenteuer-Spielplatz“ das gleiche Schicksal erleidet, wie der konventionelle Spielplatz: Er wird in der Regel nur von den Kindern der näheren Umgebung aufgesucht, die keine Alternative dazu finden können – sei es aus Mangel an Spielpartnern, Spielideen oder Spielräumen. Außerdem verwehrt die Institution „Abenteuer-Spielplatz“ möglicherweise den Kindern die Chance, in freigewählten Spielräumen sich „abenteuerlich“ zu verhalten: Hütten zu bauen, Feuer zu machen, Löcher zu graben. Im Grunde setzt auch der Abenteuer-Spielplatz die Ausgrenzung des Kindes aus der Gesellschaft fort. Anstatt einer realen Beteiligung an der Umwelt, einer spielerischen Aneignung des Nah- und Fernraumes (einschließlich des Kennenlernens von Objekten, Menschen Institutionen) verbleibt dem Kind eine spielerische Simulation in eigens dafür geschaffenen „umfriedeten“ Bereichen.

c) Hinter dieser Kritik an pädagogischen Lern- und Spielräumen steht die Forderung, die Umwelt des Kindes spielbar zu machen, also sie so zu gestalten, daß das Kind spielerisch seine Umwelt erfahren kann. Dazu muß insbesondere das städtische Umfeld so gestaltet sein, daß es sich den spielerischen Unternehmungen des Kindes hin öffnet und nicht verschließt, das Kind einlädt und es nicht abweist: „In einer wirklich kinderfreundlichen Stadt müßten aber überall Bereiche, Räume, Plätze für das Leben des Kindes entstehen können: in Hinterhöfen, Vorgärten, Keller, Schupfen,

Nischen, Durchfahrten, Dachböden, Nebenstraßen, Vorhäusern, Einfahrten, Grünflächen, bei Bäumen, Sträuchern, Wegen, Mulden, Hügeln, Höhlen, Baustellen."[9]

Aus der Erkenntnis, daß die Einrichtung „Kinderspielplatz" – selbst in optimaler Form „ kaum in der Lage ist, das auszugleichen, was den Kindern durch Veränderung ihrer Umwelt verlorengegangen ist, fordert Thomas[10], „Alternativen zu schaffen, um Kinderspielplätze überflüssig zu machen". Dazu entwickelt sie verschiedene Vorschläge: Bewußtseinsveränderungen in der Bevölkerung, die dazu führen, daß die Trennung zwischen Spiel- und Lebensbereichen aufgehoben werden; Aufspüren von Grenz- und Zwischenbereichen als Anziehungspunkte für Kinder; Übernahme der Verantwortung jedes einzelnen für das Wohlergehen von Kindern und damit Förderung von Kinderspiel an nahezu jedem Ort.

Das Spektrum konkreter Möglichkeiten, die Spielräume des Kindes zu vergrößern, ist im Grunde unendlich groß. Hier sind einige der aufgelisteten konkreten Vorschläge von Thomas:

> „Treppenhäuser – entsprechend schallisoliert – können in Mehrfamilien-Mietshäusern für Kinder wohnlich gemacht werden, indem z.B. auf größeren Treppenabsätzen Teppich gelegt und Polster zum Sitzen bereitgestellt werden. Kinder können so animiert werden, – vor allen Dingen an Regentagen – diese Flächen gemeinsam mit anderen Kindern im Hause zu ‚bewohnen' und damit die Wohnung zu entlasten. Sie können dort gemeinsam malen, die Bilder im Treppenhaus ausstellen und damit die dort meistens trübe und unpersönliche Atmosphäre auflockern." (S. 88)

> „Der Eingangsbereich des Hauses sollte also einen gewissen Bewegungsraum für Kinder freilassen, was durch die Gestaltung des Vorgartens, die Art der Wegeführung, durch Parkverbote auf dem Grundstück und evtl. auf dem Gehsteig gewährleistet werden kann. Eine größere Überdachung würde auch bei Regenwetter das Spiel ermöglichen." (S. 89)

> „Verbreitern und damit bespielbar machen der Bürgersteige auf Kosten der Fahrbahnbreite (Verlangsamungseffekt) oder auf Kosten der größtenteils nutzlosen Vorgärten, – Verbannung des Durchgangsverkehrs aus Wohngebieten, – Aufpflasterung von Fahrbahnen, – 30 km/h in Wohngebieten, – Erschließung von Wohngebieten durch Stichstraßen mit ein- oder zweiseitigen Parktaschen (. . .)." (S. 92)

> „Entkernung der Hinterhöfe (unter Beseitigung aller Zäune und Mauern, Schaffung von Zugangsmöglickeiten für alle Bewohner des Baublocks), – Abbruch von Nebengebäuden oder zur Verfügungstellen dieser Bauten für gemeinschaftliche oder Spielzwecke, – Schaffung von Spielzonen in wenig fre-

---

9 FEUERSTEIN, GÜNTHER u.a.: Gruppe Spielaktionen und Sozialservice SP.A.S.S. (Wien); in ZACHARIAS, WOLFGANG (Hg.): Spielraum für Spielräume, Pädagogische Aktion, München 1987, S. 79.

10 THOMAS, INGE: Bedingungen des Kinderspiels in der Stadt, J. B. Metzlersche Verlagsbuchhandlung, Stuttgart 1979.

quentierten Straßen, – Mehrfachnutzung von Schul- und Sportflächen, – Nutzung von unbebaut bleibenden Baulücken und unverbauten Grundstükken." (S. 94/95)

All diese und weitere gute Vorschläge erfordern eine erhöhte Bereitschaft zur Integration von Kindern in Bereiche der Erwachsenenwelt. Dies bedeutet u.a., daß Erwachsene in ihrer näheren – manchmal hautnahen – Umgebung Kinder nicht nur dulden, sondern bereitwillig aufnehmen. Daran mangelt es vielfach jedoch. Einfacher erscheint es allemal, Kinder an ihre „Spielplatz-Ghettos" zu verweisen, Pädagogen zu fordern, die sich mit diesen Kindern „beschäftigen". Die gesamte Umwelt des Kindes ist eine Spiel- und Abenteuerlandschaft. Kinder wissen das; Eltern und Spielpädagogen sollten das wissen und dieses Umfeld als „Spielplatz des Kindes" ansehen, auf dem sie sich gemeinsam mit den Kindern aufhalten. Nur ist dieser „Spielplatz" häufig nicht so beschaffen, daß anregende Spiel- und Lernprozesse stattfinden können. In dieser Situation bessere Kinderspielplätze zu fordern, hieße, den Kindern eine faszinierende Realität vorzuenthalten im Tausch gegen blasse Spielarrangements im „Kinderghetto". „Die frühe Konfrontation von Kindern mit der Welt der Erwachsenen in einer ihnen gemäßen Form scheint uns heute eine bessere Vorbereitung auf das Leben, das sie einmal zu führen haben werden, zu sein als sie in einem künstlichen Schonraum ängstlich abzuschirmen."[11]

d) Spielpädagogen, die Kindern eine anregende Spielumgebung bieten möchten, müssen zunächst von den räumlichen Bedingungen ausgehen, die für die Kinder zur Verfügung stehen. Hier durchgreifende Veränderungen zu bewirken, erscheint, zumindest kurzfristig, recht schwierig. Von daher bietet sich als Möglichkeit an, die bestehenden Spielflächen (z.B. städtische Grünflächen, Sportplätze) so zu nutzen, daß diese Spielräume durch pädagogisch orientierte Animationen für Kinder reizvoll werden. Mit anderen Worten: Erwachsene begeben sich zu bestimmten Zeitpunkten auf die Spielflächen, stellen Spielmaterial zur Verfügung und regen zu Spielaktivitäten an.

Im Zuge der Studentenunruhen Anfang der siebziger Jahre entstanden pädagogische Ideen, Konzepte und Projekte für ein freies Spiel auf Spielplätzen, in Parks, auf Schulhöfen und offenen Grundstücken. Unter Anleitung und mit Unterstützung von Pädagogen entwickelten sich auf diesen Spielflächen materialintensive Spielaktionen für Kinder, die Tage oder auch Wochen dauern konnten. Mit Hilfe von Brettern, Holzabfällen, alten Reifen, Plastikplanen, Schrottautos, Tüchern, Bierkisten, Kartons entstanden Spielwelten für Kinder, in denen sich, von den Kindern bestimmt, die unterschiedlichen Spielformen entfalten konnten: alle Formen des Darstellungsspiels, Geschicklichkeitsspiele, Bewegungsspiele,

11 HETZER, HILDEGARD u.a.: Kinderspiel im Freien, Ernst Reinhardt Verlag, München und Basel 1974, S. 51.

Verkleiden, Malaktionen. Diese Spielaktionen hatten einen deutlichen politischen Charakter: Eltern sollten ein Bewußtsein für Mißstände entwickeln und sich für ihre Interessen engagieren; aus dieser Bewußtseinsbildung und dem Bürgerprotest entstanden Initiativgruppen für die Schaffung von Spielstraßen und Spielflächen für Kinder.

Die damals entstandene spielpädagogische Intitiativbewegung verband Reflexion mit Antizipation und Aktion. Aus dem Bewußtsein der mangelhaften Spiel- und Entfaltungsräume für Kinder entstanden Spielaktionen, in denen Kinder etwas von dem erleben konnten, was ihnen eine anregende Umwelt hätte bieten können. Dies schärfte das Bewußtsein der Betroffenen für die eingrenzenden (und ausgrenzenden) Bedingungen, unter denen Kinder in der Stadt aufwachsen müssen. Dieses Bewußtsein wurde in vielen Fällen zum Impuls, in politischen Aktionen für die Rechte des Kindes auf eine angemessene Spielumwelt zu streiten.

Der Beginn der siebziger Jahre war auch die Zeit, in der aus diesen Überlegungen heraus in München die Initiativgruppe „Pädagogische Aktion" entstand und sich mit den Namen Wolfgang Zacharias, Gerd Grüneisl und Hans Mayrhofer verband. Der Gedanke der Spielaktion mündete schon sehr früh in „Stadtspiele" ein: „Ein Zweig waren auch mehrere kleine Spielstädte, einige Tage lang, die Ferien über mit vielerlei Materialien eingerichtet, auch in Form damals üblicher Abteuerspielplätze mit dem großen Holz- und Nagelprogramm, aber auch einfach mit Kartons, Bierkisten, Stoffen, vor dem Museum, im Freizeitzentrum. Unser Anliegen war immer neben dem eher unüblich-kreativen und in großen Dimensionen gestaltenden Umgang mit vielerlei Materialien (als ‚ästhetische Aktivität') die kommunikative Füllung von gestalteten Räumen mit allerlei Inhaltlichkeit: Natürlich kommt man dabei ganz schnell auf das Thema Stadt."[12]

Später differenzierten sich diese „Städte": Es gab „historische Stadtspiele" (z.B. „München um 1500"), „Film- und Medienstädte" und „Fabrikstädte", bei denen die Produktion realistischer Dinge mit Gebrauchswert und die Erfahrung von Arbeit/Lohn/Beruf und der Produktion von Mehrwerten und dessen mögliche Schicksale zentrales Thema waren. Viele dieser Vorerfahrungen flossen dann 1979 ein in das Großprojekt „Mini-München": ein großes zweiwöchiges Spielfest im Olympiapark in München. Das Fest bestand aus zwei Teilen: Angebote und Darbietungen verschiedener (Kinderkultur-)Künstler mit täglich wechselnden Vorstellungen; und auf ca. 1000 qm Halle und zusätzlicher Außenfläche das Arbeiten gegen Spielgeld. Die positiven Erfahrungen mit dieser Spielaktion führten dazu, so etwas in regelmäßigen Abständen anzubieten: 1985, 1986, 1988.

Die Ziele, die sich mit dieser Arbeit verbinden, greifen weit über einen engeren spielpädagogischen Horizont hinaus: „In der Idee und in ihren Mi-

12 GRÜNEISL, GERD und ZACHARIAS, WOLFGANG: Die Kinderstadt. Eine Schule des Lebens, Rowohlt Verlag, Reinbek 1989.

krosystemen will das Spielstadtprojekt Modell und Realität einer solchen ‚Ökologie der Erfahrung' zeit-räumlich und kommunikativ genau konkretisiert verwirklichen, auch als zu erweiterndes, zu qualifizierendes Paradigma allgemeinen pädaogischen Handelns über diesen Anlaß hinaus."[13] Mit anderen Worten: Es geht darum, daß Leben in der Stadt zu simulieren. Geplant, organisatorisch und finanziell abgesichert wird den Teilnehmern (vielen tausend Kindern) ein Spielraum geboten, in denen sie erfahren und spielerisch erproben können, was es bedeutet, in einer Stadt aktiv zu sein.

Ein weiterer Strang der Belebung von Spielräumen durch pädagogische Aktionen ist die „Spielmobil"-Bewegung. Vom Prinzip sind „Spielmobile" eine bewegliche Form pädagogisch orientierter Spielplatzbetreuung. Ein größerer Wagen, vollgepackt mit Spielmaterialien steuert zu festgesetzten Zeiten bestimmte Spielflächen an. Diese Materialien und ein vom Pädagogen vorbereitetes und durchgeführtes Spielangebot sollen Kindern zu ereignisreichen und intensiv erlebten Spielstunden verhelfen. Sie sind der Versuch, die dürftigen Angebote auf Spielplätzen, Erholungs- und Sportanlagen zu beleben und damit die Spielwelt von Kindern zu bereichern. Spielmobile bieten Spielanregungen „auf Rädern": Darstellungsspiele, Bauspiele, Bewegungsspiele, Geschicklichkeitsspiele. Die ersten dieser Spielmobile entstanden zu Beginn der siebziger Jahre in den Großstädten Köln, Berlin und München. Ende der siebziger Jahre erlebte die Spielmobil-Bewegung einen ersten Höhepunkt. Immer mehr dieser mobilen Spielwagen wurden eingerichtet: von Jugendämtern, Verbänden, Initiativgruppen. Inzwischen gibt es in Deutschland bereits mehr als hundert dieser Projekte (davon etwa die Hälfte allein in Nordrhein-Westfalen). Die „Spielmobiler", also die Pädagogen in den Spielmobilen, führen seit 1979 regelmäßige Spielmobiltreffen durch. Dabei geht es um das Selbstverständnis der „Spielmobiler": Arbeitsbedingungen und Arbeitsformen, pädagogische Ziele und Methoden der Arbeit. Die „Spielmobiler" sind zum Teil Sozialpädagogen mit hauptamtlicher Anstellung, viele sind Studenten, Praktikanten, arbeitslose Pädagogen, Lehrer, Eltern, die zum Teil ehrenamtlich, zum Teil auf Honorarbasis arbeiten.

Die pädagogische Praxis des Spielmobils ist durch verschiedene Merkmale gekennzeichnet. Es ist ein freies Angebot, das Kinder und Jugendliche ansprechen soll, die nach ihren Interessen und Bedürfnissen kommen und gehen können – angeregt durch Spiele, Materialien, Projekte der Betreuer. Spielmobile sind flexibel in Hinblick auf Ortswahl, Zeitrhythmus und angebotene Spielformen. Neben dem materialbezogenen Spiel, das Kinder von sich aus entwickeln, werden auch bestimmte Themenbereiche angeboten: Musikspiele, Zirkus (Clowns, Schminken, Akrobatik, Jonglieren), Darstellungsspiele (Alltagsprobleme, Leben in der Stadt, geschichtli-

---

13 GRÜNEISL, GERD und ZACHARIAS, WOLFGANG: Die Kinderstadt. Eine Schule des Lebens, Rowohlt Verlag, Reinbek 1989.

che Ereignisse), Gestaltungsspiele (Malen, Basteln, Werken). Vielen „Spielmobilern“ ist auch das Herstellen einer „Kinderöffentlichkeit“ wichtig (aktive Kontaktangebote an Eltern, Erzieherinnen und Lehrern; Spielaktionen mit zuschauendem Publikum).

Je nach Personal, Ausstattung des Spielmobils und pädagogischer Konzeption kann man verschiedene Formen des Spielmobils unterscheiden:[14]

Spielbus als mobiler Spielplatz: Auf Spielplätze, Schulhöfe, Straßen, Grünanlagen usw. werden Spielgeräte wie Klettergerüst, Großbaukastensysteme, Bewegungsspielzeug, Rutschen gebracht und stehen den Kindern zur freien Verfügung.

Spielbus als mobile Spielothek: Kinder haben die Möglichkeit, sich Spielmaterial wie Bälle, Seile, Stelzen, Pedalos, Gesellschaftsspiele auszuleihen und freibestimmt damit zu spielen.

Spielbus als mobiles Kinderhaus: Es werden Bastel- und Werkangebote oder Brett- und Gruppenspiele pädagogisch betreut angeboten. Häufig wird der Innenraum größerer Spielmobile dafür genutzt. Deshalb sind teilweise in den Bussen Schränke und Tische installiert.

Spielbus als mobiles Programmangebot: Pädagogen bieten ein bestimmtes Programm an, das Kinder anspricht und an dem sie freiwillig teilnehmen können (z.B. Zirkus, Sportspiele, Jahrmarkt).

Spielbus als mobile Projektarbeit: Es wird ein Rahmenthema vorgegeben, das gemeinsam mit den Kindern bearbeitet wird (z.B. Stadtspiele, Museumserkundungen, Herstellung einer Zeitung).

Diese einzelnen Formen sind hier idealtypisch dargestellt. In der Praxis überwiegen Mischformen.

Durch den Umstand, „nicht seßhaft zu sein“, ist der „Spielmobiler“ nur schwer in der Lage, ein festes Beziehungsverhältnis zu den Kindern herzustellen. Dies gibt der pädagogischen Arbeit einen sporadischen Charakter. Das Eintreffen des Spielmobils mag den Kindern erscheinen wie etwas Besonderes, eine Art „High Light“ in ihrem täglichen Spiele-Leben. Dagegen hilft allenfalls ein Mindestmaß an Kontinuität: regelmäßiges Kommen des Spielmobils; Kinder folgen in mehrere Orte nach; Kinder verfolgen die Spielmobiltätigkeit in der Zeitung; Kinder besuchen andere Veranstaltungen des Spielmobilteams; „Spielmobilisten“ tauchen in Kinderfreizeiten auf und treffen dort ihre „alten“ Kinder wieder.

d) Was ist von den vielfältigen Versuchen und Projekten zu halten, Spielräume und Spielgelegenheiten für das Kind zu schaffen? Zunächst sind sie eine Antwort auf die immer deutlicher werdenden Veränderungen unserer Umwelt. Der Mensch ordnet und reguliert zunehmend stärker und

14 Vgl. PRASS-MYSCHI, BIRGIT: Spielmobil – Mobile Spielplatzbetreuung, Köln 1987; unveröffentliche Diplomarbeit an der Fachhochschule Köln, Fachbereich Sozialpädagogik, S. 45.

umfassender seine nähere und fernere Umgebung – ja unsere gesamte Erde global. Er überzieht alle kleinen und großen Räume mit den Mustern seines Herrschaftsinteresses: Nutzen aus der zur Sache gewordenen Umwelt zu ziehen. Die „Biotope" für ein freies Spiel schmelzen dahin. Es ist bewundernswert, daß die Kinder gleichwohl noch die kleinsten Nischen ausmachen, um zu „ihrem" Spiel zu finden.

Aus der Erkenntnis dieses Mangels ist Spielpädagogik bemüht, Ersatz zu schaffen: Spielplätze bis hin zu pädagogisch betreuten Aktivspielplätzen, Spielaktionen, die Hunderttausende kosten und für kurze Zeit tausende von Kindern und Erwachsene anziehen können, Spielmobile, die die Trostlosigkeit eines bis zum letzten geordneten Spielplatzes für kurze Zeit vergessen lassen sollen. Je mehr die „Biotope" für das freie, selbstbestimmte Spiel der Kinder zurückgehen, desto deutlicher treten diese inszenierten, regulierten, geplanten und methodisch durchdachten Spielarrangements an dessen Stelle. Pädagogen ersetzen die Naturwüchsigkeit des freien Spiels, der ungebundenen spielerischen Auseinandersetzung des Kindes mit der Umwelt durch ihre regulierende Planungskompetenz. Weil sie nicht anders können? Weil es keine andere Alternative zur Zerstörung des naturwüchsigen Lebensraumes für das Spiel gibt? Steht der Reichtum an pädagogischer Planung, der „Einsatz" von Geld, Menschen, Material nicht in einem seltsamen Verhältnis zur Verarmung dessen, was zur Umwelt des Kindes gehört?[15]

Die „Ökologie des Spiels" beginnt bei der Ökologie kleinster Naturräume. Dazu ein Beispiel: In einem Wohngebiet, am Rande eines kleinen Waldes, entsteht eine große Halle – als Gewächshaus und Verkaufsfläche für Pflanzen aller Art gedacht. Gar so schnell geht es nicht mit der Fertigstellung. Auf dem „Abraum" dieses Neubaus haben sich mittlerweile die unterschiedlichsten Pflanzenfamilien angesiedelt, die zum Frühjahr kräftig austreiben und jetzt in voller Blüte stehen: ein Farben- und Formenmeer von größter Vielfältigkeit und harmonischer Ordnung. Ich bin von diesem Blütenmeer so beeindruckt, daß ich mehrfach dort hingehe. Einmal treffe ich den Gärtnermeister, der das neue Gewächshaus bauen läßt. Wir kommen ins Gespräch. Er macht mich darauf aufmerksam, daß in wenigen Monaten alles fertig sei und ich ein vielfältiges Angebot an Pflanzen und gärtnerischen Artikeln auf den Verkaufsflächen in Augenschein nehmen könne. Ich zeigte mich nur wenig daran interessiert. Mehr als die Zierpflanzen berühre mich dieser Wildacker, der in voller Blütenpracht dastünde. Dieser war ihm auch schon aufgefallen. Er wäre von alleine ent-

---

15 Wenn wir Spaß an Rechenspielen haben, möge folgende „Milchmädchenrechnung" nachdenkenswert sein. Eine mehrwöchige Spielaktion „Mini-München", an der Tausende von Menschen teilgenommen haben, und die mehr als hunderttausend Mark gekostet hat, schlägt vom finanziellen Aufwand gerade soviel zu Buche, wie ein winziges Grundstück von kaum mehr als 100 qm in München, das einige wenige Kinder für ein freies Spiel nutzen könnten.

standen, ohne sein Zutun, einfach so, sozusagen aus sich heraus, so etwas gäbe es nicht zu kaufen, kein Züchter hätte je eine solche Samenmischung zuwege gebracht – obwohl sie sich sehr darum bemühten; so etwas könne ich leider nicht bei ihm kaufen. Ob er diesen Wildacker so stehen ließe, war meine Frage. Er wisse es noch nicht, möglicherweise würden dort im nächsten Jahr Beete für Gartenpflanzen angelegt.

Das frei sich entwickelnde Biotop auf der Abraumhalde eines entstehenden Gewächshauses ist nicht gehegt und gepflegt worden, nicht auf Profit hin gedacht und entwickelt. Es ist aus sich heraus entstanden als Antwort auf das, was vorhanden war – und es wurde in Ruhe gelassen, durch keinen gärtnerischen Eingriff „in Form" gebracht. Gleichwohl: Kein Vergleich mit Gärtnerware; die Ordnung aus sich selbst entwickelnd und damit überlegen menschlichen Versuchen, Ordnungsmuster vorzugeben und in das freie Spiel der Kräfte einzugreifen; überlegen auch, weil darum vielfältiger, reicher, mehrdeutiger als jede gärtnerisch erreichte Ordnung; optimal auf die Umwelt abgestimmt; stimmig in Farbe, Form, Größe; Reichtum ohne reich zu tun. Wie anders dagegen im gärtnerischen Reich; dort gilt die Devise: reich tun bringt Reichtum – je aufwendiger die Züchtung, desto sicherer der finanzielle Erfolg.

Das freie naturwüchsige Spiel, selbstbestimmt und organisiert von den Kindern, findet, wenn überhaupt, nur noch in ökologischen Nischen statt, auf „Abraumhalden" unseres ausufernden Versuches, die Welt unseren Ordnungsmustern zu unterwerfen, sie nach den Gesichtspunkten des Profitinteresses zu sehen und umzugestalten – und d.h. im Regelfall: auszupressen. Was wäre das für ein Spiel, wenn es frei wachsen dürfte im ganzen Land, wenn es überall Bedingungen fände, um groß zu werden und zu blühen. Der Reichtum eines solchen spontanen freien Spiels, ohne Wertüberlegung und anspruchsvoller Zielsetzung wäre ein Reichtum, ohne reich zu tun, reich tun zu müssen, und wäre damit eine entscheidende Bereicherung unserer Welt. „Eine solche Samenmischung gibt es nicht zu kaufen. Sie ist aus sich heraus entstanden", sagte der Gärtnermeister. „kein Züchter hat das bislang geschafft".

Aufwendige, mit Hunderttausenden bezuschußte Spielaktionen sind Reichtum an Material, Raum, Menschen, Pädagogen, Resonanz, Presseechos, Lernerfolgen: reich tun als Reichtum – und doch arm sein. Diese Vorzeigeprojekte sind ein (vielleicht notwendiger) Aufweis verwalteten Mangels, so „pädagogisch wertvoll" sie auch sein mögen. Je aufwendiger sie sind, desto mehr drücken sie das Fehlende aus: eine lebenswerte Umwelt, mit der man sich ineins setzen kann und in der Kinder, im Geheimen und Stillen, unbeachtet von Erwachsenen, zu *ihrem* Spiel und damit zu sich selbst finden können.

Im Geheimen und Stillen – ohne Veröffentlichungen und Presseechos – blüht das Spiel – weniger die Spiel*pädagogik*. Spielpädagogik braucht „Erfolge", spektakuläre Aktionen, „Daseinsberechtigungsnachweise":

Denn schließlich – wozu bräuchte man sonst Spielpädagogen? Pädagogen ersetzen Naturwüchsigkeit, sie sind Kindergärtner, die die Wildwiese zu einem Ziergarten regulieren – das ist ihre Berufsrolle; oder sollte es nur eine „Berufskrankheit“ sein? Die nicht auf Institutionen wie Kindergarten und Schule begrenzten Spielpädagogen sind gezwungen, sich ihre Aufgaben zu suchen und Nachweise ihrer Tätigkeit zu erbringen. So werden sie zu pädagogischen „Hafties“, kleben an den Kindern fest, überall und immer, lassen ihnen keine Möglichkeit, zu sich zu kommen. Und machen die Kids mal etwas eigenes, wie z.B. das Spiel mit dem Computer: flugs sind die Pädagogen da und analysieren, bewerten, planen, organisieren – und aus der Wildwiese wird sehr rasch der pädagogisch gepflegte und vorzeigbare Vorgarten. Dabei folgen auch Spielpädagogen der zunehmenden Professionalisierung aller Lebensbereiche – bei tendenzieller Entmündigung der Menschen.

Weniger pädagogisch tun ist für die Spielpädagogik häufig mehr und besser getan. Nicht nur tun, sondern auch lassen können, mag für Spielpädagogen (und nicht nur für sie) von Wichtigkeit sein: also Kinder (nicht nur) pädagogisch „aufziehen“, sondern sie auch „laufen“ lassen. Je mehr sich der Pädagoge nach dem „pädagogisch wertvollen“ Spiel der Kinder sehnt und es durch methodische Überlegungen zu erreichen trachtet, desto eher steht er in Gefahr, dieses Spiel nachhaltig zu stören oder es gar zu zerstören.

Gleichwohl ist das Handeln gefragt, wenn es um die Spielräume der Kinder geht. Diese Spielräume zu schaffen heißt aber, sich zurückzuziehen, Natur so zu belassen, wie man sie vorfindet und wie sie sich entwickelt; ertragen können, daß Kinder in einer solchen Umwelt es ohne Zutun von Erwachsenen und Pädagogen erreichen können, zu der ihnen gemäßen Ordnung und Form zu finden – auch entgegen ästhetischer Vorstellungen der Erwachsenen. Dahinter steht die Forderung nach Selbstbegrenzung des Menschen und nach Rückzug aus dem Wollen als Selbstlauf. Für den Spielpädagogen heißt es, daß er auch „faul“ sein darf; daß er mit Muße geschehen lassen kann; daß er es genießt, nicht müssen zu müssen; daß er mitspielt, wenn er von Kindern dazu eingeladen wird – und wenn ihm danach zumute ist.

Weniger Pädagogik wäre auch mehr bei der Zumessung von Spielräumen für die Kinder. Nicht nun noch pädagogisch oder gar spielpädagogisch die Umwelt erschließen, für die Kinder spielbar machen: mit gepflegten Spielstraßen, die die Stadtgärtnerei einmal im Monat vom Unkraut reinigt, die ungefährlich sind und schön anzuschauen (zumindest für das Auge des Erwachsenen). Eine solche „Spielstraße“ ist kein angemessenes Biotop für das freie Spiel des Kindes. Spiel entwindet sich den Festlegungen unserer Erwachsenenwelt; es kommt erst dann zu sich, wenn es unbekanntes Gebiet vorfindet: ungeklärtes, uneindeutiges, ungeordnetes, nicht festgelegtes, rigider Zweckbestimmung zugeführtes Terrain. Nur in einem solchen Biotop kann sich Spiel entwickeln, weil nur davon ein ausreichend starker Reiz ausgeht, sich in der spielerischen Auseinandersetzung zu erfahren, zu klären und weiterzuentwickeln. Spielraum für Kinder zu erschließen heißt also: sich zurückziehen, das Feld den Kinder überlassen, ihnen Freiräume geben und sie nicht darin stören. Solche Freiräume zu erhalten, zu überlassen oder wiederherzustellen, ist eine der wichtigsten Aufgaben von Spielpädagogen. Dies mag auch ein erster Schritt sein, die Herrschaft des Menschen über die Natur ein stückweit preiszugeben – zum Nutzen der Welt und des Menschen.

Praxis des Gruppenspiels

Überblickt man Ausmaß und Intensität der veschiedenen Bereiche, mit denen sich Spielpädagogik befaßt, so steht das praktische spielerische Tun eindeutig im Mittelpunkt. Man ist daher fast schon geneigt, unter „Spielpädagogik" das Spielen mit Gruppen zu verstehen. Der deutliche Schwerpunkt in einer „handlungsbezogenen Spielpädagogik" hat seinen Niederschlag auch in der Fachliteratur zu Spiel und Spielpädagogik gefunden.[16] Von den mehr als 1.700 erfaßten Titeln (die zur Zeit auf dem Markt erhältlich sind) befassen sich (wie unterschiedlich auch immer) annähernd 1.500 Titel mit der praktischen Realisierung des Spielens. Mehr als 1.000 Titel geben Anregungen und Hilfen für das Spiel in Gruppen. Der Bereich der Titel, die sich an Pädagogen wenden (und damit spielpädagogische Fachliteratur im engeren Sinne darstellen) ist eher klein bemessen. Knapp 300 Veröffentlichungen befassen sich unter pädagogischem Blickwinkel mit dem Spiel in Gruppen (Methodik, Didaktik, Praxisreflexion) – und das überwiegend auf einem sehr niedrigen, häufig nur angedeuteten Reflexionsniveau. Das Nachdenken über das Spiel mit Gruppen steht nicht sehr hoch im Kurs, wenn man die Art und Qualität der Veröffentlichungen zugrunde legen will.

Was aber macht nun die Menge der Veröffentlichungen über das praktische Spiel in und mit Gruppen aus? Es sind in überwiegendem Maße reine Spielesammlungen (also in der Regel schlichte Beschreibungen der möglichen Spiele), Anleitungen und Anregungen für spielerisches Basteln oder

16 Im Rahmen des Forschungsprojekts „Datenbank Spielliteratur" an der Fachhochschule Köln wurden alle auf dem Markt erhältlichen Buchveröffentlichungen erfaßt, archiviert, nach inhaltsanalytischen Kriterien durchgearbeitet und in einer Datenbank erfaßt. Die nachfolgenden Angaben beziehen sich auf die in der Datenbank erfaßten Titel. Die Nutzung der Datenbank steht jedem offen (nähere Hinweise über den Matthias-Grünewald-Verlag, Postfach 3080, 6500 Mainz).

Einführungen in spielerische Techniken (wie z.B. Zaubern, Schminken, Maskenbau, Jonglieren). Es gibt allein mehr als 500 dieser Spielesammlungen zur Zeit auf dem Markt – von bunten Zusammenstellungen aller möglichen Spiele, über Sammlungen zu Teilbereichen (z.B. Sportspiele, Bewegungsspiele, Gesellschaftsspiele, Schreibspiele), Spielesammlungen für bestimmte Adressatengruppen (z.B. Kinder, Ausländer, Behinderte) bis zu Anregungen für bestimmte Anlässe (z.B. Fest, Krankheit) oder Themen (z.B. Natur, 3. Welt).

Alles andere fällt dagegen – quantitativ gesehen – deutlich ab, selbst die Anregungen für das spielerische Basteln in Gruppen (immerhin mehr als 170 Titel). Offensichtlich ist das Interesse sehr groß, mit Gruppen ins Spiel zu kommen, und dafür praktische (und praktikable) Anregeungen zu erhalten – möglichst theorieentlastet und ohne große pädagogische Reflexionen. Dem Wunsch nach „Entpädagogisierung" des Spiels in Gruppen kommen die Spielesammlungen (und Bastelanleitungen) weitgehend entgegen. Die möglichen Spiele werden beschrieben, allenfalls gibt es noch praktische Hilfen zur Durchführung (bis hin zu detaillierten Materialangaben).

Die spiel*pädagogisch* orientierten Spielesammlungen enthalten mehr oder weniger längere didaktische Anmerkungen und methodische Hinweise. Manchmal werden Praxiserfahrungen mit einbezogen. Häufig sind pädagogisch konzipierte Spielesammlungen auf bestimmte Institutionen (wie z.B. Schule, Kindergarten) bezogen oder richten sich an eine bestimmte Adressatengruppe (z.B. Behinderte, Senioren, Ausländer).

Das Spielen mit Gruppen unter pädagogischem Blickwinkel berührt fast alle Bereiche des Spielens: Bauspiele, Wahrnehmungsspiele (insbesondere für Kinder), Bewegungsspiele, Sportspiele, Darstellungsspiele (und hier insbesondere Rollenspiel, Pantomime und Theater), Spielaktionen, Naturspiele, Ökospiele, Kooperationsspiele, Maskenbau und Maskenspiel, Simulationsspiele, Puppenbau und Puppentheater (Kaspertheater, Marionettentheater), Tanzspiele, Musikspiele, mediale Spiele (z.B. Tonband und Video), Sprachspiele, Sprechspiele, Zirkusspiele (insbesondere Clownerie, Jonglieren, Akrobatik). Einige Bereiche bleiben jedoch weitgehend ausgespart, so z.B. Gesellschaftsspiele wie Brettspiele, Kartenspiele, Legespiele.

Pädagogische Fachliteratur zum Spiel mit Gruppen richtet sich häufig an ganz bestimmte Adressaten und Institutionen: Kinder im Kindergarten, Spiele im Schulunterricht (Sport, Kunst, Deutsch), Spiele zur gezielten Förderungen von Behinderten (Diagnostik, Prävention, Kompensatorik, Qualifikation), Spiele in gemischten Gruppen mit Ausländern, Spiele auf einer Ferienfreizeit, Spiele mit Senioren. In vielen Veröffentlichungen dieser Art steht das pädagogische Konzept im Mittelpunkt, dem die vorgestellten Spielformen dann zugeordnet und durch Praxiserfahrungen veranschaulicht werden.

Die Fachliteratur belegt, daß das Spiel mit Gruppen in fast allen pädagogischen Institutionen Eingang gefunden hat und auf fast alle Adressatengruppen abgestimmt werden kann. Stets ist es der Pädagoge, von dem die Aktivitäten ausgehen, der plant, Ziele setzt und organisiert. Sehr wenig hört man von *selbstbestimmten* Spielprozessen im Rahmen pädagogischer Institutionen. Allenfalls die Freiwilligkeit der Teilnahme wird den Kindern, Jugendlichen, Erwachsenen, Behinderten, Ausländern, Senioren, . . . zugestanden – und das Ausmaß ihres Engagements.

Versuchen wir nun die Hintergründe dieser Tendenzen ein wenig zu erhellen. Zunächst die Frage: Warum ist das angeleitete „Spielen in Gruppen" zu einer Aufgabe der Pädagogik geworden? Hier spielen verschiedene Gründe eine Rolle.

a) Durchgreifende Veränderungen in den Lebensbedingungen der Menschen haben in unserer Gesellschaft dazu geführt, daß die Vereinzelung zunimmt und die Kontaktmöglichkeiten auf einer informellen Ebene schwinden. Man denke z.B. nur an die Tendenz zur Ein-Kind-Familie, die bewirkt, daß Kinder Schwierigkeiten haben, ohne Organisationsprobleme geeignete Spielpartner zu einem spontanen Spiel zu finden. Die Verinselung der Lebenswelt und die damit verbundene Notwendigkeit, sich von einer „Insel" zur nächsten mit geeigneten Transportmitteln bewegen zu müssen, bewirkt eine genaue Planung des Tages. Die Zunahme des Expertentums, verbunden mit einer immer differenzierteren Arbeitsteilung, dünnt elementare Fähigkeiten der Menschen zunehmend aus und bindet sie umso stärker an Expertenwissen. Die Organisation von Spiel bleibt davon nicht ausgenommen.

b) Insbesondere in den letzten 10 Jahren ist es zu dramatischen Veränderungen in unserer näheren und fernern Umgebung gekommen. Man denke nur an die rapide Vernichtung von Naturräumen, die Ausbreitung der Wüste, die Vergiftung der Luft, das „Ozonloch", die Verseuchung der Flüsse. Dies sind jedoch nur die äußerlich immer sichtbarer werdenden Fehlentwicklungen eines Menschheitsprojekts, dessen Hybris uns zunehmend deutlicher wird: Die Umgestaltung der Umwelt, ja des ganzen Planeten nach dem Muster von Herrschaft und Nutzung. Alles, was uns umgibt, wird danach festgelegt, bestimmt, bewertet, umgestaltet, ausgebeutet. Für sich, als Eigenwert tritt uns die Umwelt in unserem Bewußtsein nicht mehr gegenüber. Sie bemißt sich vielmehr nach der Frage, wie sie sich für unsere Zwecke ausnutzen, benutzen und *ver*nutzen läßt. Diese Veränderungen der Umwelt läßt „Biotope" entstehen, die für das freie und offene Spiel wenig zugänglich sind. Es bedarf schon eines größeren Potentials an Kreativität und Spielfreude, damit das Kind in dieser festgelegten (und festlegenden) Umwelt einen spielerischen Freiraum sich „erspielen" kann.

Damit es überhaupt noch zu etwas wie „Spiel" kommen kann, wird Pädagogik zunehmend notwendig, Spielprozesse zu organisieren und durchzuführen. Die Pädagogik schafft in künstlichen Arrangements die in der naturwüchsigen Umwelt des Kindes kaum mehr vorhandenen Voraussetzungen für das Spiel: Organistion von Menschen, Räumen, Materialien, Betreuung, Animation. So durch die äußeren Bedingungen ihres Lebens begrenzt, werden Kinder zu „Behinderten" (gemacht), die nicht mehr von sich aus – freibestimmt und selbstorganisiert – zu ihrem Spiel finden, sondern immer stärker auf die Anleitung und Hilfestellung professioneller Pädagogen angewiesen sind. So wird, eingebunden in den Kreislauf von Schwächung und Notwendigkeit für Hilfe, unterderhand aus Spiel*pädagogik* Spiel*therapie*, an die Stelle von Spaß und Freude treten Förderung, Training, Rehabilitation. Besonders deutlich wird dies bei behinderten Kindern, die kaum mehr den Kranz an Förderung, Hilfestellung, Therapie durchdringen können und die durch ein solches Überangebot in ihrer vitalen Lebenseinstellung eher geschwächt als gefördert werden.

c) Kinder und Jugendliche sind eingebunden in ein Netz pädagogischer Institutionen, die einen mehr oder minder klaren Erziehungs-, Lern- und Ausbildungscharakter haben (von der Krabbelstube, über Kindergarten, Schule, Jugendarbeit bis zur Hochschule). Dieser pädagogische Auftrag – das ist inzwischen zum „Allgemeingut" geworden – läßt sich besser erfüllen, wenn man die Methode des Spiels verwendet. Nicht das Spiel an sich ist es, das Pädagogen im Auge haben und das sie sich entwickeln lassen möchten. Für sie ist Spiel lediglich ein Medium für Lernprozesse (zum Lesen lernen, für soziales Lernen, zur Förderung von Leistungsschwächen, zur Steigerung der Motorik). Pädagogen werden nicht müde, aus allen möglichen geplanten Spielen die anvisierten Lernprozesse herauszudestillieren – das ist schließlich ihr Beruf. Das freie Spiel gerät dabei häufig „unter die Räder" fachdidaktischer oder sozialer Zielsetzungen.

d) Spiele sind ein Kulturgut – von Generation zu Generation weitergegeben. Die Spielpädagogik bewahrt diese Spielkultur und entwickelt sie weiter, weil sonst kaum jemand dies (so wirkungsvoll) könnte. Dadurch vermindert sich jedoch die Vermittlungsfunktion originärer „Vermittler" (wie z.B. der Eltern oder älterer Kinder). Weil diese Spielkultur immer stärker in pädagogische Institutionen eingebunden wird, findet sie häufig auch nur noch dort statt. Nur dort gibt es künstlich angelegte „Biotope", in denen sich „pädagogisch veredelte" Zuchtformen des Spiels und der Spielkultur ansiedeln können, weil nur dort noch minimale Voraussetzungen dafür vorhanden sind: Mitspieler, Spielräume, Spielzeit, Spielmaterialien.

Diese Professionalisierung und Ghettoisierung bei der Bewahrung des Kulturgutes „Spiel" führt dazu, daß originäre Vermittler – und hier insbesondere die Eltern – sich kaum mehr zutrauen, Spielprozesse zu initiieren. Und wenn, dann holen sie sich zuvor „professionelle" Hilfe – und sei es aus „Elternratgebern", von denen es bei manchen Verlagen ganze Reihen gibt. Diese „Ratgeber" werden zu Impulsgebern und Korrektiven der noch erhalten gebliebenen eigenen Spielpraxis.

Wie ist bei diesen kritischen Implikaten eine handlungsorientierte Spielpädagogik einzuschätzen, die das Spiel in Gruppen ermöglichen und fördern will? Zunächst ist sie, bei aller Kritik, eine „Antwort“ auf die vorfindbaren Bedingungen. Ob sich diese Spielpädagogik für das Kind förderlich erweist, hängt von ihrer Fähigkeit zur aktiven Selbstbegrenzung ab. Diese Forderung nach Selbstbegrenzung richtet sich gegen den auch in der Pädagogik nachweisbaren „Imperialismus“, gegen die Tendenz zur ungehemmten Ausdehnung in alle möglichen Bereiche, gegen den „Verdrängungskampf“, den Pädagogik gegen Tendenzen zur Selbstregulierung und Eigenverantwortlichkeit führt. Pädagogik – und insbesondere auch die Spielpädagogik – sollte sich dem „Subsidiaritätsprinzip“ verpflichtet fühlen, also erst dann tätig werden und Verantwortung zeigen, wenn keine originären Kräfte da sind, die diese Aufgabe bewältigen können: pädagogisch angeleitete Spielgruppen also nur dann, wenn so etwas in der Nachbarschaft der Kinder nicht von sich aus entsteht, es aber notwendig wäre, daß dies entstünde. Spiel*pädagogik* sollte nur solange bleiben, wie es unbedingt notwendig ist. Ihr Anliegen müßte es sein, sich im jeweiligen konkreten Einzelfall überflüssig zu machen. Das erfordert es, die Selbstregulierungskräfte der Kinder, ihre Fähigkeit, das Spiel in ihre Hand zu nehmen, entscheidend zu stärken.

Die Balance zwischen dem pädagogischen Eingriff und der verantwortlichen Zurückhaltung ist nicht immer leicht zu finden. Zum Verständnis des leicht störbaren Gleichgewichtssystems könnte das Bild des Spiels auf einer Wippe recht hilfreich sein. Auf der linken Seite der Wippe sitzt mit seinem vollen Gewicht der Spielpädagoge. Auf dem rechten Arm der Wippe, im gegenüber, hat sein Spielpartner Platz genommen. Die ungleiche Gewichtsverteilung bewirkt, daß der Pädagoge „zu Boden gegangen“ ist und sein Spielpartner „in der Luft hängt“. Ein vergnüngliches Spiel will so nicht zustande kommen. Ein spielerisches Hin-und-Her setzt ein Schwebegleichgewicht voraus: ein gut ausbalanciertes pädagogisches Verhältnis.

Je schwächer der Partner des Pädagogen ist, desto dichter muß der Pädagoge sich ihm nähern: den äußeren Platz auf der Wippe verlassen und näher zur Mitte rücken; dadurch vermindert sich die Wirkung des eigenen Gewichts auf der Wippe und ein Schwebegleichgewicht kann erreicht werden. Kinder mit deutlichen Schwächen bedürfen näherer und dichterer Unterstützung, damit ein Spiel stattfinden kann. Und ein Spiel in der Gruppe findet immer dann statt, wenn sich das Gewicht der Kinder im Spielprozeß auswirken kann, wenn sie sich darstellen können und nicht durch eine zu große Distanz des Pädagogen in der Luft hängen. Mit wachsenden Fähigkeiten, also mit wachsendem Gewicht der Gruppe kann (und muß!) sich der Pädagoge zurücknehmen, also seinen Platz wieder weiter zur Mitte weg einnehmen, damit das notwendige Schwebegleichgewicht erreicht wird. Je mehr der Pädagoge durch die wachsenden Kräfte in der Gruppe abrücken kann von seiner zentralen Position, desto stärker wirkt der Pädagoge in Richtung auf Entfaltung der Kräfte der Gruppenmitglie-

der. Gibt der Pädagoge seine zentrale Position trotz der nach Entfaltung drängenden Kräfte in der Gruppe nicht auf, rückt er den Gruppenmitgliedern durch seine Anregungen und Interventionen zu dicht auf die Pelle, wird er es sein, der mit seinen pädagogischen Vorstellungen und Zielen bald in der Luft hängt. Es kommt also darauf an, das Gewicht der Gruppe im Verhältnis zum eigenen Gewicht richtig einzuschätzen und sich darauf immer wieder neu angemessen einzustellen.

Dazu als Beispiel spielpädagogische Überlegungen zur Arbeit auf einem Abenteuerspielplatz:[17]

> „Im Zielkatalog der Abenteuerspielplätze nimmt die Veränderung und eigenständige Gestaltung der Umwelt eine zentrale Stellung ein. Der Grundsatz der Offenheit besagt, daß die Platzstruktur und die Angebote die Kinder nicht auf bestimmte Aktivitäten festlegen dürfen, daß die Platzstruktur auch nicht durch festgelegte Spielbereiche vorbestimmt sein sollte. Angebote wie Platzstruktur sollen durch die Platzbesucher nach eigenen Vorstellungen und Entscheidungen verwendet und verändert werden können. (. . .) Der Grundsatz der Offenheit kann jedoch nur verwirklicht werden, wenn die Kinder lernen, das Angebot selbstbestimmt zu nutzen, eigene Ideen zu entwickeln, nicht auf

17 Bei diesem Beispiel lege ich die Überlegungen von SCHOTTMAYER, GEORG und CHRISTMANN, RENATE: Der Abenteuerspielplatz. Überlegungen zu einer Spielplatzpädagogik; in „Zeitschrift für Pädagogik". Heft 3/1975, S. 389 ff., zugrunde.

Anleitung durch Erwachsene oder feste Spielregeln zu warten. Wie die Erfahrung zeigt, werden in der Anfangsphase eines Platzes die Kinder durch völlige Offenheit durchweg überfordert. Daher muß zunächst das Prinzip der Strukturiertheit verfolgt, es müssen Orientierungshilfen geboten und Spielmöglichkeiten vermittelt werden. Die Betreuer müssen die Kinder gezielt an neue Aktivitäten heranführen."

Nachdem nun der Rahmen der Aufgaben und Bereiche der Spielpädagogik abgesteckt ist, werden wir uns einem zentralen Problem der Spielpädagogik, dem Verhältnis und Spielen und Lernen, etwas detaillierter zuwenden und daran den Widerspruch zwischen Planungsnotwendigkeit und Freiheit im Spiel entfalten.

Zum Weiterlesen empfohlen:

FRITZ, J.: Spielzeugwelten, Juventa Verlag, Weinheim und München 1989.
GRÜNEISL, G. und ZACHARIAS, W.: Die Kinderstadt. Eine Schule des Lebens, Rowohlt Verlag, Reinbek 1989.
KAZEMI-VEISARI, E.: Zur gesellschaftlichen und pädagogischen Funktion von Spielwaren in der Gegenwart, Verlag Haag + Herchen, Frankfurt 1987.
KREUZER, K. J. (Hg.): Handbuch der Spielpädagogik, Bd. 1, Schwan Verlag, Düsseldorf 1983.
RETTER, H.: Spielzeug. Handbuch zur Geschichte und Pädagogik der Spielmittel, Beltz Verlag, Weinheim und Basel 1979.
WEGENER-SPÖHRING, G. und ZACHARIAS, W. (Hg.): Pädagogik des Spiels – eine Zukunft der Pädagogik?, Pädagogische Aktion, München 1990.

7. In welchem Verhältnis stehen Spielen und Lernen?

Historische Entwicklung

Das Elternhaus, der Kindergarten, die Schule und andere pädagogische Institutionen sind darum bemüht, Kinder zu fördern. Und fördern, das bedeutet, Kinder dazu anzuregen, das zu lernen, was für ihr Leben in der Gesellschaft den Erwachsenen nützlich und wichtig erscheint. Nun ist es für die Erwachsenen nicht so einfach, Kinder zu den gewünschten Lernprozessen zu bringen. Der Sinn der Kinder steht eher danach, zu spielen als das zu lernen, was Erwachsene als sinnvoll erachtet haben. Deshalb sind Erwachsene auf die Idee gekommen, Kinder durch eben dieses Spiel zum Lernen zu „überlisten“: Den Kindern werden Spiele angeboten, in denen die Lernprozesse möglich werden, die die Erwachsenen im Auge haben.

Bereits in der Antike gab man den Kindern Spielzeug, das bewußt dazu ersonnen worden war, bestimmte Kenntnisse und Erfahrungen zu vermitteln. „Man befördert Spiele, von denen man annimmt, sie befestigen bestimmte Tugenden und Fertigkeiten durch Übung: So will *Quintilian* den Kindern Elfenbeintäfelchen mit Buchstaben zum Spielen geben, damit sie das Lesen spielend erlernen. Andere Pädagogen der späteren Antike folgen ihm, und selbst *Hieronymus* (. . .) ist zu dem gleichen Zugeständnis an den nun einmal gegebenen Spieltrieb des Kindes bereit.“[1] Die Absicht des Pädagogen, Kinder durch das Spiel zu den beabsichtigten Lernprozessen zu „überlisten“, kehrt bei vielen Pädagogen über die Jahrhunderte immer wieder auf und hat sich bis heute gehalten.

Das von den Erwachsenen für die Kinder ersonnene Spielzeug ist dann häufig auch „didaktisch befrachtet“. John Locke (1693) hat sich z.B. detaillierte Gedanken darüber gemacht, wie man zu Erfindungen kommen könne, um den Knaben das Lesen zu lehren. Dabei sollte diese Leseübung für das Kind als Spiel erscheinen: „Um seinen Eifer dafür zu erhalten, laßt ihn glauben, es sei ein Spiel, das nur denen zukomme, die über ihm stehen.

1 SCHEUERL, HANS (Hrsg.): Theorien des Spiels, Beltz Verlag, Weinheim und Basel 1975, S. 15.

Und hat er auf diese Weise die Buchstaben kennengelernt, so wird er, indem er diese durch Silben ersetzt, lesen lernen, ohne zu wissen, wie es geschah, ohne jemals Zank oder Verdruß damit verbunden zu haben, und ohne die Bücher wegen der Mühen und Plagen, die sie ihm bereitet haben, zu hassen."[2]

Eines der bekanntesten „didaktischen Spielmittel" der neueren Zeit ist das Puzzle. Diese Spielform wurde 1763 vom englischen Kupferstecher John Spilsbury erfunden. „Er klebte Landkartendrucke auf dünne Mahagonibretter, zersägte sie entlang der Ländergrenzen und bot sie als Lehrmittel zur Erleichterung des Erdkunde-Unterrichts an. Die Idee überzeugte; bald gab es Puzzles für fast jedes Schulfach."[3]

Weiteres bekanntes Lernspielzeug sind Fröbels Baukästen und das Montessori-Material. Diese didaktischen Materialien sind nicht mehr nur einzelne Spiel-Lern-Mittel, sondern fügen sich in umfassende überlegte pädagogische Konzepte ein. Anders dagegen die Vielzahl des Lernspielzeugs, das von den verschiedenen Herstellern speziell für Eltern und Kindergärten angeboten werden. Die didaktischen Absichten (z.B. das Lesen und Rechnen zu lernen) sind bei diesen Materialien bewußt in den Vordergrund gerückt worden, um „schlagkräftige" Verkaufsargumente zu haben.

Unterschiede zwischen Spielen und Lernen

In welchem grundsätzlichen Verhältnis stehen Spielen und Lernen? Lernen ist kein Wesensmerkmal des Spielens. Kinder spielen auch nicht um zu lernen. Sie spielen vielmehr, um ihre eigenen Interessen und Bedürfnisse zu entfalten und ihnen Gestalt zu geben. Dabei lernen sie gewiß auch etwas. Nur sind es ihre *eigenen* Lernkontexte, die sie sich im Spiel schaffen und weniger der Nachvollzug vorgegebener Strukturen der Erwachsenenwelt. Das Interesse der Kinder ist zunächst nicht, die Wirklichkeitsvorstellungen der Erwachsenen spielend zu erlernen, sondern ihre eigene Wirklichkeit spielend zu erschaffen – mit allen ihren ihnen verfügbaren Elementen, die sie in *ihrem* Sinne verwenden und nicht so, wie Erwachsene zur Bestätigung ihrer Wirklichkeitsvorstellungen sich dies wünschen möchten. Im Spiel paßt das spielende Kind „die Umwelt sich an, verwandelt sie, indem er sich von der Beschaffenheit der Objekte, d.h. von ihrer

2 LOCKE, JOHN: Rechtfertigungen für das Nutzlose; zit. nach Anmerkung 1, S. 19.

3 GLONNEGGER, ERWIN: Das Spiele-Buch, Hugendubel Verlag und Verlag Otto Maier, München und Ravensburg 1988, S. 104.

zugeschriebenen Funktionalisierung löst und erworbene Denkstrukturen reproduziert."[4]

Im Spiel bestätigt das Kind nicht die Erwachsenenwelt (wie dies von den Pädagogen gewünscht wird), sondern schafft sich seine eigene, indem es die Objekte der Umwelt so verwendet und so wahrnimmt, daß sie zu seinem Spiel taugen. Dahinter steckt nicht der Erwerb angesonnener Fähigkeiten und Kenntnisse, sondern das Erlernen von Potentialitäten: von möglichen Fähigkeiten für mögliche Situationen. Spiele sind daher nicht nützlich i.S. bürgerlichen Nützlichkeitsdenkens, sondern notwendig für die vielseitige Entfaltung des Menschen und der Fortentwicklung der Gesellschaft, ja der Menschheit schlechthin. Und dies vermögen Spiele nur, wenn sich in ihnen die freie Gestaltungsfreude des Kindes entwickeln kann. Die Lernprozesse im Spiel sind daher nicht stringent planbar, die Lernziele nicht operationalisierbar und überprüfbar – wenn man den essentiellen Gehalt der Spiele im Auge hat.

Während Lernen sich als Form der Informationsverarbeitung bezeichnen läßt, ist das Spiel eher eine Informations*verwandlung*. Das Spielen bestätigt primär die Realität der Erwachsenen nicht, sondern verwandelt sie unter Maßgabe der Wünsche, Interessen und Handlungsmuster der Spieler. Verlaufen Lernprozesse eher determiniert, so sind Spielprozesse in der Regel spontan und offen. Und dies ist es, was den Erwachsenen „Sorge" bereitet. Im Spiel entwinden sich die Kinder der Einflußnahme durch die Erwachsenen; sie wollen ihre eigenen Erfahrungen machen, ihre eigene, ihnen zugehörige Wirklichkeit schaffen. Daher der Wunsch der Erwachsenen (und vieler Pädagogen), Spielen und Lernen so miteinander zu verbinden, daß etwas „Nützliches" von den Kindern gelernt werde. Und aus diesem Grunde gibt es „Lernspiele" und „Lernspielzeug".

Zur Problematik der Lernspiele

Als „Lernspiele" werden „all jene Spielformen bezeichnet, mit deren Hilfe im ursprünglichen Sinn das *Lernen* von *Zeichen, Begriffen und Fakten* sowie deren regelhaften *Ordnungsbeziehungen* provoziert werden sollen."[5] Dazu ein Beispiel: Die Gruppe sitzt in einem Stuhlkreis. Reihum werden geographische Begriffe genannt und zwar fortlaufend nach dem Alphabet. Der erste fängt z.B. mit Afghanistan an, der nächste ruft Berlin, dann folgt

---

4 SINHART, DIETER: Spielen, Lernen und Entwickeln. Eine struktural-analytische Rekonstruktion, Böhlau Verlag, Köln und Wien 1982, S. 116.

5 KUBE, KLAUS: Spieldidaktik, Pädagogischer Verlag Schwann, Düsseldorf 1977, S. 41.

der Begriff China usw. Mit Hilfe dieser und ähnlicher Lernspiele lassen sich geographische Namen lernen. Man kann in solchen Lernspielen den Schwierigkeitsgrad beliebig vergrößern, z.B. dürfen nur Flußnamen genannt werden oder geographische Namen in Deutschland. Bei unterrichtlicher Verwendung können diese Lernspiele sinnvoll sein, um gelerntes Wissen in andere Zusammenhänge einzubringen, Gelerntes zu wiederholen oder zu überprüfen. Damit diese Lernspiele überhaupt spannend sind, werden sie in der Regel in Form eines Wettbewerbs organisiert.

Wesensbestimmend bei diesen Lernspielen sind die recht starren Regeln und das sehr enge Spektrum der „richtigen“ Verhaltensweisen. Der durch die Lernspiele vorgegebene Lernweg erscheint stark vorgeplant: „Die Teilnehmer sind, von den Spielregeln vorgeschrieben, dem Spielmaterial gegenüber auf bestimmte Verhaltensweisen festgelegt. Von der Ausgangslage aus wird sich in Lernspielen somit ein Geschehensablauf entwickeln, der grundsätzlich bei allen Einsätzen desselben Spiels gleichartigen Verlauf zeigt und damit vorhersagbar wird und zu einem gleichen Schlußpunkt gelangen wird, der das Spiel oder auch eine Spielsequenz in sich abschließt. Aus einem solchen, tendenziell für alle Teilnehmer vorhersagbar gleichen Spielverhalten lassen sich die durch das Lernspiel provozierten Denk- und Lernprozesse erkennen: Alle Teilnehmer werden in der gleichen Art mit gleichen Inhalten und Regeln in Berührung gebracht, müssen diese in ihrer spielerisch motivierten Tätigkeit anwenden und berücksichtigen und können sie dabei lernen.

Diese Eigenart der Lernspiele macht sie dazu geeignet, Kenntnisse zu wiederholen, Ordnungsbeziehung zu stiften, und damit ein bestimmtes Faktenwissen einzuüben und zu kontrollieren. Im Grunde werden bei den meisten Lernspielen Beziehungen zwischen Zahlenbildern und Ziffern, Bildern und Texten, Symbolen und Wörtern hergestellt. Dabei handelt es sich nicht primär um den Neuerwerb von unterrichtsrelevanten Inhalten. Diese werden vielmehr als bekannt vorausgesetzt. (...) Somit stehen Lernspiele vornehmlich im Dienste des unterrichtlichen Übens und Einübens. Sie zielen eindeutig auf die Sicherung eines schlagwortartigen Wissens ab.“[6]

Diese Didaktisierung, die Verengung auf eine Möglichkeit, Lerninhalte zu wiederholen und einzuüben, begrenzt in erheblichem Maße das Spektrum des Spielens und trägt die Tendenz in sich, Spiel zu einer Methode des Lerntrainings zu machen. Mit dieser Verzweckung des Spiels droht das Moment verlorenzugehen, um deretwillen Kinder überhaupt spielen: die Freiheit bei der Gestaltung ihrer eigenen Wirklichkeit zu nutzen und fortzuentwickeln, sich in dieser Wirklichkeit mit ihren Wünschen, Gefühlen und Handlungsabsichten zu erleben.

---

6 KLUGE, NORBERT: Spielen und Erfahren. Der Zusammenhang von Spielerlebnis und Lernprozeß, Verlag Julius Klinkhardt, Bad Heilbrunn 1981, S. 63.

Lernspiele zwischen spielen und lernen

Kinder setzen sich zur Wehr, wenn man ihnen ein Spiel verspricht und ihnen im Grunde nur ein „Lernspiel“ anbietet, von dem sie sich determiniert fühlen. Dazu drei Beispiele, die die Verwobenheit von Spiel und Lernspiel deutlich machen können:[7]

a) Als Lehrer einer 5. Klasse war es mir aufgegeben, meinen Schülern die Funktionsweise von Sieltoren bei Deichen beizubringen. Zur Erinnerung: Sieltore sind Öffnungen im Deich, die sich bei Flut durch das anbrandende Wasser schließen und sich bei Ebbe durch das abfließende Wasser hinter dem Deich öffnen. Wie dies nun den Schülern vermitteln? Durch Lehrvortrag und Schaubild? Durch ein Arbeitsblatt mit abschließendem Abfragen? Durch einen Film? Dies alles hätte größere Vorbereitungen gekostet. Dazu fehlte mir die Zeit. Und im übrigen war es nur eines von vielen Lernzielen, die in dieser Stunde „geschafft“ werden mußten. Ich ließ die Kinder also Sieltore spielen. Ein Teil der Kinder wurde „Deich“, ein anderer wurde zu den „Sieltoren“. Fest eingehakt bildeten wieder andere die „Flut“, die langsam auf die Sieltore zumarschierte. Schließlich fand sich auch noch das „abfließende Wasser“. Jetzt wurde geprobt, bis alles zur Zufriedenheit der Schüler klappte. Danach Rollentausch und erneutes Proben. Alle Schüler wollten mindestens einmal mitspielen. Es brachte ihnen offensichtlich viel Spaß: Immer wieder kamen neue Einfälle hinzu. Die Stunde war „gelaufen“, und ich stand alleine mit dem Katalog meiner Lernziele. Die Schüler bei ihrem Spaß zu stören und sie auf die weiteren Unterrichtsinhalte „anzusetzen“, wollte ich nicht: Selten hatte ich sie so konzentriert „bei der Sache“ erlebt. In den Folgestunde „lief“ dann die übrige Unterrichtseinheit wie geplant: Häufig mühsam und zähflüssig, die Schüler überlistend und überredend, gegen zahlreiche offene und versteckte Widerstände. Der Test wurde geschrieben und brachte die üblichen, mäßigen Ergebnisse – mit einer Ausnahme: Die Fragen zu den Sieltore konnten alle richtig beantworten.

Das von mir vorgesehene Lernspiel „funktionierten“ die Schüler um: Es wurde für sie zu einem Darstellungsspiel. Sie spielten Sieltore, „verwandelten“ sich in Deich, Flut, Tore, ablaufendes Wasser, bis die Darstellung für sie gelungen war. An Zwecke und Ziele dachten sie nicht; für sie stand der Spaß im Mittelpunkt und das Bemühen, eine gute Darstellung zuwege zu bringen. Und gerade dadurch, daß Lernen und Lernziele für die Schüler nicht im Mittelpunkt standen, sondern Spaß und Freude am Spiel, lernten sie besonders intensiv und nachhaltig. Verallgemeinernd ließe sich aus diesen Erfahrungen schließen: Je weniger der Lerncharakter eines Lernspiels heraustritt, desto eher können Spaß und Freude im Spiel entstehen und – so paradox dies für Pädgogenohren klingen mag – desto intensiver und nachhaltiger wirken die durch das Spiel angeregten Lernpro-

7 Vgl. FRITZ, JÜRGEN: Spielbonbons aus der Lernkiste; in: „Westermanns Pädagogische Beiträge“, Heft 11/1982.

zesse. Für den Pädagogen heißt das, daß er Freiheit auch in einem Lernspiel gewähren sollte, daß er nicht eingreifen darf, wenn seine Schüler aus seinem Lernspielangebot das machen, was für sie wichtig und interessant ist.

b) Im Rahmen des Kunstunterrichts sollen Schüler der 5. Klasse den Farbkreis, die Primärfarben und die Sekundärfarben lernen. Als Lernspiel haben wir im Team mit mehreren Kollegen folgendes Lernspiel dazu ersonnen: Die Schüler erhalten einen Bogen DIN A 4, der in zahlreiche Felder eingeteilt ist, und dazu die Aufgabe die 3 Farben zu finden, mit denen sich möglichst viele andere Farben mischen lassen. Die Ergebnisse dieses Experiments werden miteinander verglichen, bis den Schülern deutlich wird, daß es 3 Farben gibt, die sich aus den anderen nicht ermischen lassen: rot, blau und gelb – die Primärfarben. Während die Schüler in der Experimentierphase meist noch großes Interesse haben, läßt dies im Gespräch häufig rasch nach: Auf Analyse bezogene Erörterungen sind recht schwierig zu führen.

So entschloß ich mich, diese Erörterungen in Kleingruppen führen zu lassen. Dabei gab ich folgende Aufgabe vor: „Ein Schüler in eurer Gruppe besitzt keinen Tuschkasten. Ihr sammelt für ihn, aber das Geld reicht nur für drei Farbnäpfe. Welche Näpfe kauft ihr, damit euer Mitschüler mit diesen Näpfen möglichst viele Farben mischen kann? Bevor ihr euch entscheidet, könnt ihr auf dem Bogen ausprobieren, welche drei Farben am günstigsten sind."

Mit Hilfe dieses Lernspiels ließen sich die gewünschten Lernziele nur unzulänglich transportieren. Anstatt nun durch Experimentieren auf die Primärfarben zu stoßen und zu erkennen, daß sich diese aus anderen Farben nicht mischen lassen, entwickelten die Schüler ganz andere Strategien: Sie diskutierten z.B. über Möglickeiten, an Geld zu gelangen, und dann den benötigten Tuschkasten zu kaufen; stellten anhand ihrer Tuschkästen fest, welche Farben am häufigsten gebraucht wurden, wollten diese drei Fraben kaufen und dem Mitschüler gestatten, den Tuschkasten eines Klassenkameraden mitzubenutzen. Zu meinem Glück waren nicht alle Schüler so „lebenspraktisch" und kreativ. Einige kamen auf die Lösung – und so waren meine Lernziele hinlänglich gerettet.

In der nachfolgenden Stunde wollte ich diese Ziele „festigen" lassen. Ich brachte Theaterschminke mit, und die Schüler sollten sich gegenseitig als Indianer schminken – und zwar entweder nur in Primärfarben oder nur in Sekundärfarben. Nach anfänglicher Scheu bemalten sich die Schüler wechselseitig sehr behutsam und liebevoll. Einige hatten Kostüme und „Waffen" mitgebracht und brannten darauf zu spielen. Ich hatte immer noch meine Lernziele im Kopf, eilte von Gruppe zu Gruppe, um den Schülern einzuschärfen, nur Primärfarben oder nur Sekundärfarben zu verwenden. Viele hielten sich daran – aber nicht alle: Zu sehr ließen sie sich von den Farben und den neuen Gestaltungsmöglichkeiten hinreißen, als daß ihnen meine Begrenzungen sinnvoll erschienen. Auf meine Einwände mußte ich die Antwort hören: „Dann bin ich eben ein Farbpartisan".

Dies war der Anlaß zu unserem ersten Spiel: Im Indianerstamm der „Primärfarben" und auch in dem der „Sekundärfarben" mußten die „Farbpartisanen" ausfindig gemacht werden. Der Spaß bei diesem Spiel ließ „ernsthaften", lernzielbezogenen Unterricht nicht mehr zu. Stattdessen wurde weitergespielt. Froh, wenigstens einige Lernziele „gerettet" zu haben, verstand ich mich zunehmend mehr als Berater für neue Spiele zwischen den „Indianerstämmen" und den „Partisanen". Und auch in dieser Funktion war ich entbehrlich. Kurz: Es wurde ein „Unterricht" ganz nach den Wünschen und Intressen der Schüler.

Welche Erkenntnisse lassen sich aus diesem Lernspiel gewinnen? Der „geplagte" Lehrer, der die Lernziele seines Faches den Schülern „unterjubeln" will, läßt seine Phantasie spielen, strickt sich ein Lernspiel zurecht, in dem seine Lernziele sorgsam versteckt sind. Aber die Schüler spielen *dieses* Spiel nicht mit. Sie spielen *ihr* Spiel: Ernsthaft und klug. Bei der Geschichte mit den Farbnäpfen bemühten sie sich um eine realistische Lösung. Ihr „Lernspiel" bekam einen ganz anderen Wirklichkeitsgehalt als das künstliche Arrangement des Lehrers, das, lernzielverkopft, erst einmal auf die Füße gestellt werden mußte, um für die Schüler zu „gehen". Lernzielversessenheit des Lehrers wäre in diesem Falle der völlig falsche Weg. Besser ist es zu vertrauen, daß die Schüler das Richtige aus einem falschen, weil verkünstelten Lernspiel machen werden: Lernprozesse, die ihr Interesse finden und für sie wichtig sind.

Man darf nicht darauf versessen sein, daß Lernspiele die beabsichtigten Lernziele in jedem Falle auch zu transportieren haben. Das beste an diesen Spielen ist, daß Kinder an ihren Zwecken vorbeispielen, sie aus ihren didaktischen Verweisungszusammenhängen herausnehmen können, um zu *ihrem* Spiel zu finden. Deutlich wird dies beim Indianerspiel: Die beabsichtigten Lernziele ließen die Schüler völlig kalt. Die methodische Verpackung als Lernspiel bot hingegen interessante Anknüpfungspunkte für eine eigene Spielwelt der Schüler: sich gegenseitig bemalen, Farben auf menschlicher Haut zur Wirkung bringen, sich in einen Indianer „verwandeln" – in der äußeren Gestalt und im spielerischen Verhalten Gefühle und Stimmungen ausdrücken, die sonst tabu sind. Das Verkehrteste, was der Lehrer jetzt tun könnte, wäre, dies zu unterbinden und die Schüler auf den von ihm bestimmten „Hauptlernstrang" zurückzuführen. Spürt der Lehrer die Kraft bei seinen Schülern, ein Spielangebot in ihrem Sinne zu gestalten, sollte er in der Regel dies stützen – und von den Schülern lernen. Die Ziele eines Lernspiels können noch so schlecht, weil unangemessen und künstlich sein, die Schüler verstehen häufig auch daraus etwas für sie Wichtiges zu machen, wenn der Lehrer ihren Aktivitäten und Vorstellungen folgt und sie nicht „bremst".

c) Als Lehrer hätte ich es nicht glauben mögen: Meine Schüler in der 5. Klasse hatten ungeheuren Spaß, Städte, Länder und Flüsse zu nennen und auf der Karte zu zeigen. So etwas von mir aus zu machen, wäre mir nicht in den Sinn gekommen: „Geistloser Drill" hätte mein durch „wissenschaftliches Studium" gebildetes Gewissen zu mir gesagt und ein solches Vorhaben von vornherein verworfen. Aus diesem „Wissenstest" entwickelte auf Wunsch und Anregungen der Schüler nach und nach ein Lernspiel, dessen Regeln wir im Laufe der

Zeit gemeinsam veränderten. Die „Einzelbefragung" eines Schülers wandelte sich zunächst in einen „Gruppentest": Die Gruppe fand gemeinsam die Lösung und beauftragte dann einen, diese zu sagen oder die geographische Bezeichnung auf der Karte zu zeigen. Dabei spielte Gruppe gegen Gruppe. Um Ungerechtigkeiten auszuschließen, baten mich die Schüler, die Fragen auf Zettel zu schreiben, die dann verdeckt gezogen wurden. So hatte jede Gruppe die gleichen Chancen, leichte oder schwere Fragen zu ziehen.

Aber auch diese Regeln befriedigten auf Dauer nicht: Die Kenntnisse der Schüler hatten inzwischen beträchtlich zugenommen. Es sollten nun Zettel mit unterschiedlichen Schwierigkeitsgraden angefertigt werden: leichte, mittlere, schwere und sehr schwere Fragen. Dies führte wiederum dazu, weitere Regeln hinzuzunehmen. Jede Gruppe konnte nun 5 Fragekärtchen aufnehmen und dabei zwischen 1 und 10 Punkten für jede richtig beantwortete Frage erzielen. Neben den Gruppenantworten wurden nun auch wieder Antworten einzelner Schüler eingeführt: Jeder in der Gruppe kam einmal dran, wählte den Schwierigkeitsgrad der Frage und erhielt für die richtige Antwort die vorgesehene Punktzahl.

Es wurde eine spannende Sache, welche Gruppe nach zwei oder drei Runden die höchste Punktzahl erzielte. Die neuen Regeln bewirkten, daß sich die Schüler gemeinsam in den Gruppen vorbereiteten, um ihr Niveau zu verbessern, um schwierigere Karten mit geringem Risiko ziehen zu können und um eine möglichst hohe Punktzahl zu erzielen. Meine Aufgabe bestand darin, für die Schüler geeignete „Trainingsmaterialien" bereitzustellen: Umrißstempel, Fragenkataloge usw. Es wurde für mich zunehmend schwieriger, angemessene Fragen zu finden, und meine Widerstände gegen dieses Spiel stiegen: Konnte es denn wirklich wichtig sein, die Hauptstadt eines winzigen mittelamerikanischen Staates zu nennen und auf Anhieb auf der Karte zu zeigen? Hielten die Schüler mit ihrem Lernspiel nicht schulischem Lernen (und entsprechenden Quizveranstaltungen im Fernsehen) den Zerrspiegel vor? Das starke Interesse der Schüler an ihrem Spiel hielt noch eine ganze Zeit an, bis es dann nach und nach verebbte.

Für einen Pädagogen ist es manchmal schwierig, Kinder in ihrer Vorliebe für ein bestimmtes Spiel zu verstehen. Sicher mögen bei diesem Spiel Erfahrungen aus der Grundschulzeit das Interesse mitbestimmt haben: Die Kinder berichteten über ähnliche Spiele in ihrer Grundschule. Zum anderen spielt sicher auch eine Rolle, daß sich die Schüler in ihrem Leistungsvermögen erproben wollten – und zwar in einer überschaubaren Weise, an einem für alle zugänglichen und überprüfbaren Inhalt.

Der wesentliche Grund scheint mir jedoch darin zu liegen, daß die Schüler dieses Lernspiel selbstbestimmt, nach eigenen Regeln und teilweise gegen meinen verhaltenen Widerstand organisierten. Die Veränderung der Regeln und der Ausbau des Spiels nach den Interessen der Schüler hatte für sie eine besondere psychische Bedeutung: Sie waren in dem Spiel den Leistungsforderungen der Schule nicht mehr hilflos ausgeliefert; sie konnten vielmehr die Regeln dazu selbst bestimmen, das Risiko des Scheiterns dosieren, ihren eigenen Lernfortschritt steuern. Nicht der Lehrer bestimmte, ob sie gut oder schlecht waren, was sie leisten und können mußten, sondern es ergab sich im Spiel in einer für sie ertragbaren Mischung aus eigenen Fähigkeiten und nicht beeinflußbarem Zufall. Dabei bildete sich die Kleingruppe als ein besonderer Schutzraum heraus. Die Schüler hatten nicht nur Erfolgserlebnisse im Spiel, sondern auch bei der Regulierung und Modifizierung ihres Spiels: Sie wurden zu Herren ihrer Aktivität, steuerten durch Regelveränderungen das Spiel so, daß es Spaß und Spannung bewirkte. Dabei wurden die Inhalte und der schulische Lernkontext relativ unwichtig, mit der Folge, daß sich die Schüler die Kenntnisse weitgehend angstfrei und leicht aneignen konnten.

Dieses Beispiel macht uns deutlich, daß Lernspiele unter bestimmte Bedingungen besondere Vorzüge haben können. Sofern die Lernspiele selbstgeregelt werden, erlauben sie es den Schülern, den Lernprozeß selbst zu steuern und das Risiko des Scheiterns zu dosieren. Ferner können sie in solchen Spiel-Lern-Kontexten das Entwickeln tragfähiger Gruppenbeziehungen begünstigen und zu einem relativ angstfreien Lernklima gelangen.

Diese aus meiner eigenen pädagogischen Praxis in der Schule stammenden Beispiele dürften nach meiner Erfahrung nicht der Ausnahmefall sein. Kinder sind vielmehr unentwegt bemüht, das strenge Lernarrangement durch ihre spielerischen Impulse und Rahmungshandlungen „aufzuweichen“ oder besser: zum Klingen zu bringen. Das belegen auch die Beispiele von Wegener-Spöhring[8]:

> In einem der Beispiele schildert die Autorin den Ablauf einer Englisch-Stunde. Das Wortfeld der „Nahrungsmittel“ ist ausführlich zu üben sowie die dazugehörenden Redewendungen und Satzmuster. Es entwickelte sich in der Stunde meist der folgende Dialog: „Mary, what do you want for breakfast?“ „I want some ice-cream for breakfast, Mummy.“ „Ice-cream, Are you silly?“
>
> Wegener-Spöhring kommentiert den Unterrichtsablauf wie folgt: „Das finden Kinder so komisch: Die Erwachsenengebräuche und -rituale ein wenig zu verfremden, auf ihre Bedürfnisse umzustellen, lächerlich zu machen. Und daß sie das im didaktisch geforderten System der fremden Sprache können, das finden sie besonders witzig. Sie führen also die Interessen, ein wenig Aufmüpfigkeit und Freiheit in mein didaktisches Arrangement ein. (...) Man sieht daran: Kinder wollen lernen, und sie tun es besser, wenn man ihnen ein wenig Spiel innerhalb der Didaktik läßt.“ (S. 135)

Das Bemühen der Kinder, Lernsituationen als Spiel zu „rahmen“, erfüllt verschiedene Funktionen zugleich. Zum einen gewinnen Kinder Selbstbewußtsein und Entlastung vor der drückenden Autorität des Lehrers, zum anderen wird es ihnen möglich, die vorgesehenen Lerninhalte so

8 WEGENER-SPÖHRING, GISELA: Spiel und didaktisches Handeln; in Pädagogik des Spiels – eine Zukunft der Pädagogik?, Pädagogische Aktion, München 1990, S. 130 ff.

„aufzubereiten“, daß sie sie „magenfreundlich“ „verdauen“ können. Von daher erscheint es wenig sinnvoll, das Spiel zu didaktisieren. Wie die Beispiele gezeigt haben, wird es sich solchen Versuchen ohnehin widersetzen. Gleichwohl sollten wir spielbezogene „Rahmungshandlungen“ der Kinder zulassen – als die „geschonte Freiheit“ der den Lernprozessen Unterworfenen. Der Unterricht und das schulische Lernen können dadurch nur besser, nur menschlicher, für alle Beteiligten erträglicher werden.

Zum Weiterlesen empfohlen:

KLUGE, N.: Spielen und Erfahren, Verlag Julius Klinkhard, Bad Heilbrunn 1981.

KUBE, K.: Spieldidaktik, Pädagogischer Verlag Schwann, Düsseldorf 1977.

SINHART, D.: Spielen, lernen und Entwickeln, Böhlau Verlag, Köln und Wien 1982.

WERNER-HERVIEU, G.: Kindliches Spiel in der bürgerlichen Gesellschaft, focus Verlag, Gießen 1983.

8. Wie kann man Spielaktivitäten planen?

Spielen in Gruppen

Von allen spielpädagogischen Aktivitäten stehen Planung und Durchführung von Spielaktivitäten in Gruppen eindeutig im Mittelpunkt. Es ist eine, wenn nicht *die* zentrale Aufgabe der Spielpädagogik, Menschen zum Spiel anzuregen und mit ihnen in der Gruppe zu spielen. Das Spektrum dieser Spielgruppen ist recht groß. Es reicht, wenn man das Alter der Spieler zugrunde legt, von der Krabbelgruppe bis zu Seniorengruppen. Wir treffen Spielgruppen sowohl im Kindergarten und in der offenen Kinderarbeit an, wie auch in Schule, Jugendarbeit, Ferienlager, Bildungsstätte und Hochschule. Im Grunde ist keine pädagogische Institution davon ausgenommen, Spielaktivitäten zu planen und durchzuführen. Meist richten sich diese Aktivitäten an bestimmte Personengruppen: Kindergartenkinder, Schüler, Behinderte, Frauen, Senioren, Kranke, Ausländer, Urlauber. Die Orte des pädagogisch initiierten Spiels können recht unterschiedlich sein: von kleinen Zimmern über größere Gruppenräume und Klassenzimmer bis zu Sälen und Turnhallen reicht das Spektrum und schließt auch alle Formen von Außenflächen mit ein: Wiese, Wald, Strand – Spielplatz, Sportplatz, Schwimmbad.

Die insbesondere in den letzten Jahrzehnten verstärkte Ausbreitung des pädagogisch organisierten Spiels hat Gründe. Wie in der Natur gehen auch im Spiel die Räume für Naturwüchsiges verloren. Wo Urwald stand, entstehen Äcker, die die Menschen ernähren sollen. Das Spiel versteht sich zunehmend als „pädagogische Kulturpflanze“, angesiedelt in „Frühbeeten“, „Äckern“, „Baumschulen“ und „Gewächshäusern“, um so als Nährkraft für Menschen dieser Zeit zu dienen. Der Raum für „Wildpflanzen“ ist inzwischen so gering geworden, daß die wenigen dort wachsenden „Pflanzen“ schon lange nicht mehr ausreichen. Aber es soll sie noch geben, diese wildwachsenden „Naturpflanzen“ – selbst in unseren zubetonierten Städten. Die Berichte darüber werden spärlicher, geraten vielfach zur schmerzlichen biografischen Erinnerungsarbeit: „Spurensuche“ nach den Stätten der Kindheit, in denen das freibestimmte Spiel noch blühen durfte.

So ist die Spielpraxis nach und nach zum Aufweis und Beleg für eine hochspezialisierte Spieldidaktik und Spielmethodik geworden, die sich nach allen Seiten hin ausdehnt. Aber ohne die spielpädagogische „Landwirtschaft" gäbe es nicht genug genießbare und belebende Pflanzen für die Bedürfnisse aller Menschen. Die auf den pädagogischen Farmen heranreifenden „Kulturpflanzen" sind vielleicht nicht ganz so schön und belebend wie die freiwachsenden Pflanzen, auf jeden Fall aber häufig recht nahrhaft – und je besser die Pädagogik, umso eher schmecken ihre „Pflanzen" nach „Naturwuchs". Inzwischen soll es auch schon eine Art „biologischen Anbau" geben, der ohne „Kunstdünger" auskommen will.

Woher kommt die „Aussaat" für die „Kulturpflanzen"? Spielpädagogik greift auf Spieltraditionen zurück, die Jahrhunderte alt sind, entwickelt sie weiter zu „Züchtungen", die in bestimmten pädagogisch erschlossenen „Biotopen" gut gedeihen können. Ältere Spielpädagogen beriefen sich noch auf das kulturelle Erbe an Spielen, das sie erforschten und im Spiel weitergeben wollten.

Welcher Art sind die „Kulturpflanzen": Im wesentlichen handelt es sich um Regelspiele und um Darstellungsspiele. Wie die Kinder bei ihren Straßenspielen sich einigten, welches Spiel nach welchen Regeln zu spielen ist, so legt der Pädagoge fest, welche Spiele in welcher Reihenfolge in der jeweiligen Spielstunde angeboten werden. Im Bereich der Darstellungsspiele hat sich die Spielpädagogik vom Spiel der Kinder deutlich entfernt. Spielformen wie Rollenspiel, Maskenspiel, Pantomime, Theater sind zu pädaogischen Kunstformen geworden, die vieler Hege und Pflege bedürfen, damit sie sich zu ihren (aus der Erwachsenenwelt stammenden) Vorbildern hin entwickeln können.

Welchen „Nährwert" versprechen sich die pädagogischen „Züchter" von ihren „Pflanzen"? Am wichtigsten dürften zweifellos Spaß und Lebensfreude sein, die durch die ausgewählten Spiele entstehen sollen. Dann ist „soziales Lernen" wichtig: Konfliktfähigkeit, Solidarität, Offenheit. Die Förderung der Leistungsfähigkeit in Schulfächern wird vielfach nicht aus dem Auge verloren: Rechenfertigkeit, Sprachfähigkeit, Ausbilden der Motorik. Beim Herausfinden allgemeiner Ziele, die sich mit Spielen erreichen lassen, sind Pädagogen schon immer findig (und fündig) gewesen: Vitalität, Gedächtnisfähigkeit, manuelle Geschicklichkeit, Konzentrationskraft, Ausdauer. Die Zielkataloge der Spielpädagogen sind lang und zahlreich. Ich möchte hier keine neuen hinzufügen. Offensichtlich haben Spiele „Nährwert". Sie sind wie „Nahrungsmittel", aus denen die Spieler das herausholen, was sie zum Leben brauchen – unabhängig von der didaktischen Planung des Pädagogen.

Wie züchtet man nun die Kulturpflanze „Spiel"? Was muß man bei Aussaat, Düngung, Bewässerung, Schnitt und Ernte bedenken? Welches gärtnerische Handwerkszeug ist vonnöten? Davon handeln die nun folgenden Abschnitte des Buches.

Gesichtspunkte der Planung

Vielfach verkürzen sich Planungsüberlegungen auf die Frage: Welche Spiele wähle ich für die Gruppe aus? Der Spielleiter wird zunächst davon ausgehen, welche Spiele er selbst kennt, mit welchen er gute und mit welchen er schlechte Erfahrungen gemacht hat. Das Spielangebot kann aber nicht nur eine „Antwort" auf eigene Erfahrungen sein. Damit Spiele „ankommen", müssen sie auf die Spieler und ihre besondere Situation abgestimmt werden. Mit anderen Worten: Eine Planung von spielerischen Aktivitäten ist dann angemessen, wenn sie eine möglichst umfassende „Antwort" auf die Spieler und ihre Lebensbedingungen ist.

a) Regelkreis der Spieldynamik

Kenntnisse über die Einflüsse aus den Lebenssituationen Elternhaus, Kindergarten, Schule, Gleichaltrigengruppe usw. können dem Spielleiter Anhaltspunkte geben, welche Bedürfnisse, Interessen, Defizite die Spieler haben und welche Fähigkeiten sie für ihre gegenwärtige Lebenssituation benötigen. Dabei kann es sich sowohl um aktuelle Einflüsse handeln als auch um Einwirkungen auf den Spieler, die in der Vergangenheit liegen und ihn so stark geprägt haben, daß sie bis zur Gegenwart fortreichen. Dies wird der Spielleiter im Umgang mit den Kindern und Jugendlichen nach und nach erfahren und lernen, sich darauf einzustellen. Es gibt Möglichkeiten, das, was die Spieler erleben und empfinden, sichtbar und damit kommunizierbar zu machen: Bilder malen, Collagen anfertigen, Fotoreportagen machen. Auch die Beschäftigung mit Büchern, Bildern, Musik kann Aufschlüsse geben, was die Gruppe bewegt, wo ihre Probleme und Interessen liegen. Die Planung der spielerischen Aktivität kann sich dann aus dem ergeben, was gerade in den Vordergrund des Erlebens der Spieler getreten ist: Ärger mit den Eltern, Prüfungsstreß in der Schule, Kontakte mit dem anderen Geschlecht. „Dabei ist der Gruppenleiter nicht nur der Manager der Wünsche der Gruppe, denn er selbst hat eigene Wünsche, Vorstellungen und besondere Fähigkeiten, die er gerne einbringen will. Das, was wir den Kindern anbieten, ist umso faszinierender für sie, je mehr diese Dinge Teil unseres eigenen Lebens sind. Als Techniken, um zu einem bestimmten Ziel zu kommen, verlieren sie ihren kommunikativen Charakter, d.h. sie eröffnen dann keine neuen Begegnungsmöglichkeiten mehr zwischen Menschen."[1]

1 KRANTZ, MARGARETA: Kinder spielen Geschichten, Burckhardthaus-Laetare Verlag, Gelnhausen 1980, S. 33.

Regelkreis der Spieldynamik

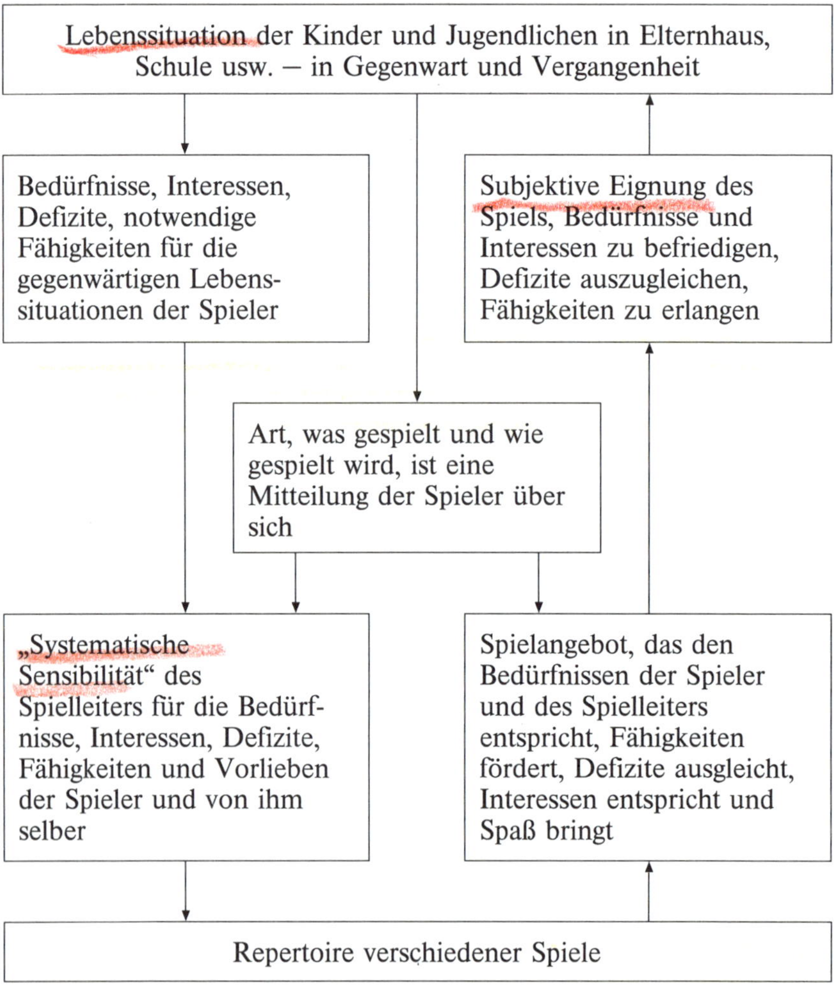

Die Auseinandersetzung mit den einzelnen Spielern, der Spielgruppe und *mit sich selbst* hilft dem Spielleiter, eine „systematische Sensibilität“ für die Bedürfnisse, Interessen, Defizite, Fähigkeiten und Vorlieben der Spieler (und von ihm selber!) zu entwickeln, die es ihm möglich macht, angemessen zu handeln.

Für dieses Handeln ist es notwendig, daß der Spielleiter sich nach und nach ein Repertoire verschiedener Spiele durch Teilnahme an Spielgruppen, durch Weiterbildung, durch Literaturstudium und durch gezielte Erprobung aneignet. Mit Hilfe seiner sich entfaltenden „systematischen Sensibilität" wird er dann in der Lage sein, aus diesem Repertoire angemessen zu schöpfen, d.h. die Spielaktivität so zu planen, daß sie den Bedürfnissen der Spieler entspricht, Fähigkeiten fördert, Defizite ausgleicht, Interessen aufgreift und zugleich auch der eigenen Person Rechnung trägt.

> „Planen heißt also, eine ‚systematische Sensibilität' für die Bedürfnisse und Defizite der Kinder zu entwickeln; auf diese diagnostische Sensibilität mit einer Einschätzung der Spielmöglichkeiten zu antworten und schließlich ein den Bedürfnissen und Defiziten entsprechendes reichhaltiges und vielfältiges Angebot zu machen."[2]

Ist angemessen geplant worden, werden die Spiele Spaß bringen: Die Spieler können das herauslassen, was in ihnen steckt und „Gestalt" annehmen möchte. Der Spaß, den jeder Spieler hat, ist ein Gradmesser für die subjektive Eignung des Spiels, für seine Möglichkeiten, daß der jeweilige Spieler sich in diesem Spiel mit seinen Eigenarten, Hoffnungen, Defiziten, Problemen, Wünschen und Handlungsmustern wiederfinden konnte. Dabei übertragen die Spieler ihre innerpsychischen Existenzbedingungen auf das Interaktionsgefüge des Spiels.

> „Dafür benützen sie (. . .) nicht Spielzeugfiguren oder Puppen, sondern sie schieben einzelne Mitspieler, die gesamte Gruppe und/oder den Spielleiter in die Positionen, die ihnen möglich machen, die in der früheren Kindheit vermittelte Auswahl an Handlungsstrategien immer wieder anzuwenden. Da sie nicht Lösungen für neue Konstellationen erfinden können, versuchen sie also, die Situaiton der Struktur nach wieder zu schaffen, in der sich ihre Kommunikations- und Interaktionsdispositionen einst ausformten. So verwandeln sich für ein Kind die Mitspieler in seine Geschwister, mit denen es aus rivalisierender Eifersucht noch nie etwas teilen konnte. Für ein anderes mag die Spielgruppe zur Mutter werden, mit der es aus Angst vor ihrer Überfürsorglichkeit nicht sprechen kann. (. . .) Diese Sicht verdeutlicht noch einmal, warum das Geflecht sozialer Beziehungen, das in den Spielen und durch sie entsteht, vielfältig und beweglich sein sollte: Nur dann bietet es auch Kindern mit einem beschränkten Verhaltensrepertoire die Chance mitzumachen. (. . .) Die Chance liegt darin, die Kinder durch die Attraktivität des Spiels in die Interaktionen zu integrieren, damit sie – hoffentlich – erfahren, daß der Spielleiter z.B. kein strafender Vater und die Gruppe keine überfürsorgliche Mutter ist."[3]

Gelungene Spielstunden können dazu beitragen, daß sich die Spieler in ihren Fähigkeiten weiterentwickeln. Sie bieten Ansatzpunkte, daß die Spieler ihre Lebenssituation mit erweiterten Bewußtseins- und Handlungsmöglichkeiten zu bewältigen lernen. Woran erkennt der Spielleiter eine gelungene spielerische Aktivität?

---

2 DAUBLEBSKY, BENITA: Spielen in der Schule, Klett Verlag, Stuttgart 1973, S. 159.

3 KRAPPMANN, LOTHAR: Soziale Kommunikation und Kooperation im Spiel und ihre Auswirkungen auf das Lernen; in DAUBLEBSKY; BENITA: Spielen in der Schule, Klett Verlag, Stuttgart 1973, S. 220 f.

„Für den Erfolg eines Spiels gibt es viele Anzeichen: nicht nur die spontanen Ausrufe des Vergnügens oder der Zustimmung oder die Bitte um Wiederholung. Man kann es den Kindern ansehen, wenn ihnen das Spiel Spaß macht, und man sollte als Spielleiter seine Aufmerksamkeit auch darauf richten. Man nimmt wahr, daß Kinder rote Wangen bekommen und lebhafter werden, daß sie sich sicherer bewegen, daß sie freier sprechen. Man beobachtet, daß die Kinder mehr lachen. Bei Spielen, die Konzentration erfordern, ist zu erkennen, wann ihre Aufmerksamkeit gefesselt ist: an physischer Spannung, am fixierten Blick, an geringerer Ablenkbarkeit. Diese Symptome sind nichts neues für jemanden, der Kinder kennt. Darum erscheint es mir auch wichtiger, darauf hinzuweisen, daß es andere Anzeichen für das Gelingen von Spielen gibt, die man nicht sofort damit in Zusammehang bringt. Ich habe beobachtet, daß Kinder nach gelungenen Spielen sich etwas anders verhalten, als vorher. Wenn ein Spiel gut gelaufen war, zeigte sich hernach oft, daß die Kinder nicht mehr aggressiv waren, zuweilen sogar anschmiegsam und gesprächig und immer offen für Kontakte. Sie halten den Spielleiter an der Hand, sie lehnen sich aneinander oder legen sich den Arm um die Schulter, völlig ohne Seitenblicke und ohne einen Gedanken daran, was die anderen wohl dazu sagen könnten. Es scheint, als seien die sonst vorhandenen Hemmungen und Barrieren etwas abgebaut oder als würden sie in solchen Augenblicken nicht gebraucht."[4]

Dieses Beispiel macht uns deutlich, wie der Spielleiter seine „systematische Sensibilität" ausbauen kann. Der unmittelbare Weg dazu führt über die genaue Beobachtung des Spiels und der Spieler. Die Art, was gespielt wird und wie gespielt wird, ist eine Mitteilung der Spieler über sich. Im Spiel drücken sich Bedürfnisse, Interessen und Vorlieben aus. Man kann die Fähigkeiten und Defizite der einzelnen Spieler erkennen und Einblikke in die Struktur der Spielgruppe tun. Das Verhalten im Spiel kann Seiten einer Persönlichkeit deutlich werden lassen, die im üblichen Umgang miteinander untergegangen wären. Spiele haben für den aufmerksamen Beobachter Mitteilungscharakter. Diese Mitteilungen richtig zu verstehen, ist ein Schlüssel für die angemessene Planung von Spielaktivitäten.

b) *Regelkreis zur didaktischen Analyse*

Konrete anwendungsbezogene Überlegungen anhand des Regelkreises der Spieldynamik sind der erste Schritt bei der Planung von Spielaktivitäten. Die Ergebnisse dieses Nachdenkens fließen ein in den komplexeren *Regelkreis zur didaktischen Analyse.* „Didaktische Analyse" meint die denkerische Auseinandersetzung mit dem Bedingungsgefüge der geplanten spielerischen Aktivitäten: also 1) mit den Spielern, 2) mit den äußeren Bedingungen des Spiels, 3) der Struktur (und Inhaltlichkeit) der Spiele und schließlich 4) mit der Kompetenz und Motivation des Spielleiters selbst,

---

4 DAUBLEBSKY, BENITA: Spielen in der Schule, Klett Verlag, Stuttgart 1973, S. 161.

der dieses Bedingungsgefüge erkennen muß. Diese Erkenntnisse sollen dann, auf dem Hintergrund reflektierter Wertvorstellungen, zu Zielvorstellungen führen, die bei Spielaktivitäten eher allgemeiner als zu speziell formuliert werden sollten.

Regelkreis zur didaktischen Analyse

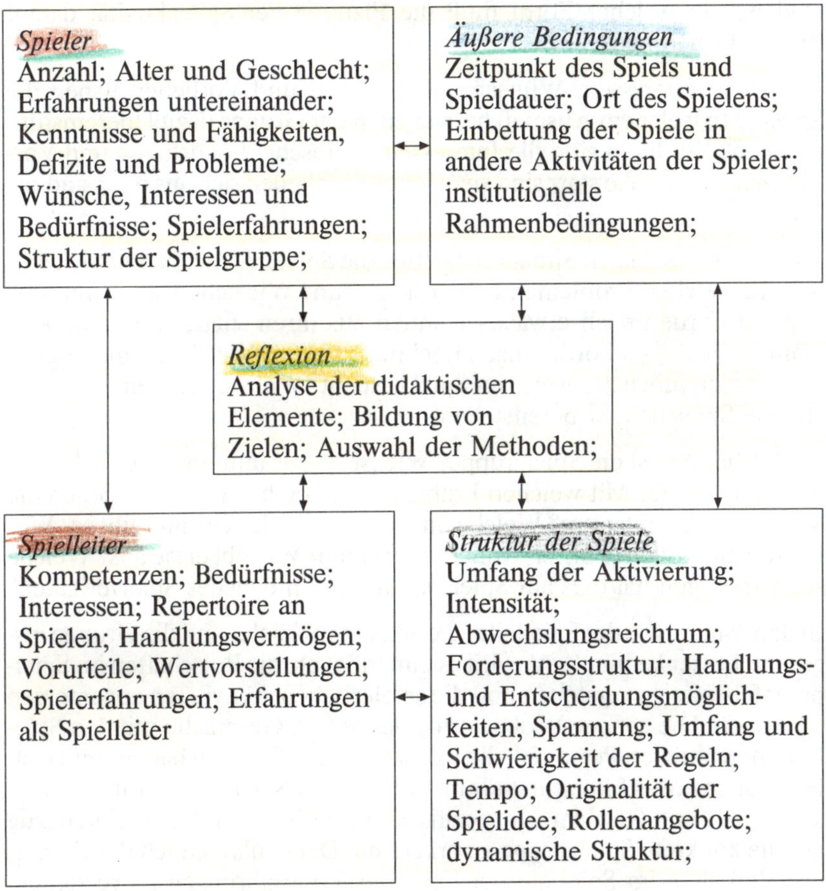

b1) Für die Planung von Spielaktivitäten ist es zunächst sinnvoll, wenn sich der Spielleiter *Informationen über die Mitspieler* verschafft:

– Wie alt sind die Spieler? Welches Geschlecht haben sie? Welche Spiele empfehlen sich für diese Altersgruppe? Welche sind weniger günstig? Was ist das generelle Spielverhalten von Spielern dieses Alters und dieses Geschlechts?

– Kennen sich die Spieler bereits untereinander? Wielange? Welche Folgerungen sind daraus für Spielauswahl und Spielverhalten zu ziehen?

– Welche Spielerfahrungen besitzen die Spieler bereits? Wo haben sie sie erworben? Wie sind sie gefärbt? Welche Auswirkungen könnte dies auf zukünftige Spielprozesse haben?

– Welche Kenntnisse und Fähigkeiten besitzen die Spieler? Wo haben sie Defizite? In welcher Form muß die Planung der Spielaktivität darauf Rücksicht nehmen?

– Welche Interessen, Wünsche, Bedürfnisse und Vorlieben haben die Spieler? In welchem Ausmaß herrschen in der Gruppe dazu Übereinstimmungen? Wodurch sind die Interessen, Wünsche, Bedürfnisse und Vorlieben geprägt? Wie starr sind sie? Welche schließen sich aus oder sind riskant?

– In welchen sozialen Situationen leben die Spieler? Gleichen sie sich darin? Mit welchen Problemen haben sie zu tun? Wie gehen sie damit um? Welche Forderungen erwachsen ihnen aus ihren sozialen Situationen? Können sie diesen Forderungen Rechnung tragen? Welche Kompensationen werden möglicherweise im Spiel gesucht? Welche kann eine entsprechende Spielauswahl bereitstellen?

– Welcher Art ist die Spielgruppe? Wie ist sie zusammengesetzt? Welche Struktur hat sie? Mit welchen Problemen ist sie belastet? Wie gehen die Spieler miteinander um? Welche Spannungen in der Gruppe gibt es? Wer hat welche Rollen (Führer, Außenseiter) inne? Wie übt er sie aus? Welche Auswirkungen hat dies auf Spielauswahl und mögliches Spielverhalten?

In dem Maße, wie der Spielleiter die einzelnen Spieler und die Gruppe insgesamt besser kennenlernt, wird es ihm möglich, die Botschaften im Spielprozeß besser zu verstehen und die spielerischen Aktivitäten angemessen zu planen. Die genaue Beobachtung des Spiels, Gespräche mit den Spielern (und anderen Personen, die Kontakt zu den Spielern haben) und vielleicht auch etwas Literaturstudium können den Spielleiter dafür sensibilisieren, Art und Gewicht der spezifischen Einflüsse auf das Spiel in bezug auf die konkrete Spielgruppe zu erkennen. Dabei darf jedoch die Gefahr, das Verhalten im Spiel auf der Folie der Vorerfahrungen zu verstehen, nicht unterschätzt werden. Zu leicht können sich starre Wahrnehmungsmuster beim Spielleiter herausbilden, die der Wirklichkeit nicht sonderlich angemessen sind. Ein möglicher Schutz ist die Arbeit im Team.

Häufig wird das *Alter der Spieler* als wichtiges Kriterium für die Auswahl an Spielen und die Planung von Spielen angegeben. Das Kriterium „Alter" kann in der Regel nur sehr grobe Orientierungen geben, weil es sich in der Regel erst im Zusammenhang mit anderen Variablen auswirkt. Der Blick auf das Alter der Spieler kann den Spielleiter davor schützen, Spiele anzubieten, die eine kognitive (oder auch emotionale) Überforderung der Spieler bedeuten können: z.B. Spiele, die Schreib- und Rechenfertigkeiten voraussetzen, die man im Alter der Spieler in der Regel noch nicht hat. Bei *Unter*forderungen gilt dies schon nicht mehr. Trotz deutlicher Unterforderung können manche Spiele gleichwohl das Interesse von Älteren finden, weil die dynamische Gestalt des Spiels oder die ungewöhnliche Spielforderung zum Spiel reizen. Mit Blick auf das Alter lassen sich allenfalls einige Empfehlungen an den Spielleiter geben, die jedoch in bezug auf die konkrete Gruppe und die jeweiligen Spielsituationen auf die Angemessenheit überprüft werden müssen.

b2) Zweiter wichtiger Punkt der didaktischen Analyse sind Überlegungen zu den *äußeren Bedingungen* des Spiels: Zeitpunkt für das Spielangebot und mögliche Spieldauer; Ort des Spiels; Einbettung der Spiele in andere Aktivitäten der Spieler; institutionelle Rahmenbedingungen des Spiels.

Beim *Zeitpunkt* für die spielerische Aktivität ist es nicht unwichtig, ob vormittags oder nachmittags gespielt wird, ob zwischen zwei Schulstunden oder an einem schulfreien Tag. Wichtig kann auch sein, ob ein fester Zeitpunkt für das Spielen vorgesehen ist oder ob sich die Gruppe spontan auf einen Zeitraum zum Spielen einigen kann. Von dem gewählten Zeitpunkt für die Spielaktivität kann es abhängen, wie aktiv die Gruppe ist, wieviel Kraft sie noch zum Spielen hat. Das bestimmt den äußeren Charakter des Spiels: Ob als „kurze Erfrischung" oder eigenständiger Teil des Tages. Vom Zeitpunkt des Spielangebots hängen häufig die Bedürfnisse und Interessen der Spieler mit ab: Wünsche nach Aktivität und Stimulierung oder Erholungsbedürfnisse. Bewegungsreiche Spiele unmittelbar nach dem Mittagessen könnten z.B. Spielunlust hervorrufen, weil das Ruhebedürfnis zu diesem Zeitpunkt stark ausgeprägt ist.

Wichtig ist ferner die *Spieldauer*. Weniger als 45 Minuten sollte man nicht spielen, da sonst nur schwer eine gelöste Spielatmosphäre entstehen kann. Abgesehen von zeitaufwendigen Geländespielen und Rallyes ist ein Zeitraum von 2 Stunden in der Regel nicht zu überschreiten. Spielen bringt Spaß, strengt aber auch an und verführt bei zu langer Spieldauer Spielleiter wie Spieler dazu, lediglich noch mitzuspielen ohne innerlich beteiligt zu sein. Die Spieldauer wirkt sich unmittelbar auf das Spielangebot aus. Bei kurzer Spieldauer bietet man eher Spiele an, die kurze Zeit in Anspruch nehmen. Hat man mehr Zeit zur Verfügung, kann man auch etwas schwierigere Spiele anbieten. Es ist dann genug Zeit da, durch andere Spiele diese schwierigen langsam vorzubereiten. Die Gesamtspielzeit hat einen Einfluß darauf, wieviele Spiele angeboten werden können und wieviele neue dabei sein dürfen. Steht nur sehr wenig Zeit zur Verfügung, empfiehlt es sich, eher bekannte und in der Gruppe beliebte Spiele vorzuschlagen und evtl. Varianten davon zu erproben. Bei längerer Spieldauer können auch neue Spiele angeboten werden.

Der *Ort* des Spielens hat Einfluß auf die Spielauswahl. In einer Turnhalle lassen sich eher Bewegungsspiele durchführen und weniger Rollenspiele. Spiele auf einer Wiese oder im Wald fordern dazu heraus, Naturmaterialien, Pflanzen und Bäume einzubeziehen und kreative Spielmöglichkeiten zu erschließen. Spiele im Freien sind jedoch wetterabhängig. Der Spielleiter sollte eine Alternativplanung für schlechtes Wetter machen. Stehen nur kleine und beengte Räume für das Spiel zur Verfügung, vermindern sich sehr schnell die Spielmöglichkeiten. Unter Umständen sind nur Kreisspiele durchführbar. Bei Kindern sind Begrenzungen ihres Spiels durch den Spielort durch spielerische Phantasie ausgleichbar: Tische und Stühle „verwandeln" sich in Berge, Schluchten und Grotten und werden so als Bereicherung in das Spiel einbezogen.

Bei der didaktischen Analyse ist ein besonderer Augenmerk auf die Einbettung der Spiele in *andere Aktivitäten* zu richten: Was taten die Spieler vorher? Was sollen sie nachher tun? Wie wurden sie durch das Geschehen vor dem Spielen beeinflußt? Dieses Überdenken schafft Anhaltspunkte dafür, was von den Spielern zu erwarten ist und was sie vom Spielen möglicherweise erhoffen. Es ist etwas anderes, ob das Spiel Höhepunkt im Tagesablauf ist oder nur Zeit zwischen zwei wichtigen Begebenheiten überbrückt. 15 Minuten Spielen am Ende einer Schulstunde erfordern eine gänzlich andere Spielauswahl als ein Spielabend nach einem Tag am Strand oder nach einer Wanderung. Soll das Spielangebot angemessen sein, muß der Spielleiter diesen Umständen Rechnung tragen: Spiele, die eine vorherige Aktivität ergänzen, könnten dabei genauso sinnvoll sein wie deutliche Kontraste.

Schließlich gilt es, die *institutionellen Rahmenbedingungen* des Spielens in die Überlegungen mit einzubeziehen. Findet das Spielen beispielsweise im Rahmen der Schule statt, sind andere Auswahlgesichtspunkte maßgebend als bei einer Ferienfreizeit oder einer Nachmittagsbetreuung für Senioren. Die Handlungsfreiheit des Spielleiters wird durch die Rahmenbedingungen der Institution bestimmt. In einer „streng" geführten Schule kann die Spielauswahl des Lehrers bereits da seine Grenze finden, wo im Klassenraum eine bestimmte Lautstärke überschritten wird. Je „zwingender" der institutionelle Rahmen, je verbindlicher die Organisationsstruktur ist, desto weniger Handlungsspielraum bei der Festlegung der äußeren Bedingungen des Spiels hat der Spielleiter. Je flexibler die institutionelle Struktur jedoch ist, desto mehr Spielräume stehen dem Spielleiter zur Verfügung, die äußeren Bedingungen des Spiels den Bedürfnissen und Interessen der Spieler anzugleichen und sich damit auf sie einzustellen: von Zeitpunkt und Zeitdauer bis zum Spielort.

b3) Eine Art „Sachanalyse" in der Spielpädagogik ist die Untersuchung der *Struktur der Spiele.* Bestehende Spiele sollte der Spielleiter anhand wichtiger Kriterien beurteilen, um so die Eignung für eine bestimmte Spielgruppe besser einschätzen zu können. Einige dieser Kriterien sollen nun vorgestellt und anhand eines konkreten Spiels erläutert werden.

1. *Umfang der Aktivierung im Spiel:* Wieviele der Spieler sind unmittelbar ins Spiel einbezogen und können sich daran beteiligen? Am günstigsten ist es, wenn sich *alle* beteiligen könnten, ohne daß damit ein Beteiligungszwang verbunden wäre. Unter diesem Gesichtspunkt sind z.B. Ausscheidungsspiele (bei denen die unterlegenen Teilnehmer aus dem Spiel ausscheiden müssen) weniger empfehlenswert. Bei Leistungswettbewerben ist es besser, wenn die jeweiligen Spieler bei der anderen Mannschaft mitmachen, anstatt auszuscheiden.

2. *Intensität der Aktivierung:* Welche Stärke der Aktivität fordert das Spiel vom Spieler? Wie stark können/müssen sich die Spieler ins Spiel einbringen? Ein gutes Spiel ist so konzipiert, daß das Ausmaß des Engangements vom einzelnen Spieler abhängig bleibt, ohne daß damit das Spiel insgesamt beeinträchtigt wird. Der Spaß am Spiel sollte das Ausmaß der Intensität bestimmen und nicht eine Gruppennorm oder ein von außen gesetztes Ziel: Soziale Spiele sind nicht Leistungssport. Gleichwohl muß der Spieler schon eine ernsthafte Leistung vollbringen wollen, damit überhaupt ein Spiel zustande kommt und keine „Spielerei“ entsteht.

3. *Abwechslungsreichtum im Spiel:* Gibt es Veränderungen im Spiel? Tauchen Überraschungen und Unerwartetes auf? Kommen unterschiedliche Phasen im Spiel vor? Treten Veränderungen von Spiel zu Spiel auf oder gleicht ein Spiel dem anderen? Der Abwechslungsreichtum eines Spiels trägt viel zur Motivation der Spieler bei. Ist die Abwechslung zu gering, kann sich ein Aktivierungszirkel nicht aufbauen: Das Spiel wirkt langweilig; Das Interesse der Spieler flacht sich schnell ab. Gleichwohl ist Abwechslungsreichtum ein Kriterium, das sich nur mit Blick auf die konkrete Spielgruppe angemessen beurteilen läßt: Was für die eine Gruppe noch abwechslungsreich ist, mag für die andere Gruppe schon unerträglich langweilig sein. Auch umgekehrt ist es denkbar: Der Abwechslungsreichtum eines Spiels bereitet der einen Gruppe großes Vergnügen, die andere Gruppe ist davon restlos überfordert. Regelveränderungen sind eine Hilfe für den Spielleiter, das ausgewählte Spiel optimal auf die Gruppe „einzustellen“.

4. *Forderungsstruktur des Spiels:* Welche Arten von Anforderungen stellt das Spiel? Welches Ausmaß haben diese Forderungen? Welche Fähigkeiten sind an Art und Ausmaß der Forderungen gebunden? Welchen Schwierigkeitsgrad hat das Spiel? Auch hier lassen sich generelle Aussagen nur schwer machen. Wichtig ist vielmehr, daß die Gruppe durch die Forderungen des Spiels (die auf sehr unterschiedlichen Ebenen angesiedelt sein können) insgesamt weder unter- noch überfordert wird. Es muß schon ein Wagnis sein, sich auf das Spiel und seine Forderungen einzulassen, aber diese Forderungen müssen erreichbar bleiben, wenn Spaß und Vergnügen am Spiel entstehen sollen. Günstig ist, wenn unterschiedliche Forderungen im Spiel enthalten sind und die Spieler wählen können, welche sie davon erfüllen wollen. Günstig kann es sein, wenn es Spielern

möglich ist, die Forderungen auf unterschiedlichen Niveaus zu erfüllen, ohne daß damit das Spiel insgesamt beeinträchtigt wird.

5. *Handlungs- und Entscheidungsmöglichkeiten im Spiel:* Welche Handlungsmöglichkeiten stehen den Spielern offen? Wie breit ist der Handlungsspielraum? Was können die Spieler im Spiel entscheiden? Sind an die Handlungs- und Entscheidungsmöglichkeiten unterschiedliche Spielfolgen geknüpft? Wenn das Spektrum dieser Möglichkeiten zu gering ist, kann das Spiel rasch langweilig werden. Im anderen Falle sind die Spieler überfordert mit der Folge, daß ein Spiel so recht nicht in Gang kommen kann. Am günstigsten sind die Spiele, die sich auf niedrigem und höherem Niveau *gleichwohl* gut spielen lassen. Die Spieler können – bei ungebrochener Faszination vom Spiel – mit wachsenden Fähigkeiten nach und nach die Möglichkeiten des Spiels ausschöpfen.

6. *Spannung im Spiel:* Ist das Spiel bis zuletzt spannend? Gibt es während des Spiels verschiedene Spannungsmomente? Ein Spiel ist dann spannend, wenn die Spielsituationen in ihrem Ausgang ungewiß sind. Das kann sich auf einzelnen Momente im Spiel beziehen (Intervallspanung), z.B. Kampf um Ballbesitz beim Fußball, oder auf das Ergebnis des Spiels insgesamt (Finalspannung), z.B. bei einem Wettlaufspiel. Ohne Intervallspannung und/oder Finalspannung würde das Spiel sehr schnell verflachen.

7. *Umfang und Schwierigkeit der Regeln:* Das beste Spiel taugt nicht viel, wenn es „regelüberlastet" ist und sich daher nur schwer vermitteln läßt. Die Regeln müssen kurz, prägnant und stimulant sein (bzw. so erklärt werden). Der Wunsch nach dem Spielvergnügen duldet allenfalls geringen Aufschub. Die Spielerklärung sollte so sein, daß die Spieler die Regeln sofort verstehen und sich einprägen können. Inhaltliche Einkleidungen oder kurze (!) Geschichten zu den Spielen sind gute Möglichkeiten, die Prägnanz der Regeln zu erhöhen und ihre Stimulanz zu verbessern. Sprachliche Schwierigkeiten bei der Vermittlung der Regeln lassen sich vermindern, wenn man zu den Erklärungen das Spiel in seinen wesentlichen Abläufen kurz (vielleicht auch zeitlupenhaft) vorspielt bzw. vorführt.

8. *Tempo im Spiel:* Wie schnell ist das Spiel? Wie rasch ist der Wechsel der Situationen? Bleibt das Spiel dabei noch überschaubar? Wie hoch sind die Reaktionsanforderungen? Ein Spiel wirkt langweilig, wenn für die Spieler zu wenig passiert, und es wird hektisch, wenn der Spielfluß zu schnell ist. Der für die Gruppe optimale Spielfluß in einem Spiel hängt sowohl vom Alter der Spieler und der Zusammensetzung der Gruppe ab als auch von situativen Momenten (hat die Gruppe ein starkes Bewegungsbedürfnis oder wünscht sie sich eher etwas Ruhe). Bei der Zusammenstellung von Spielen zu einer Spielstunde ist ein Wechsel von sehr bewegten, im Tempo raschen zu eher ruhigen und langsamen Spielen empfehlenswert.

9. *Originalität der Spielidee:* Welchen Neuigkeitswert hat die Spielidee? Bietet das Spiel für die Spieler Neues und Unerwartetes? Spielförderlich

ist eine Mischung aus bekannten Elementen und neuen Bestandteilen. Würde das Spiel für die Gruppe etwas gänzlich Neues darstellen, könnten Widerstände entstehen, sich auf das Spiel einzulassen. Ist alles daran bekannt, könnte Langeweile auftreten. Das braucht jedoch nicht der Fall zu sein. Ist die spieldynamische Gestalt des Spiels für die Spieler sehr attraktiv, können sie oft stundenlang spielen. Die Neugierde ist nur eines unter vielen Motiven, ein Spiel zu beginnen – und bei Spielen in der Gruppe wahrscheinlich nicht einmal eines der stärksten.

10. *Interaktivität:* Soziale Spiele sind so angelegt, daß die Spieler wechselseitig aufeinander einwirken können. Diese wechselseitige Einwirkungsmöglichkeit (z.B. bei einem Fangspiel) nennt man „Interaktivität". Die Spieler müssen aufeinander reagieren, und dies macht einen großen Reiz der sozialen Spiele aus. Es gibt Spiele mit nur einem „Reizgeber", auf den die anderen ziemlich einförmig reagieren. Andere Spiele haben vielfältigere Interaktionsmuster, in die die Spieler einbezogen sind. Manche Formen der Interaktivität können sehr bedrängend sein (jemanden verfolgen, ihn aus dem Kreis drängen), andere wirken in der Regel weniger belastend (z.B. hand-in-hand mit einem Partner Münzen aufsammeln). Bei der Auswahl der Spiele ist von Wichtigkeit, die Gruppe auch in bezug auf die Interaktivität weder zu überfordern noch zu unterfordern. Manches Spiel mit sehr aggressiver, wettbewerbsorientierter Interaktivität halte ich grundsätzlich für bedenklich.

11. *Rollenangebote:* Viele Spiele besitzen unterschiedliche Angebote an Rollen (oder Verhaltensmustern). Sie bieten durch Wahlmöglichkeiten gute Voraussetzungen, daß die Spieler über ihr Engagement im Spiel frei entscheiden können. Noch günstiger ist es, wenn die Spieler die Rollen im Spiel spontan wechseln können, ohne daß dies zu einer Spielbeeinträchtigung führen müßte. Für bestimmte Gruppen kann ein Zuviel an Rollenangeboten nicht so günstig sein: Der Umfang des Rollenangebots muß für die jeweiligen Spieler noch überschaubar bleiben und darf ihre Handlungsfähigkeiten nicht überfordern.

12. *Dynamische Struktur:* Jedes soziale Spiel bietet „Angebote", in denen sich die Spieler mit ihren Motiven wiederfinden können: jemanden jagen, einem Mitspieler Schutz bieten, fliehen, sich bereichern. Diesen „Spielmustern" liegt eine dynamische Struktur zugrunde, die als „Schnittstelle" dient zu den Wünschen, Gefühlen, Problemen und Verhaltensmustern der Spieler. Mit anderen Worten: In der dynamischen Struktur eines Spiels können sich die Spieler mit ihrer Innenwelt „wiederfinden" und sie mit Hilfe der „Spielmuster" inszenieren. Aus dem Spiel „holen" sie sich, was sie gerade brauchen. Günstig sind daher solche Spiele, die zahlreiche und vielfältige dieser dynamischen „Angebote" enthalten, so daß sich die Spieler möglichst umfassend im Spiel wiederfinden können.

Mit Hilfe dieser 12 hier vorgestellten und erörterten Kriterien kann man ein Spiel „diagnostizieren". Diese „Diagnose" ermöglicht in der Regel kein grundsätzliches Urteil darüber, ob es sich um ein gutes oder ein schlechtes Spiel handelt. Die „Diagnose" hilft bei der Beurteilung, ob das jeweilige Spiel für eine konkrete Gruppe in einer bestimmten Situation möglicherweise geeignet ist oder nicht. Wir werden nun ein relativ attraktives Spiel beschreiben und dann die vorgestellten Kriterien daran verdeutlichen.

HASCHER: Einer aus der Gruppe wird „Hascher". Als Zeichen seiner Rolle setzt er sich einen auffälligen Hut auf. Seine Aufgabe besteht darin, einen Mitspieler zu „haschen", d.h. abzuschlagen. Es wird ein Spielfeld abgegrenzt, das „Hascher" und Mitspieler nicht verlassen dürfen. Gegen das „Haschen", d.h. gegen das Abschlagen sind die Mitspieler geschützt, wenn sie Paare bilden. Paare bilden sich z.B. durch Umarmung. Paare dürfen sich nicht mehr bewegen. Die Partner können auf Wunsch von Mitspielern wieder getrennt werden und können dann wieder frei im Spielfeld herumlaufen. Auch der „Hascher" kann die Paare auseinanderbringen. Dazu stellt er sich drei Schritte vor dem ausgewählten Paar auf und zählt: „eins, ... zwei, ... drei – geschieden!" In diesem Moment sind die beiden Mitspieler gegen das „Haschen" nicht mehr geschützt und können abgeschlagen werden. Mitspieler „retten" die beiden, wenn sie mit ihnen so rasch neue Paare bilden, daß der „Hascher" sie nicht vorher abschlagen kann. Ist ein Spieler abgeschlagen, wird er zum „Hascher".

Eine Beurteilung dieses Spiels nach den vorgestellten 12 Kriterien ergibt folgendes Bild:

1. Alle Spiele sind unmittelbar ins Spiel einbezogen und können sich daran beteiligen.

2. Das Ausmaß des Engagements ist von den einzelnen Spielern abhängig. Sie können das Spiel jederzeit unterbrechen oder die Intensität ihrer Aktivierung verändern, ohne das dies zu einer Beeinträchtigung des Spielablaufs insgesamt führt.

3. Das Spiel ist relativ abwechslungsreich, hat unterschiedliche Phasen und bietet häufig Überraschungen. Es bleibt gleichwohl auch für Jüngere überschaubar.

4. Das Spiel besitzt eine vielfältige Forderungsstruktur: Mitspieler jagen, sich der Verfolgung entziehen, rasch Paare bilden, schnell und geschickt laufen, angemessenes Reaktionsverhalten entwickeln, Flexibilität zeigen. Die Spieler können – ohne daß dies zu einer Beeinträchtigung des Spiels führt – Art und Intensität der Forderungen ihren Möglichkeiten anpassen. Ohne Verlust an Spaß und Vergnügen können Spieler mit recht unterschiedlichen Fähigkeiten am Spiel teilnehmen.

5. Den Spielern steht ein angemessen breites Spektrum an Handlungsmöglichkeiten zur Verfügung: Als „Hascher" können sie sich auf „Einzelgänger" spezialisieren, „Duelle" mit ausgewählten Spielern austragen, „Paare" auseinander bringen usw. In der Rolle der „Verfolgten" können sie riskant spielen oder auf Sicherheit gehen, häufig Paare bilden oder lange bei einem Partner bleiben, gefährdete Spieler retten oder einfach nur

zuschauen. Je nachdem wie stark die Spieler die Handlungsmöglichkeiten im Spiel ausschöpfen (z.B. nur weglaufen oder auch geschickt Paare bilden, einzelne ihrem „Schicksal“ überlassen oder einander helfen), kommen andere Spielabläufe zustande, die alle Spaß bereiten können: „Hascher“ läßt sich auf niedrigem und hohem Niveau *gleichwohl gut* spielen.

6. Das Spiel ist durch eine ausgeprägte Intervallspannung gekennzeichnet: Jeder Augenblick, jede Spielsituation kann spannend sein.

7. Die Regeln sind nicht sehr lang. Bereits Sechsjährige sind in der Lage, die Regeln zu verstehen und (nach einiger Zeit) in spielerisches Handeln umzusetzen. Eine auf die Spielgruppe abgestimmte lustige inhaltliche Einkleidung der Regeln kann sehr stimulierend sein.

8. „Hascher“ ist ein Bewegungsspiel. Das Tempo ist daher recht hoch. Gleichwohl gibt es spannende Phasen, in denen konzentrierte Ruhe herrscht (z.B. wenn der „Hascher“ ein Paar trennen will).

9. Die Spielidee ist gewiß nicht originell. Sie bietet jedoch eine optimale Mischung aus verschiedenen (bekannten) Elementen. Das hat den Vorzug, daß man die Spielidee sehr schnell versteht und sie (eben weil die Bestandteile gut und originell gemischt sind) als neu erlebt.

10. Das Spiel setzt viele Formen der Interaktivität frei: sich auf den „Hascher“ einstellen, Paare bilden, einander bei Bedrohung durch den „Hascher“ helfen. Die Interaktivität ist also nur zu einem Teil wettbewerbsorientiert. Sie enthält darüber hinaus auch viele kooperative Bestandteile.

11. Im Spiel sind unterschiedliche Rollen möglich, die sehr rasch wechseln können. Neben den Rollen „Hascher“ und „Verfolgte“ kann sich die Rolle der „Verfolgten“ vielfältig aufspalten: eher zuschauend, den „Hascher“ zu Verfolgungsjagden herausfordern, Sicherheit in Paarbeziehungen suchend, gefährdeten Paaren helfend. Die Spieler können ihre Rollen spontan wählen und jederzeit verändern. Der Umfang des Rolleangebots bleibt überschaubar. Das Spiel bietet die Möglichkeit, ohne Einbuße an Spaß und Vergnügen langsam in die Rollenmöglichkeiten hineinzuwachsen.

12. Die Vielseitigkeit und Offenheit führt zu einer sehr stimulierenden dynamischen Struktur. Das an sich schon attraktive Jagdprinzip (jagen und fliehen) verbindet sich mit einer koalitiven Spielorientierung (alle halten gegen den „Hascher“ zusammen). Da die Rolle des „Haschers“ im Spiel sehr rasch wechselt, entwickelt sich keine personale Gegnerschaft. Der „Hascher“ depersonalisiert sich und wird zu einer allgemeinen Bedrohung, die von allen gemeinsam abgewehrt wird. Im Rahmen dieser sehr viel Sicherheit gebenden Grundstruktur können die Spieler nun ihre Impulse miteinander spielen lassen und sich handelnd dem Spiel hingeben: Sie dürfen verfolgen und jagen, Schutz suchen und Schutz geben, in Sicherheit betrachten, etwas riskieren, sich körperlich engagieren, den Mitspieler herausfordern oder sich ihm entziehen – je nachdem, was gerade

die Spieler bewegt. So bleibt das Spiel nicht nur in seiner äußeren Erscheinung in der Schwebe, sondern auch in der Psyche der Spieler.

b4) Kommen wir nun zum schwierigsten Punkt des „Regelkreises zur didaktischen Analyse“: dem *Spielleiter* und seinen Kompetenzen. Wie der Spielleiter möglichst umfassend und realistisch die Spieler und ihre Möglichkeiten einschätzen sollte, so ist eine kritische Selbstreflexion für das Gelingen von spielerischen Aktivitäten von gleicher Wichtigkeit. Der Spielleiter sollte sich darüber im klaren sein, welche Kompetenzen er mitbringt: Erfahrungen in Spielgruppen, eigene Erfahrungen mit der Leitung solcher Gruppen, erlangte Fähigkeiten im Rahmen von Fortbildungsmaßnahmen, Repertoire an Spielen (bereits erprobt, selbst gespielt, aus Spielesammlungen entnommen). Nach Möglichkeit sollte der Spielleiter auch einiges über sich selbst wissen: seine Charakterstruktur, seine Bedürfnisse und Interessen (auch und gerade in bezug auf die Spielgruppe), seine Ängste, Abneigungen und Vermeidungshaltungen. Wichtig ist auch, daß der Spielleiter über seine eigenen Wertvorstellungen sich Klarheit verschafft, denn diese fließen mehr oder weniger deutlich in seine didaktische Analyse mit ein. Die beste Möglichkeit dazu bietet die Zusammenarbeit in einem Team, das vertrauensvolle Gespräche zuläßt, das Rückmeldungen über das eigene Verhalten gibt, Vorstellungen und Werthaltungen diskutiert (und relativiert).

Auf der Grundlage einer möglichst realistischen Einschätzung der eigenen Person sind angemessene Analysen des didaktischen Gefüges überhaupt erst möglich. Größere „blinde Flecken“ können sowohl dazu führen, die Spieler falsch einzuschätzen, das äußere Bedingungsgefüge nicht angemessen in Rechnung zu stellen, als auch bei der Analyse der Struktur der Spiele wesentliche Aspekte zu übesehen oder nur verzerrt zu erfassen.

b5) Das Feld in der Mitte des Regelkreises bezeichnet den *Reflexionsprozeß* des Spielleiters. Bei diesem Denkprozeß geht es einerseits um das Verschränken der 4 Elemente des Regelkreis, andererseits um das Herausbilden angemessener Ziele. Dieses Zusammendenken der 4 Elemente darf man sich nicht als einen einmaligen, von einem festen Ablaufschema hier bestimmten Vorgang vorstellen. Es ist vielmehr ein zirkulärer Denkprozeß, der in fortwährenden Durchgängen die einzelnen Elemente durchdenkt, überprüft und immer wieder neu zueinander in Beziehung setzt, bis sich eine halbwegs tragfähige Struktur herausbildet. Dabei ist es unwichtig, an welchem Punkt man jeweils beginnt und welche Elemente man jeweils in Beziehung setzt. Versuchen wir diesen Denkprozeß anhand eines abstrakten Beispiels zu verdeutlichen:

> Der erste Schritt besteht möglicherweise darin, daß man an die Spieler, ihre Wünsche, Interessen, Fähigkeiten und Grenzen denkt. Dies setzt man dann mit den äußeren Bedingungen, so wie sie normalerweise gegeben sind, in Beziehung. Dann denkt man daran, welches Spielangebot als „Antwort“ darauf möglicherweise in Betracht kommen könnte – zunächst noch recht vage und

unpräzise. Dann setzt man das Ergebnis dieser Überlegungen mit seinen eigenen Kompetenzen, Wünschen, Bedürfnissen und Interessen in Beziehung. Bei einem solchen ersten Durchgang bleibt in aller Regel ein unbefriedigender Eindruck zurück. Man überlegt sich andere Spielangebote, bindet ihre Struktur an die Eigenarten der Spieler und überlegt, wie sie sich in die äußeren Bedingungen einbetten lassen. Man beginnt damit, Überlegungen anzustellen, wie man eventuell diese Bedingungen flexibler gestalten kann, um den Spielern und ihren Bedürfnissen besser Rechnung zu tragen. All dies wird nun wieder auf dem Hintergrund durchdacht, ob die eigenen Kompetenzen, Kräfte und Fähigkeiten ausreichen, so etwas zu organisieren, anzubieten und durchzuführen. Es entstehen Varianten, Abschwächungen, Modifikationen, für die Legitimationen im Denkprozeß notwendig werden. Habe ich bestimmte Aspekte bei den Spielern richtig gesehen? Sind die Möglichkeiten des äußeren Rahmens wirklich ausgeschöpft oder gibt es noch Freiräume? Hängt es möglicherweise von meiner Person ab, daß ich diese Freiräume nicht gesehen habe, nicht sehen wollte oder sehen konnte? Wenn man nun eine Erweiterung der äußeren Bedingungen akzeptiert, wären dann nicht andere Spiele in Hinblick auf ihre Struktur für die Spielgruppe möglicherweise günstiger? Böten bestimmte Spiele nicht eine Chance für eine Weiterentwicklung der Gruppe? Sperre ich mich vielleicht nur dagegen, weil solche Spiele mir mehr Arbeit bereiten würden oder weil ich damit noch keine Erfahrungen gesammelt habe? Scheue ich das Risiko oder überfordere ich damit möglicherweise die Gruppe? Was spricht in Hinblick auf die Fähigkeiten und Interessen der Gruppenmitglieder dafür, was dagegen? Was würde mich persönlich stärker ansprechen? Was wäre, wenn ich diese tolle neue Spielidee einmal ausprobieren würde, die mir persönlich viel Spaß bringen würde?. . .

An dieser Stelle möchte ich den Denkprozeß unterbrechen. Jeder, der schon einmal spielerische Aktivitäten geplant hat, wird sich so oder in ähnlicher Weise in diesen Denkprozessen wiederfinden. In der Regel laufen sie in Sekundenbruchteilen ab. Erst im Gespräch mit anderen Spielleitern verlangsamt sich dieser zirkuläre Denkprozeß und wird in seinen einzelnen Abläufen deutlich und verstehbar. Durch viel Erfahrung und Routine nehmen diese Denkprozesse weniger Zeit in Anspruch. Viele Denkschleifen werden gar nicht erst beschritten, die Möglichkeiten einer Spielaktivität in der konkreten Gruppe kristallisieren sich sehr rasch zu einer „festen Gestalt", zu einer als spontan empfundenen Idee, die in sich stimmig erscheint. So vorteilhaft das erscheinen mag, so problematisch kann das werden, wenn Erfahrungen so stark gerinnen, daß der Reflexionsprozeß nur noch in bestimmten festen Bahnen ablaufen kann und für Veränderungen nicht mehr offen ist.

Der mit der „didaktischen Analyse" in Gang gesetzte Reflexionsprozeß verknüpft sich mit dem Herausbilden und Präzisieren von Zielvorstellungen, die mit den geplanten spielerischen Aktivitäten verbunden sind. Auch für das Herausbilden dieser Ziele sind bestimmte zirkuläre Denkprozesse maßgeblich. In der Regel ist es nicht so, daß in der Spielpädagogik die Ziele einen alle anderen Elemente ausschließenden Primat haben. Man geht also nicht von bestimmten Zielen aus und „deduziert" daraus alle weiteren Reflexions- und Planungsschritte. Die Zielvorformulierung ist vielmehr eingewoben in den beschriebenen zirkulären Reflexionsprozeß: Erst in Kenntnis der Spieler, der äußeren Bedingungen, der Struktur der Spiele und der Gegebenheiten des Spielleiters kann sich so etwas wie eine angemessene Zielformulierung entwickeln.

Insbesondere die impliziten und expliziten Wertentscheidungen des Spielleiters (und ein wie auch immer vager Wertekonsens in bestimmten Bereichen der Spielpädagogik) sind die Hintergrundtönungen für den zirkulären Denkprozeß, der schließlich zu relativ konkreten Zielen einer bestimmten Spielaktivität führt. Meine persönlichen Wertentscheidungen, sofern sie sich auf didaktische Entscheidungen auswirken, sehen wie folgt aus:

Für mich steht Spaß im Spiel im Mittelpunkt aller Didaktik und Planung. Mit diesem Spaß eng verbunden ist die Freiheit der Spieler im Spiel: zu entscheiden, ob sie mitmachen wollen oder nicht, ob sie ein anderes Spiel lieber spielen würden oder ob sie ganz aufhören möchten. Spaß und Vergnügen im Spiel sind subjektiv und situativ. Es gibt daher grundsätzlich keine „guten" oder „schlechten" Spiele. Man hat lediglich die Möglichkeit zu sagen, ob, wann und für welche Spieler ein bestimmtes Spielangebot geeignet ist oder nicht. Damit Spaß im Spiel aufkommen kann, müssen Spiele so konzipiert sein, daß das Feld relativ entspannt ist. Dies setzt Regeln voraus, die den Spielern ein relativ hohes Maß an „Sicherheit" bieten: Wettbewerbssituationen dürfen durch die Regeln nicht noch forciert werden, weil dann nicht mehr das Spiel im Mittelpunkt steht, sondern das Ziel, unter allen Umständen zu gewinnen.

Neben den dynamisch recht wirkungsvollen Grundmustern wie Kampf, Jagd und Bereicherung sollten auch Spiele ausgewählt werden, bei denen das gemeinsame Tun im Mittelpunkt steht. Die Menschheit ist in ihrer Entwicklung an einem Punkt angelangt, an dem das ungebrochene Fortentwickeln der archaischen Grundmuster Kampf, Jagd, Bereicherung die Gefahr vergrößert, daß die Menschenheit ihr ökologisches System und damit sich selbst vernichtet. Anstatt Kampf, Jagd und Bereicherung ständig als dynamische Grundmuster den Spielen zugrunde zu legen (womöglich noch unter verschärften Wettbewerbssituationen), kommt es entscheidend darauf an, Spiele vorzuschlagen, in denen das gemeinsame Handeln aller Spieler für ein gemeinsames Ziel im Mittelpunkt steht.

Spiele als „Sozialisationsagenten" haben die Funktion, ungeformte Triebimpulse in die gesellschaftlichen Handlungszusammenhänge einzufädeln und ihnen die dynamische Gestalt zu verleihen, die die Spieler in ihrem Leben vorfinden. Spiele sollten daher auch (und gerade) für die Verkehrsformen zwischen Menschen vorbereiten, die *nicht* von Konkurrenz und wechselseitiger Ausbeutung gekennzeichnet sind, sondern solidarisches Handeln und menschlich-christliche Grundüberzeugungen enthalten.

Der Mensch ist Teilnehmer am großen Spiel der Schöpfung. Der Ausgang ist für ihn offen. Er muß in diesem Spiel alle Fähigkeiten entfalten, um seine Rolle im Spiel immer wieder neu zu bestimmen: Spieler, Zuschauer und „Spielmaterial" *zugleich* zu sein.

b6) Nun noch einige Anmerkungen zur *zirkulären Struktur und zur Funktionsweise* des Regelkreises in Hinblick auf ihre in der Zukunft liegenden Wirkungen. Das Ergebnis der didaktischen Analyse ist, daß der Spielleiter im Rahmen seiner Möglichkeiten die äußeren Bedingungen des Spiels festlegt, ein konkretes Spielangebot macht und die Spielaktivität durchführt. Dies hat Auswirkungen auf die einzelnen Elemente des Regelkreises, die in wechselseitigen Abhängigkeitsverhältnissen zueinander stehen und im Rahmen dieses Geflechts steuerbar sind.

So kann sich die Anzahl der Spieler verändern oder auch die Zusammensetzung der Gruppe – je nachdem, wie das Spielangebot angekommen ist. Die Erfahrungen der Spieler miteinander vergrößern sich – ebenso ihre Spielerfahrungen. Möglicherweise gewinnen die Spieler Kenntnisse und Fähigkeiten hinzu, können Defizite vermindern und sich mit bestimmten Problemen auseinandersetzen. Denkbar wäre auch, daß sich (über einen längeren Zeitraum) die Struktur der Spielgruppe ändert und daß sich die Wünsche, Interessen und Bedürfnisse der Spieler allmählich wandeln. Je nachdem, wie gut das Spielangebot angekommen ist, können sich auch Anzahl und Zusammensetzung der Spieler ändern. Der Reaktion der Spieler auf das Spielangebot bietet dem Spielleiter u.a. auch gute Möglichkeiten, die Kenntnisse über die Spieler zu erweitern, die äußeren Bedingungen (sofern ihm das möglich ist) besser auf die Spielgruppe anzupassen, sein Repertoire an Spielen zu ergänzen und sein Handlungsvermögen zu optimieren. Die Erfahrungen des Spielleiters mit seiner Spielauswahl können auch dazu führen, daß er sich einen neuen Rahmen für sein Spielangebot sucht (z.B. keine Spielfreizeit in einer Jugendherberge, sondern in einem Selbstversorgerhaus).

Jedes neue Spielangebot gründet sich auf zirkuläre Abstimmungsprozesse innerhalb der Elemente des Regelkreises, also der Spieler, der äußeren Bedingungen, der Spiele und des Spielleiters. Dies ist notwendig, wenn das Spielen lebendig bleiben will. Das schließt ein, daß jedes Element im Regelkreis veränderbar ist, sich im Rahmen der Wechselwirkungsprozesse auf veränderte Bedingungen neu einstellen kann. Die Durchführung der konkreten Spielaktivität ist das jeweilige Resultat einer „Gestaltbildung" durch zirkuläre Denkprozesse im Regelkreis. Die Gestalt der Spielaktivität wirkt ihrerseits auf den Regelkreis zurück und bewirkt eine Veränderung der einzelnen Elemente.

Der Spielleiter ist sowohl Teil des Regelkreises als auch die Person, die durch zirkuläre Denkprozesse diesen Regelkreis bewußtseinsmäßig erzeugt und in seinem Rahmen handelt: Informationen austauscht, Rückmeldungen verarbeitet, auf Spieler und äußere Bedingungen (auch außerhalb des Spielens) einwirkt, sein eigenes Spielrepertoire vergrößert, im Gespräch mit anderen Spielleitern an Reflexionskraft hinzugewinnt.

b7) Nun zu einigen *kritischen Anmerkungen:* Ein didaktischer Regelkreis, mit dem man Planungen für spielerische Aktivitäten denkerisch erfassen will, trägt bereits den Widerspruch in sich, versucht etwas zu regeln und in den Blick zu nehmen, was nur in Freiheit von Planungsüberlegungen entstehen kann, was im Grunde den verregelnden Blick des planenden, zielorientierten Pädagogen nicht ertragen kann. Die positiven Wirkungen des Spiels entfalten sich *außerhalb* eines wie auch immer beschaffenen Planungsrasters.

> „Nun zeigen meine Erlebnisse mit den Kinder, daß die Erfolge sich ganz plötzlich und unerwartet ergaben. Ich hatte mir die Ergebnisse zwar gewünscht, doch sie kamen oft überraschend: in Situationen, in denen ich mir ganz andere Ziele gesetzt hatte, manchmal geradezu gegen das Programm. Wenn ich die Ereignisse aus der Spielstunde notierte, kam mir oft zu Bewußtsein, daß sich Erfolge eher einstellen, wenn ich Spiele nach den Bedürfnissen der Kinder variierte, als wenn ich mich genau nach ihnen richtete.“[5]

Dies hängt damit zusammen, daß die Spieler in einer Spielgruppe nicht (nur) Objekte von Planung sind, sondern Subjekte, die mit ihrer Kraft, mit ihrem Vorstellungsvermögen, ihren Interessen und Bedürfnissen unmittelbar und spontan auf den Spielprozeß einwirken. Wenn der Spielleiter diese Kraft zu entbinden lernt und die Spieler fördert, wird diese Kraft wachsen. Mit anderen Worten: Der Spielleiter muß bereit sein, seine Planungsvorstellungen innerlich zu übersteigen und didaktisch zu „überkronen“.

Gleichwohl muß der Spielleiter einen für ihn selbst tragbaren Weg im Widerspruch zwischen Planungsnotwendigkeit und Offenheit finden. Je „durchdachter“ und „geschlossener“ die Planung ist, desto „sicherer“ kann sich der Spielleiter fühlen: Es läuft alles wie auf Schienen, nichts bleibt dem Zufal oder der Improvisation überlassen. Zugleich aber verführt ein solches Planungskonzept zur Starre: Je genauer und überlegter der Spielleiter plant, desto weniger wird er geneigt sein, sich auf die aktuell sich zeigenden Wünsche und Vorstellungen der Spieler einzulassen.

Auf der anderen Seite steht der Typ von Spielleiter, dem die Spontaneität und die augenblicklichen Wünsche der Spieler zur Maxime seines Handelns geworden sind, der jegliche Planung am Schreibtisch letztlich für künstlich und aufgesetzt hält. Er kann sich zwar mit dieser Orientierung sehr leicht auf die Spieler einstellen, es besteht jedoch die Gefahr, daß seine „Antworten“ immer „flacher“ ausfallen, daß seine Flexibilität keine Handlungsmöglichkeiten vorfindet, aus denen sie angemessen schöpfen

5 DAUBLEBSKY, BENITA: Spielen in der Schule, Klett Verlag, Stuttgart 1973, S. 150.

kann. Flexibilität erfordert einen großen Erfahrungs- und Kenntnisschatz, den man sich nur durch Planungen und fortgesetzte Versuche erwerben kann.

> „Durch das Planen begibt man sich in einen Prozeß, durch den man sich ein immer größer werdendes Repertoire von Spielen einprägt, das man zur Verfügung hat und je nach den Bedürfnissen der Kinder, sei es, daß sie selbst sie äußern oder daß man sie erkennt, anbieten kann. Jedes neue Programm macht den Spielleiter fähiger, den Zielen entsprechend zu reagieren, auch wenn er vielleicht die geplanten Spiele erst zu einem späteren Zeitpunkt verwenden kann. Es ist wichtig zu planen, um eine möglichst große Vielfalt von Spielen anbieten zu können. Der Spielleiter muß sich über den Wechsel von Aktivitäten Gedanken machen. Er muß sich z.B. überlegen, wie er Spiele mit viel Bewegung mit ruhigen Spielen alternieren läßt. Und er muß sich vor allem überlegen, ob er im Laufe der Zeit alle möglichen Zielbereiche angesprochen hat. Durch das Planen kann er immer wieder kontrollieren, ob das Angebot und damit die Chance für alle Kinder breit genug ist.“[6]

Planung verhilft also dazu, eine möglichst große Vielfalt von Spielen anbieten zu können, und schafft damit erst die Voraussetzung für Flexibilität in der konkreten Situation. Daneben entwickelt der Spielleiter auch ein Gespür dafür, was in den Spielen seines langsam wachsenden Repertoirs steckt und wie diese Spiele in Beziehung stehen zu den Bedürfnissen und Interessen der Spieler.

Damit schafft er sich Grundlagen für eine *flexible Planungskompetenz.* Sie ermöglicht es, die Forderung nach Flexibilität und die Notwendigkeit zur Planung miteinander zu verbinden. Mit „flexibler Planungskompetenz“ ist die Fähigkeit des Spielleiters gemeint, Spielstunden so zu planen und durchzuführen, daß er auf Bedürfnisse und Interessen, die im Spiel geäußert werden oder die für ihn wahrnehmbar sind, mit einem angemessenen Spielangebot „antworten“ kann. Dazu schafft sich der Spielleiter einen relativ offenen Planungsrahmen mit vielfältigen Spielangeboten, die er auch materialmäßig vorbereitet. Während der spielerischen Aktivität ist er offen für Impulse der Spieler, auf die er dann angemessen „antworten“ kann. Eine mögliche „Antwort“ könnte darin bestehen, daß er *während der spielerischen Aktivität* aus dem Planungsrahmen das auswählt, was diesen Impulsen in der jeweiligen Situation angemessen erscheint. Er könnte auch den Vorschlägen der Spieler unmittelbar folgen. Unter Umständen hätte er auch die Möglichkeit, den Spielern anzubieten, aus den für ihn denkbaren Möglichkeiten das sie Interessierende auszuwählen. In der Hand des Spielleiters werden so die möglichen Spielangebote zu „Bausteinen“, die er gemeinsam mit den Spielern auswählt und „Baustein“ für „Baustein“, zu einer Spielstunde zusammenfügt. Aber damit sind wir schon weit in die *Methodik* des Spiels vorgedrungen.

---

6 DAUBLEBSKY, BENITA: Spielen in der Schule, Klett Verlag, Stuttgart 1973, S. 158 f.

c) Methodik des Spiels

Unter *Methodik* des Spiels wird das *Wie* einer spielerischen Aktivität verstanden, z.B.: Wie beginne ich mit der Spielaktivität? Welche Regelveränderungen sehe ich vor? Wie bereite ich mich materialmäßig vor? Wie füge ich die einzelnen Spielaktivitäten zu einer Einheit zusammen? Die Methodik des Spiels ist eng mit dem Regelkreis zur didaktischen Analyse verbunden und wirkt in ihn hinein. Methodische *Entscheidungen* sind sowohl abhängig von den Spielern als auch von den äußeren Bedingungen des Spiels, der Struktur der Spiele, den Kompetenzen und Möglichkeiten des Spielleiters – und nicht zuletzt auch von den Zielen. Die methodischen *Möglichkeiten* beeinflussen nicht nur die Struktur der Spiele, sondern haben auch Einfluß auf die Auswahl (wenn es z.B. darum geht, bestimmte Spiele zu einer thematischen Einheit zusammenzubinden), auf die Ziele, auf die Wahl (oder Veränderung) der äußeren Bedingungen und auf die Spieler (deren Zahl sich z.B., je nach den methodischen Möglichkeiten, vermindern oder vergrößern müßte). Mit anderen Worten: Die Methodik des Spiels muß als ein variables Element in den zirkulären Denkprozeß der Planung mit einbezogen werden. Die Methodik als Einflußgröße hat gleichwohl nur nachrangiges Gewicht, folgt in den Planungsüberlegungen in der Regel erst dann, wenn sich bereits eine vage Gestalt für die geplante Spielaktivität herausgebildet hat. Die Methodik gibt einer sich im Planungsprozeß herausbildenden Spielidee eine in der Realität haltbare Gestalt. Methodik ist so etwas wie der „Sprühlack“, der eine geplante Spielaktivität „wasserdicht“ macht.

Nun einige Anmerkungen zu einzelnen methodischen Problemen:

c1) Ein methodisch gut durchdachter *Spielbeginn* kann häufig schon die erste Hälfte einer gelungenen Spielaktivität sein. Ziel eines solchen Einstiegs ist es, die Spieler für das Spiel zu gewinnen, sie angemessen einzustimmen, Spielhemmungen abzubauen und eine dem Spiel förderliche Atmosphäre zu schaffen. Dazu einige Anregungen:

Am Anfang (aber auch später) ist es wichtig, nicht den Eindruck zu vermitteln, daß ein festes Programm „durchgezogen“ wird. Die Spieler müßten vielmehr erfahren, daß *ihre* Spiellust Raum findet. Dabei kann die Spiellust des Spielleiters durchaus ansteckend sein (wenn sie echt ist).

Bereits am Anfang sollte der Spielleiter auf die Stärken der Spieler bauen und ihre Anregungen aufnehmen. Das gilt sowohl für Spielvorschläge als auch für Hinweise zu möglichen Variationen der Spielidee. Der Einstieg wird erheblich erleichtert, wenn die Spieler in dem Gefühl sicher sind, daß sie aktive Träger des Spielgeschehens sind, daß sie bestimmen, wie die Spielaktivität abläuft und was in ihr geschieht.

Für viele Gruppen empfehlen sich Einstiege in Form von Geschichten, in die die einzelnen Spiele dann einbezogen werden. So könnte man die Geschichte eines verwunschenen „Gruselschlosses" erzählen, in das sich Wanderer verirrt haben. Ihre Erlebnisse im Schloß finden ihren Ausdruck in verschiedenen Spielen, die in ihrer inhaltlichen Einkleidung auf die Geschichte bezogen werden. Wir werden auf diese methodischen Möglichkeiten noch detaillierter zurückkommen.

Bei Spielern mit deutlichen Spielhemmungen oder bei Gruppen, die sich noch nicht untereinander kennen, kann es sinnvoll sein, zunächst Spiele anzubieten, die man jeweils zu zweit, zu dritt oder zu viert gleichzeitig in der Gruppe spielt, die einfach sind und leicht zu erklären, witzige Momente besitzen und auflockernd wirken. Danach könnten einfache Kreisspiele folgen, bei denen das Gemeinsame im Mittelpunkt steht und Konkurrenzorientierungen weitgehend fehlen.

c2) Häufig ist es sinnvoll, ein Spiel oder Teile daraus zu *verändern.* Mit Hilfe dieser Variationen und Regeländerungen sind „Feinabstimmungen" der Spiele auf die jeweilige Gruppe und Gruppensituation gut möglich. An dem Prozeß dieser „Feinabstimmung" sollten die Spieler nach Möglichkeit beteiligt sein. Die Regeln eines Spiels sind nicht Selbstzweck, sondern dazu da, Spaß und Vergnügen zu ermöglichen. Warum eine Regel nicht ändern, wenn sich dadurch der Spaß in der Gruppe erhöhen könnte?! Hier sind einige Möglichkeiten für Regeländerungen:

Häufig wird das Ausmaß der *Vielschichtigkeit* Spiels verändert: Entweder spielt man (für Jüngere) eine einfachere Fassung (mit weniger Regeln) oder man macht das Spiel vielschichtiger, indem man einige Zusatzregeln vereinbart. Mit einer Zunahme der Komplexität erhöhen sich häufig auch die *Handlungsmöglichkeiten* der Spieler (größere Entscheidungsvielfalt, verschiedene Handlungstypen).

Damit das Spiel spannend ist, müssen die Machtpotentiale ausbalanciert sein: Jede Partei im Spiel muß die gleichen Chancen zu einem Sieg haben, so daß das Spiel in der Schwebe, sein Ausgang also ungewiß bleibt. Viele Regeländerungen werden unternommen, um diese Balance zu erreichen. Dies gilt insbesondere dann, wenn sich die Spieler in ihrer Spielstärke deutlich unterscheiden.

Regeländerungen können auch darauf abzielen, die Spielforderungen zu verändern, z.B. gehen anstatt laufen bei körperlich etwas beeinträchtigten Spielern. Möglicherweise sind bestimmte Spielforderungen der Gruppe nicht angenehm. Warum sollte man sie nicht durch andere ersetzen?

Manchmal kann es günstig sein, die inhaltliche Einkleidung eines Spiels (also die Spielgeschichte) zu verändern und besser auf die Gruppe abzustimmen. Das kann die Motivationskraft des Spiels deutlich verbessern.

c3) Zeitlich sehr aufwendig kann die *Materialvorbereitung* einer Spielaktivität ausfallen. In der Regel sollten vorher Überlegungen angestellt werden, welche Materialien in welcher Menge notwendig sind. Möglicherweise müssen bestimmte Materialien vorher angefertigt werden. Bei anderen könnte man dies den Spielern überlassen. Spielleiter, die häufig mit Spielgruppen zu tun haben, werden sich Materialkisten zulegen, in denen die wichtigsten Gegenstände aufbewahrt und mitgeführt werden können: Schreibpapier, Pappen, Karteikarten, Filzstifte, Kugelschreiber, Bleistifte, Tücher, Seile, Illustrierte, Klebe, Scheren, Bälle unterschiedlicher Art und Größe, Kartenspiele, Würfel, Streichhölzer, Hüte, Schminke.

Für bestimmte Spiele ist Musik sehr empfehlenswert. Spiele gewinnen an Atmosphäre, wenn sie musikalisch „untermalt“ werden. Es kann daher sehr nützlich sein, wenn der Spielleiter entsprechende Musikcassetten für bestimmte Spiele vorbereitet.

Wird in festen Räumen gespielt, sollte der Spielleiter Wert darauf legen, durch entsprechende Gestaltung eine anheimelnde, dem Spiel förderliche Atmosphäre zu schaffen: bequeme Stühle und Sitzkissen, weicher Teppichboden, Pflanzen und Blumen, Bilder, Fotos, indirekte Beleuchtung, vielleicht auch Arrangements von Muscheln und Steinen, einige Plastiken, Bücher, Spiele, Porzellan, Mobiles, . . . kurz: das Bemühen sollte dahin gehen, den Spielern eine behagliche, räumliche Situation zu schaffen, in der sie sich spontan wohlfühlen können.

Diese materialbezogenen Überlegungen beziehen sich auf kleinere Spielaktivitäten mit überschaubaren Gruppengrößen. Wesentlich aufwendiger geraten die Materialvorbereitungen bei größeren Außenaktivitäten: Abenteuerspiele im Freien, Nachtspiele, Rallyes. Hinzu kommt, daß Material nur in begrenzter Höhe zur Verfügung steht. In solchen Fällen können die methodischen Vorbereitungen zu intensiv durchdachten Planungen führen, bei denen planungsökonomische Überlegungen besondere Bedeutung erlangen.

c4) Eine der wichtigsten methodischen Überlegungen bezieht sich auf die Frage, wie sich die einzelnen spielerischen Aktivitäten zu einem Gesamtrahmen zusammenfügen lassen: zu *Spieleinheiten und Spielketten*. Eine beliebige Aneinanderreihung verschiedener Spiele macht noch keine gelungene Spieleinheit aus – und seien die einzelnen Spiele noch so gut ausgewählt. Der Spielleiter sollte vielmehr die Abfolge der Spiele gründlich durchdenken, Ruhepausen, Steigerungen und Höhepunkte vorsehen. Folgende Erfahrungen können ihm dabei eine Hilfe sein:

Zu Beginn sind einfache Spiele zu empfehlen, bei denen die Spieler sich auflockern und entspannen und die alle gleichzeitig spielen können – ohne daß die Aufmerksamkeit einem oder einer Teilgruppe zufällt. Ungünstig insbesondere für den Beginn sind Spiele mit deutlichem Wettkampfcharakter, mit Leistungsbewertungen oder gar Ausscheidungsspiele. Bei offenen Spielaktionen oder wenn die Spieler erst nach und nach eintreffen, kann man mit Paarspielen beginnen und sich so langsam aneinander gewöhnen. Dieser Beginn bietet auch die Möglichkeit, erst zuzuschauen und sich langsam in das Spielen einzubeziehen. Man kann auch Sicherheit dadurch gewinnen, daß man mit einem vertrauten Partner beginnt.

Nach und nach sollte der Spielleiter den Grad der sozialen Verflechtung erhöhen, also von Spielen mit 2 oder 4 Spielern langsam auf Kleingruppenspiele übergehen. Gegen Ende sollten dann Spiele folgen, die das Gemeinsame im Spiel betonen, in denen alle zur selben Zeit mit gleichen Aktivitäten befaßt sind.

Im Spielablauf sollten die Spielforderungen wechseln. Also nicht nur Spiele eines Typs vorsehen, sondern auch andere. Neben Bewegungsspielen beispielsweise auch solche, die die Konzentrationsfähigkeit, die Kreativität, die Gedächtnisleistung oder das Wahrnehmungsvermögen fordern. Die Spieler mit ihren unterschiedlichen Fähigkeiten, Vorlieben und Interessen können sich dann im Spielangebot besser wiederfinden. Besonders wichtig ist der Wechsel zwischen ruhigen und bewegungsreichen Spielen. Spiele, die in größerem Maße Denkleistung, Wahrnehmungsfähigkeit und Konzentration fordern, sollten sich mit solchen abwechseln, die körperliches Ausagieren, Kreativität in der Bewegung und soziale Kontakte stimulieren.

Ein inhaltlicher Rahmen, der die unterschiedlichen Spiele zusammenfügt, kann viel zur Spielatmosphäre beitragen. Beispiele eines solchen Rahmens sind: „Besuch auf einem fremden Planeten", „Auf dem Grunde des Meeres", „Am Hofe des Sonnenkönigs". Wir werden nachfolgend ausführlicher die Möglichkeiten erörtern, wie eine bestimmte inhaltliche Vorgabe die Qualität einer Spielaktivität entscheidend beeinflussen kann.

Verwandlung im Spiel

a) Mögliche Wirklichkeiten

Das Spiel ist ein Bereich, der sich von der „ernsthaften", festgelegten und festlegenden Wirklichkeit und ihrem hohen Verbindlichkeitscharakter abhebt. Im Spiel geht es „leichter" und „flüchtiger" zu – und weniger folgenreich. Im Spiel kann man sich in etwas verwandeln, was man sonst nicht zeigen darf oder sich nicht zu zeigen traut. Die „unbeleuchteten", unbekannten, wenig gekonnten Möglichkeiten seines eigenen Verhaltens kann man entfalten und eben daraus Spaß am Spiel haben. So gesehen ist Spiel eine „Probebühne fürs Leben", der unscharfe Rand unserer Realität. Der Mensch, sofern er sich auf das Spiel einläßt, befindet sich in einem Zwischenbereich, in dem seine innere Welt – seine Impulse, Bedürfnisse, Wünsche und Gefühle – und die Eindrücke der äußere Welt sich miteinander verbinden, neue Formen bilden und den Verwandlungsprozeß des

Spiele = "Probebühne fürs Leben"

Menschen stimulieren. Die Lebendigkeit des Menschen hängt von diesen Verwandlungsprozessen ab. Erstarrung und Vergreisung – der Preis des „Erwachsenseins“ in unserer Gesellschaft – sind Folgen einer Realitätsorientierung, die den Möglichkeiten von Verwandlung keinen Raum gibt. Die Botschaft des Spiels widerspricht dem entschieden: Es gibt Möglichkeiten des Andersseins, die Festlegungen, die wir „Realität“ nennen, sind vom Menschen gemacht und daher von Menschen änderbar; jeder kann auch ein anderer sein; jede Wirklichkeit ist nur eine unter vielen anderen möglichen. *Die Wirklichkeit des Spiels sind die Möglichkeiten der Wirklichkeit.* Dies zu erkennen, spielerisch zu leben und Befriedigung daraus zu erlangen, liegt im Interesse jedes Menschen.

Welche neue Möglichkeiten man im Spiel wählt, hängt von den Wünschen und Bedürfnissen des Spielers ab. An ihm liegt es, welche Situationen er aufsuchen, welche Rolle er spielen will. Das Spiel bietet die Möglichkeit, einmal ein anderer zu werden und sich in dieser neuen Rolle zu erfahren. Von daher sind alle Formen der Verwandlung reizvoll – und das gilt nicht nur für Kinder.

Bei Symbolspielen und Darstellungsspielen aller Art gelingt dieser Verwandlungsprozeß wie von selbst. In dem man im Spiel einen Gegenstand in einen anderen verwandelt (ein Stück Holz wird zu einem Haus) oder einfach eine Rolle übernimmt, ist man sofort im Spiel. Der Inhalt des Spiels, die Darstellungsabsicht sind der unmittelbar zündende Stimulus für den Spielprozeß. Was bei Symbolspielen und Darstellungsspielen relativ unproblematisch möglich ist, gestaltet sich bei Regelspielen schwieriger. Ein Inhaltsbezug ist auf den ersten Blick nicht erkennbar, der Verwandlungsprozeß erfolgt nur durch eine Rahmungshandlung („Wir spielen jetzt Verstecken!“), die den Spielern signalisiert, daß sie ab jetzt die Realitätsebene ihres Alltagshandelns verlassen haben und sich anders als sonst verhalten können. Bei Regelspielen haben wir es mit einer kondensierten und mineralisierten Inhaltlichkeit zu tun, die sich –wie wir im Kapitel 1 gezeigt haben – über die spieldynamische Gestalt vermittelt, über Bewegungsgestalten, die den unterschiedlichen Lebenssituationen als dynamisches Muster eingewoben sind: Verfolgen, Fliehen, Kämpfen, Ordnen, Bereichern, Ausdehnen, Prüfung und Bewährung. Sie tauchen in den Regelspielen als die durch Spielregeln vermittelten Handlungsmuster wieder auf. Indem ich an einem Regelspiel teilnehme, habe ich es also nicht mit einer konkreten Inhaltlichkeit zu tun, sondern mit regelhaft aufeinander bezogenen Handlungsmustern und Handlungsanweisungen, die sich in dieser dynamischen Konstellation in unterschiedlichen Lebensbereichen wiederfinden lassen.

Der Vorteil von Regelspielen, für inhaltlich unterschiedliche Lebenssituationen zu „passen“, gerät dann zum Nachteil, wenn ein Spiel nach dem anderen angeboten wird, ohne daß den Spielern hinreichende Möglichkeiten für Verwandlungen angeboten werden. Die handlungsorientierte

Spielpädagogik sieht sich dadurch vor der Notwendigkeit, einzelne Regelspiele oder eine Abfolge davon inhaltlich so „aufzubereiten", daß die für Spieler faszinierenden Verwandlungsprozesse stattfinden können.

b) Thematische Spielketten

Eine wichtige methodische Möglichkeit besteht darin, Spiele und Spielelemente durch eine Rahmenhandlung zu einem abgerundeten Ganzen zu verknüpfen. Diese *thematischen Spielketten* werden methodisch meist so angelegt, daß eine Abfolge verschiedener Spiele durch eine spannende Geschichte begleitet wird, in der die einzelnen Spiele eine bestimmte *thematische* Bedeutung haben. „Somit spielen Kinder nicht nur eine mehr oder weniger zufällige Auswahl an Spielen, sondern die Akteure erleben gleichzeitig ein spannendes Abenteuer. Die Spielwelt wird für eine Zeitlang zur phantastischen Realität."[7] Hierzu ein Beispiel, das eine Studentinnengruppe im Rahmen eines Hochschulseminars entwickelt hat:[8]

> Eine Maus mit Namen „Philadelphia" wettet mit ihren Mäusefreunden darum, den besten Käse der Welt zu beschaffen. Die Freunde sind jedoch sehr skeptisch, denn das Schwierige daran ist, daß dieser in „Cat-Town" liegt und dort von großen, furchteinflößenden Katzen bewacht wird. Die „Cat-Town"-Bewohner machen sich einen Spaß daraus, neugierige, käsesüchtige Mäuse auf diese Weise in ihre Fänge zu locken. Nie ist eine solche Maus zurückgekehrt. „Philadelphia" und ihre Freunde gehen trotzdem gemeinsam bis zur Katzenstadt, aber nur „Philadelphia" schleicht sich hinein. Die anderen Mäuse warten ängstlich besorgt am Stadttor auf ihre Rückkehr.
>
> „Philadelphia", nun schon in der Stadt, bemerkt nicht, daß sie von der bösen Katze „Blinzelauge" verfolgt wird. Plötzlich steht diese so furchterregende Katze vor ihr und blinzelt sie mordlustig an. Mit einem Satz kann sich „Philadelphia" gerade eben noch in eines der Häuser flüchten.
>
> *Erstes Spiel: „Katz-und-Maus": Die Mitspieler stellen zu zweit Häuser dar; die Maus „erholt" sich, wenn sie in eines der Häuser läuft. Dabei faßt sie einen der Mitspieler an die Hand. Der andere Mitspieler wird zur Maus und versucht, den Fängen der Katze zu entkommen. Die Maus kann immer wieder in einem der Häuser Unterschlupf finden.*

---

7 BREUCKER-RUBIN, ANNETTE: Da ist der Bär los ... Mit-SPIEL-Aktionen für kleine und große Leute, Ökotopia Verlag, Münster 1990. Das Buch enthält insgesamt 11 dieser thematischen Spielketten (dort als „SPIEL-Aktion" bezeichnet), die durch Einfallsreichtum und deutlichen Bezug auf die Erlebniswelt von Kindern gekennzeichnet sind. Zu jeder Spielkette gibt es ein passendes Lied, das in die Geschichte integriert ist.

8 SCHULTHEIS, ANGELIQUE, STOLZE, ALEXANDRA u.a.: Ein Mäuseabenteuer, Köln 1990, Arbeitsmaterialien der Fachhochschule Köln, Fachbereich Sozialpädagogik (überarbeitete und leicht gekürzte Fassung).

Eine wilde Jagd beginnt. Bei dieser wilden Hatz stürzt die arme „Philadelphia“ in eine Grube. Oh, Schreck! Es ist der Burggraben vor dem Käseschatz.

(Mitspieler kommen näher und bilden einen Kreis)

In diesem finsteren Graben haust die uralte erblindete Schlange „Klapperus Simplicissimus“, die einen Mordshunger hat, weil sie schon seit langer Zeit nichts mehr gefressen hat. „Philadelphia“ schlurft nun langsam im Dunkeln über den sandigen Boden, die Schlange klappert hinter ihr her und versucht, sie zu greifen.

Zweites Spiel: „Schlange im Burggraben“: Ein Spieler ist Schlange, ein anderer Maus; beiden werden die Augen verbunden; die Maus erhält eine Rassel, die Schlange Kastagnetten o.ä. Beide Spieler orientieren sich an den Geräuschen, die sie von sich geben. Die Schlange versucht die Maus zu fangen.

„Philadelphia“ schafft es gerade noch, der Schlange zu entwischen, klettert den Graben an einer unebenen Stelle hoch und schlüpft durch ein Loch in der Wand in die Schatzkammer. Doch o Graus! Der Käse wird von einer riesigen Kämpfer-Katze bewacht. Allerdings besteht der Raum aus lauter Spiegeln, was sich als Vorteil für „Philadelphia“ herausstellt, denn die Katze sieht nun unzählige Mäuse, die den Käse erhaschen wollen.

Drittes Spiel: „Schatz stehlen“: Alle Spieler bilden einen Kreis. In der Mitte steht die Katze. Auf dem Boden vor ihr liegt ein großes Stück Käse. Alle versuchen, an den Käse zu kommen. Alle Mäuse, die von der Katze berührt werden, erstarren und können sich nicht mehr bewegen.

„Philadelphia“ ist sehr gewitzt und kann sich den Käse schnappen. Als sie ihn hat, verläßt sie „Cat-Town“. Sie rennt der Stadtgrenze entgegen, als sie bemerkt, daß abermals „Blinzelauge“ ihr auf den Fersen ist. „Philadelphia“ glaubt sich schon verloren, doch da kommen ihr die Mäusefreunde zu Hilfe. Zusammen versuchen sie, die Katze zu verjagen, indem sie ihr den Schwanz abtreten. Es ist jedoch gefährlich, sich „Blinzelauge“ zu nähern. Sie hat die Fähigkeit, mit ihren Fängen jede Maus zu einer Salzsäule erstarren zu lassen. Die Mäuse können diese Armen nur aus der mißlichen Lage befreien, indem sie ihnen durch die Beine kriechen.

Viertes Spiel: „Jagd auf den Katzenschwanz“: Die Katze befestigt sich locker ein mittellanges Seil an dem Hosenbund. Sie versucht, soviele „Mäuse“ wie möglich abzuschlagen, insbesondere jedoch die Maus, die das Käsestück gerade transportiert. Alle Mäuse bemühen sich, den Schwanz der Katze abzutreten.

Doch die Mäuse schaffen es; sie besiegen die Katze. Und die Maus „Philadelphia“, die so heldenhaft Mut bewiesen hat, teilt die Beute aus der Schatzkammer mit ihren Mäusefreunden.

(Dose mit Leckereien und Schachteln mit Keksen werden an die Spieler verteilt).

Viele Ideen zu thematischen Spielketten stammen von Ulli Baer, der seit mehr als zehn Jahren in der Akademie Remscheid Spielleiter ausbildet. In der von ihm herausgegebenen Zeitschrift „Gruppe & Spiel. Zeitschrift für Gruppenpädagogik und Soziales Lernen“ finden sich seit Erscheinen methodische Anregungen zu thematischen Spielketten (die sich auch auf spezielle Adressatengruppen, so z.B. Behinderte abstimmen lassen).

Welche Vorzüge haben thematische Spielketten gegenüber einer lockeren Abfolge von Regelspielen? Durch die Verknüpfungselemente entsteht ein Bezug der Spiele untereinander. Das einzelne spielerische Handeln wird in einen größeren Handlungsrahmen einbezogen und ermöglicht es den Spielern, sich stärker mit der Gesamtgeschichte zu identifizieren. Motivationsquelle ist jetzt nicht nur mehr das einzelne Spiel, sondern der gesamte thematische Zusammenhang. Die Spannung erwächst sowohl aus der Spieldynamik der einzelen Spiele als auch durch die Faszination gegenüber der Spielgeschichte, die man durch einzelne Spiele szenisch realisieren kann. Die Spielgeschichte liefert einen Erklärungsrahmen für jedes einzelne Spiel und fördert damit die Bereitschaft, sich auch thematisch auf das Spiel einzulassen. Die Verschränkung von Spieldynamik und Spielthematik bewirkt, daß die Spieler sich schneller und intensiver im Spiel „verwandeln" können. Sie werden nicht nur zu „Verfolger" und „Verfolgte", sondern sie schlüpfen, weil diese „dynamische Handlungselemente" thematisch so „gerahmt" werden, in die Rollen von Katzen und Mäuse, die ihrerseits wieder einen bestimmten Stellenwert in der Spielgeschichte haben. Mit anderen Worten: Durch thematische Spielketten werden Spieler umfassender in das Spiel eingebunden; die entfaltete Spielwelt wirkt geschlossener und in sich stimmig und wird in größerem Maße als „sinnvoll„ erlebt, als eine Abfolge einzelner unverbundener Spiele. In thematischen Spielketten verschränken sich Regelcharakter und Symbolcharakter von Spielen zu einer stimmigen Spielgestalt, die gehaltvoller sein kann als einzelne, thematisch nicht festgelegte Regelspiele.

Bei *komplexeren Geländespielen* (Rallyes, Nachtspiele, Abenteuerspiele) empfiehlt es sich, die dynamischen, regelorientierten Bestandteile in einen in sich stimmigen thematischen Zusammenhang einzubeziehen. Regeln und Thematik müßten wechselseitig aufeinander bezogen sein. Mit anderen Worten: Regeln und Thematik sollten so zueinander passen, daß eine in sich stimmige Spielwelt entsteht, mit der sich die Teilnehmer identifizieren können.[9]

d) Verwandlungen über längere Zeiträume

Verwandlungen durch thematische Vorgaben sind auf einzelne Spiele, Spielketten und komplexe Spielaktionen nicht begrenzt. Es ist möglich und kann sinnvoll sein, über einen *längeren Zeitraum* (d.h. bis zu mehreren Wochen) zum einem übergreifenden Thema verschiedene spielerische Aktivitäten zu planen und durchzuführen. Dies läßt sich am besten im Rahmen mehrwöchiger Freizeiten realisieren, den *Abenteuer- und Projektfreizeiten*. Das besondere dieser Freizeiten besteht darin, daß die unterschiedlichen Aktivitäten zueinander in Beziehung gesetzt und unter einem Thema zusammengefaßt werden. Die bei einer Ferienfreizeit übli-

9 Vgl. Dazu FRITZ, Jürgen: Verwandlungen im Spiel: in: „Schwalbacher Blätter", Heft 4/1987, S. 166 ff.

chen Aktivitäten wie Schwimmen gehen, basteln, Wanderungen machen, Lagerfeuer, Spielaktionen, . . . stehen nun nicht isoliert nebeneinander, sondern haben einen für die Beteiligten einsehbaren sinnvollen Bezug zueinander und zur thematischen Einbindung der gesamten Freizeit.

Als übergreifendes Thema für eine die gesamte Freizeit umspannende Spielidee bieten sich Aspekte aus der Umwelt ebenso an, wie Stoffe aus der Märchenwelt, der Geschichte, der Lebenswirklichkeit anderer Menschen. Mit Erfolg durchgeführte Abenteuerfreizeiten bezogen sich auf Themen wie „Bauernkrieg“, „Handwerker im Mittelalter“, „Indianer“, „Ritter“. Ein solches Thema wird zum Rahmen für das Verständnis aller Spielaktionen und vieler Aktivitäten. Die Teilnehmer an der Ferienfreizeit „verwandeln“ sich unter Maßgabe dieses Spielthemas. Die Objekte der Außenwelt werden so gesehen, daß sie zum vorgegebenen Thema passen: und auch die Sprachverwendung orientiert sich häufig am inhaltlichen Rahmen. Schauen wir uns dies einmal anhand eines Beispiels genauer an:

Im Sommer 1988 haben 6 Ferienbetreuerinnen mit 36 Kinder im Alter von 9 bis 11 Jahren eine 3wöchige Indianer-Abenteuer-Freizeit durchgeführt. Das Thema „Leben wie die Indianer“ bot sich an, weil die Ferienanlage aus zeltähnlichen Holzhäusern besteht. Die nachfolgend beispielhaft beschriebenen Einzelaktivitäten wurden in das Rahmenthema einbezogen:

1) Expeditionen durch den Naturpark Eifel, um die dort vorkommenden Kleinlebewesen aus dem naheliegenden Fluß zu untersuchen;

2) naturkundliche Untersuchungen von Wildkräutern in der unmittelbaren Umgebung des Lagers. Zusätzlich gesammelte Naturprodukte (alte Baumrinden, Blütenblätter, Farn, Moos) wurden bei den Bastelaktionen zum Färben verwendet;

3) Abenteuerwanderungen zum nahegelegenen Eifel-Zoo; mit den im Tierpark gesammelten Federn wurde später farbenprächtiger Kopfschmuck gebastelt;

4) Stadterkundungsspiele in der nahen Siedlung der Weißen, große Schatzsuche und Bau eines Staudammes;

5) große Lagerfeuerstelle, um das Indianerleben auch bei den Unterkünften anregend zu gestalten. Auf Initiative der Bastelgruppe wurde ein Dreibaum gebaut, mit dessen Hilfe über dem offenen Feuer für alle gekocht wird (z.B. Stockbrot und Feuerkartoffeln);

6) Basteln von farbenprächtigen Schmuckstücken und Stirnbändern, die bei großen Ereignissen (Stammensfest und Planwagenfahrt mit anschließendem Grillfest) angelegt wurden. Für die Dekoration des Gemeinschaftsraumes wurden indianische Schriftzeichen und Symbole verwendet.

7) „HOUGH“, die kleinste Lagerzeitung der Welt, für deren regelmäßiges Erscheinen eine ganze Redaktion verantwortlich ist. In ihr wurden Indianergeschichten und Rätsel veröffentlicht.

8) Das Abschlußfest der Indianer-Abenteuer-Freizeit führte alle Aktivitäten und Aktionen zu einem großen „Indianer Pau-Wau" zusammen. Die Theatergruppe führte das lange geprobte Stück „Der Indianer Junge Feder" in selbstgeschneiderten Kostümen und mit bunter Bemalung vor. Indianertänze und -spiele schlossen sich an.[10]

Die Identifikation mit der Spielgeschichte wurde im alltäglichen Verhalten der Kinder deutlich: „Sehr schnell machte sich das Thema in unserer Sprache bemerkbar, Begriffe wie Wigwam, Sippenpalaver oder Stammesgesetz wurden alltäglich. Ebenso gehörte die Bemalung im Gesicht, das Stirnband aus Leder und die Tonperlenkette (beides im Camp gebastelt) zur äußeren Erscheinung. Selbst zum Einkaufen machten wir uns nicht die Mühe, die äußeren Merkmale des indianischen Stammes abzulegen. (...) In Programmpunkten, die nicht unbedingt erkennbar mit dem Indianerleben zu tun hatten, fanden die Kinder und wir immer wieder einen Anknüpfungspunkt zum Thema: Beim Schwimmen z.B. erkundeten wir die große Pfütze oder den See des blauen Wassers der Weißen, dessen Ufer so gerade wie ein Pfeil ist ..."[11]

Die Identifikation mit dem Rahmenthema wurde auch dadurch begünstigt, daß das Kochen und Essen auf das Thema „Indianer" bezogen wurde. „Das erste große Abenteuer der Indianer war das Frühstück. Stockbrot mit Butter und Honig war eigentlich eine ganz schöne Matscherei, aber es schmeckte toll. Das Feuer erzeugte bei den Kindern eine große Faszination. Sie bruzelten mit Begeisterung sogar Äpfel und Pfirsiche auf Stöcken über den Flammen. (...) Das für die Kinder unbekannte Essen, welches sie unter normalen Umständen abgelehnt hätten, wurde mit Begeisterung angenommen. Unter dem Aspekt ‚Indianer aßen so etwas immer ...' waren sie bereit, sich darauf einzulassen."[12]

Essen und Kochen mit dem Rahmenthema zu verbinden, dürfte generell eine gute Möglichkeit sein, den Verwandlungsprozeß im Spiel zu unterstützen. Unter dem Begriff „Thematisches Kochen" hat die Projektgruppe KRAN („Kinderreisen anders") methodische Ideen entwickelt, wie sich über die Essenzubereitung und das Einnehmen der Mahlzeiten das Rahmenthema atmosphärisch unterstützen und inhaltlich vertiefen läßt. Thematisches Kochen ist zum einen das Herstellen einer Mahlzeit, die in ihrer

---

10 Vgl. HIRSCHFELD, ANDREA: Spiel und Animation in Ferienfreizeiten und Bildungsveranstaltungen mit Kindern und Jugendlichen, Köln 1990, unveröfentlichte Diplomarbeit an der Fachhochschule Köln, Fachbereich Sozialpädagogik, S. 74 ff.

11 STEINBACH, MARGIT: Projektfreizeit mit Kindern, Köln 1990, unveröffentlichte Diplomarbeit an der Fachhochschule Köln, Fachbereich Sozialpädagogik, S. 80.

12 STEINBACH, MARGIT: Projektfreizeit mit Kindern, Köln 1990, unveröffentlichte Diplomarbeit an der Fachhochschule Köln, Fachbereich Sozialpädagogik, S. 83 f.

Art auf das Rahmenthema abgestimmt ist (z.B. „Indianergerichte"). Zum anderen gehört auch die bewußte Gestaltung des Ambientes dazu, z.B. Dekoration, Präsentation, Kostümierung, Theatereinlagen. Zubereitung der Mahlzeit, Ambiente und Einnehmen der Mahlzeit sollen eine thematisch abgerundete Ganzheit ergeben, die das Rahmenthema der Freizeit wirkungsvoll ergänzt und zugleich einen speziellen Bildungswert hat.

Werfen wir abschließend noch einmal einen Blick auf das Spielen in Gruppen. Aus der Notwendigkeit, Ersatz zu schaffen für naturwüchsiges Spielen, hat sich eine Spielpädagogik etabliert, die, ausgehend vom Angebot einfacher Regelspiele (aus der Spieltradition der Kinder), nunmehr in der Lage ist, die Ganzheit komplexer, zeitlich auf Wochen ausgedehnter Spielumgebungen anzubieten. In ihnen wird versucht, eine in sich geschlossene, umfassende und stimmige Ganzheit von Spielwelt zu schaffen:

> „Die Freizeiten sollen eine Erlebnis- und Abenteuerlücke ausfüllen, die der Alltag längst für Kinder und Jugendliche nicht mehr bereithält. Diejenigen, die Freizeiten planen und durchführen, müssen deshalb umlernen und diese neuen Anforderungen und Erwartungen in ihre Überlegungen einbeziehen, d.h. aber auch, daß der Urlaubs- bzw. Ferienort nicht allein schon der Inhalt sein kann. (. . .) In diesem Sinne ist der Weg, auf dem man sich bei der Planung für eine Abenteuer- und Projektfreizeit begibt, schon ein gutes Stück des Ziels, welches es anzustreben gilt. Nämlich der einengenden und ständig begrenzenden Lebenswirklichkeit des Alltags eine neue Dimension von Erfahrung entgegenzusetzen, bei der die Phantasie, Kreativität und Lebenslust eine neue Mischung von Abenteuer und Spannung schafft – die dem Abenteuer in der Glotze eines voraus hat, daß man es *selber erlebt und erfahren hat.*"[13]

Die Entwicklung der handlungsorientierten Spielpädagogik zu einem umfassenden Freizeit- und Animationskonzept mag eine angemessene „Antwort" auf die gesellschaftlichen Bedingungen sein, die Kindern das eigenständige und selbstbestimmte Auseinandersetzen mit ihrer außermedialen Wirklichkeit verwehrt. So positiv die Ansätze in ihrem methodischen Konzept einzuschätzen sind, als so problematisch müssen die Bedingungen beurteilt werden, die eine solche umfassende und intensive „Antwort" notwendig machen. Ein weiterer Problempunkt dieser Entwicklung ist, daß es die Pädagogen sind, die diesen Mangel an lebensfördernder Umwelt ausgleichen müssen. Ihr Engagement und ihre Kompetenzen (die zunehmend größer werden müssen) entscheiden, ob Kinder zumindest für drei Wochen im Jahr eine anregende Spielumwelt vorfinden, die ihre positiven Entwicklungen begünstigen können. Schauen wir uns dazu die Rolle des Spielleiters etwas genauer an.

---

13 SCHRIEVER, ERICH: Abenteuer- und Projektfreizeiten. Amt für Jugendarbeit in der Ev. Kirche von Westfalen, 1986, S. 1.

Leitung von Spielgruppen

a) Möglichkeiten und Grenzen

Die pädagogisch orientiere Spielpraxis, selbst wenn sie sich nicht im mindesten pädagogisch zu geben scheint, kommt ohne einen Spielleiter (Spielpädagogen, Animateur) nicht aus. Am Anfang allen Nachdenkens über die Frage, wie Spielgruppen zu leiten sind, müßten daher Überlegungen stehen, welche *Möglichkeiten und Grenzen* sich mit dieser Rolle verbinden und in welche *Widersprüchlichkeiten* man sich einläßt, wenn man die Rolle des Spielleiters ausübt.

Die Rolle eines pädagogisch orientierten Spielleiters ist notwendige Folge veränderter Lebens- und Umweltbedingungen. Die „Biotope", in denen naturwüchsiges Spiel wachsen könnte, vermindern sich drastisch. An deren Stelle tritt als „pädagogische Zuchtpflanze" das angeleitete Spiel in Gruppen – nicht weil diese „Pflanzen" den naturwüchsigen überlegen sind, sondern weil die „Ernährungsbasis" sonst entschieden zu schmal wäre. Damit tut sich eine der wesentlichen Widersprüchlichkeiten der handlungsbezogenen Spielpädagogik auf: Mit Hilfe der Person des Spielleiters „fördert" und „nährt" das Spiel die Spieler in der Gruppe, zugleich aber vergrößert sich die Gefahr, daß die Spieler *von sich aus* und *selbstbestimmt* kaum mehr ein für sie befriedigendes Spiel zuwege bringen.

Spielpädagogik rechnet mit „behinderten" Kindern und stellt sich didaktisch und methodisch auf sie ein. Indem der Spielleiter die „behinderten" Kinder „nährt", schreibt er ihre „Behinderung" fort. Die Existenz des Spielleiters ist untrennbar mit den Formen der „Behinderung" verbunden: Spielunlust, eingeschränkte Verhaltensmöglichkeiten, Mangel an Ideen, Spielmöglichkeiten und Spielpartnern. Eine bis ins letzte perfekte methodische Planung kann vieles ermöglichen und zahlreichen Zielen dienen – aber möglicherweise gerade diese „Behinderung" nicht angehen. Das „gelungene" Animationsprogramm bestärkt den Spielleiter in seiner Berufsrolle, führt die Notwendigkeit seines Tuns allen vor Augen – und schreibt zugleich die „Unfähigkeit" der Spieler fest, so etwas aus eigenem Vermögen zustande zu bringen.

Ziel der handlungsorientierten Spielpädagogik müßte es sein, diese „Behinderung" partiell zu beheben und Spielpädagogen „überflüssig" zu machen. Wie läßt sich das bei der Leitung von Spielgruppen zuwege bringen? Paradoxerweise gelingt dies nur durch „aktive Selbstbegrenzung": Mut zum Mangel und zu Fehlern, Improvisation und eigene Spielfreude anstelle detaillierter lernzielorientierter Planung. Diese „Schwächen" des Spielpädagogen können möglicherweise zur „heimlichen" Stärke werden: geschehen lassen zu können, der Stärke der Gruppe Vertrauen entgegenbringen, Entwicklungen in der Gruppe sich entfalten lassen, einfach „da" zu sein. Ruhige Stärke im Hintergrund hilft einer Gruppe, zur eigenen Stärke zu gelangen.

„Einmal hatte ich gefragt, ob ich von der Probe nicht weggehen sollte, da ich doch heute nichts sagen dürfte und deshalb auch vielleicht nicht so gebraucht würde. Da erklärte ein Mädchen mir: ‚Nein, so ist das nicht. Du sollst zusehen und dabeisein, nicht weil wir dann besser weitermachen und uns auch weniger streiten, sondern weil du dann gefragt werden kannst, wenn wir gar nicht mehr weiter wissen. Wenn man sich dadurch so sicher fühlt, kann man ausprobieren, was man sich sonst nicht getraut (. . .)“[14]

Die Leitung von Spielgruppen ist ein Balanceakt. Man darf als Spielleiter nur soviel geben, daß die Gruppe aus eigener Kraft weiterkommt. Die Fähigkeit des Spielleiters besteht darin, die Selbststärkungstendenzen der einzelnen Spieler zu unterstützen und sich darüber hinaus in seinen Einwirkungen verantwortungsvoll zu begrenzen. Nur dies ist auf Dauer für den Spielpädagogen eine angemessene Perspektive: „Am befriedigendsten war es natürlich, wenn es den Kindern selbst gelang, ihre Probleme zu regeln. Am Anfang kam das nie vor, erst nach zwei drei Jahren gemeinsamen Spiels gelang es ihnen bisweilen, Schwierigkeiten in der Gruppe selbst aufzulösen.“[15]

Welche Art von Einwirkung notwendig, welches Ausmaß an Selbstbegrenzung erforderlich ist, hängt von der Art der Gruppe ab. Es ist ein Unterschied, ob es eine Kindergruppe aus einem „sozialen Brennpunkt“ ist oder eine Erwachsenengruppe auf einem Spielfest. Es ist nicht ohne Auswirkung auf die Einwirkungsmöglichkeiten des Spielleiters, ob bewegungsreiche „New Games“ angeboten werden oder Selbsterfahrungspiele. Je nach Art der Gruppe sind unterschiedliche Fähigkeiten des Spielleiters erforderlich und kommt es zu jeweils anderen Rollenanforderungen und Verhaltenserwartungen.

b) Anforderungen

Was sind nun *Fähigkeiten*, die ein Spielleiter haben sollte? Mit welchen *Rollenanforderungen* muß er sich konfrontieren? Welche *generellen Verhaltensorientierungen* können hilfreich sein? Exakte Festschreibungen sind hier sicherlich nicht sinnvoll. Der Spielleiter kann vom Typ her etwas von einem einfühlsamen und geduldigen Pädagogen haben, er kann eine begeisterungsfähige theaterbegabte Künstlernatur sein oder auch ein spielfreudiger Spaßmacher, der auf eine Gruppe ansteckend wirkt. Wie

---

14 DAUBLEBSKY, BENITA: Spielen in der Schule, Klett Verlag, Stuttgart 1973, S. 173 f.

15 DAUBLEBSKY, BENITA: Spielen in der Schule, Klett Verlag, Stuttgart 1973, S. 176.

wirksam ein solcher Spielleiter ist, hängt sehr von der Gruppe ab und von dem gemeinsamen Lern- und Angleichungsprozeß, der mit jeder spielerischen Aktivität verbunden ist. Untersucht man die vielfältigen Anforderungen an einen Spielleiter, lassen sich 4 Fähigkeitsbereiche des Spielleiters unterscheiden.

Animative Kraft und Spielfreude

Der Spielleiter ist Modell bei der Einschätzung der Spielaktivität durch die Mitspieler. Um die Spieler für ein Spiel zu begeistern, muß der Leiter selbst Spaß haben oder sich vom Spaß der anderen rasch mitreißen lassen.

> „Das wichtigste ist, daß du dich in deine Mitspieler einfühlst und selber Spaß am Spielen hast. Deine eigene Begeisterung wirkt ansteckend, suche also solche Spiele aus, die du selber gerne spielst. Einfühlungsvermögen und Begeisterung genügen, um eine Spielveranstaltung erfolgreich zu machen, sofern die Gruppe irgendeinen Sinn fürs Spielen hat.“[16]

Der Spielleiter sollte daher nicht allzu sehr befangen sein, selbst mitzumachen. Will er stets aus dem „Abseits“ für Spiele animieren, dürfte er kaum ein angemessenes Modell für Freude am Spielen sein. Animieren, also zum Spielen einladen, kann ein Spielleiter im Grunde dann, wenn er als Person mit „ins Spiel“ kommt. Das bedeutet nicht, daß er nicht auch Schwächen, Ängste, Wut und Spielhemmungen haben darf. Ganz im Gegenteil: Wenn die Spieler durch die Person des Spielleiters erfahren, daß es etwas ganz Normales ist, wenn man z.B. vor einer bestimmten Situation Angst hat, sich bestimmte Dinge nicht zutraut, das Befürchten hat, sich zu blamieren oder einfach im Moment keine Lust hat, dann erlauben sie sich eher den Zugang zu sich und können sich dann auch im Spiel wiederfinden.

Nun bedeuten animative Kraft und Spielfreude nicht, daß der Spielleiter mit seiner Vitalität die Gruppe „überschwemmen“ sollte. Erforderlich ist vielmehr ein Verhalten, das hilft, die Kraft und Spielfreude der einzelnen Spieler zu entbinden. Dazu ist die Freiwilligkeit ein unverzichtbares Gebot. Spieler zum Spiel zwingen zu wollen, ist der sicherste Weg, die Spielfreude zu verderben. Häufig kann die Weigerung, Spielvorschlägen des Leiters zu folgen, ein spielerischer Versuch sein zu erproben, ob diese spielerische Freiheit im Spiel gewährleistet ist.

> „Dasselbe zu Beginn einer Spielstunde in einer anderen Klasse: Unlust, Langeweile, Ablehnung gegen alles. Ich hatte den Vorgang in der anderen Klasse im vorigen Jahr vergessen. Wieder stieg in mir Ärger auf. Dieser Klasse gegenüber war ich ohnehin nicht so sicher, wie ich mich verhalten sollte. Es entschlüpfte mir in etwas scharfem Ton: ‚Wenn ihr nicht spielen wollt, dann laßt es eben.‘ Schweigen, betroffene Gesichter. Dann sagt ein Mädchen ganz leise:

---

16 LEFEVRE, DALE: Das kleine Buch der neuen Spiele, Ahorn Verlag, Oberbrunn 1985, S. 78.

‚Aber wir spielen doch. Das ist doch ein Spiel: Wir wollen nicht!' Ich hatte gar nicht gemerkt, daß die Ablehnung nicht so ernst war. Nachdem ich mich genügend geschämt hatte, erweiterten wir dieses Spiel: Ich machte Vorschläge, mögliche und unmögliche, und die Kinder mußten sie ablehnen. (. . .) Dann machten Kinder Vorschläge, und es gab großes Gelächter."[17]

Die unverzichtbare Freiheit im Spiel, aus der erst Spielfreude entstehen kann, setzt voraus, daß der Spielleiter die Kräfte in der Gruppe fördert: „anregt, selbst Spielideen zu entwickeln, die Einfälle der Spieler respektiert, die Spieler spüren läßt, daß ihre Ideen Wert haben, die Spieler proben und experimentieren läßt, ohne daß sie befürchten müssen, beurteilt zu werden, die Spieler ernst nimmt, keine Spiele einsetzt, bei denen einzelne Mitspieler in für sie unerfreuliche Situationen gebracht werden."[18]

Dies ist jedoch leichter gesagt als für die Spieler angemessen getan. Jedes Spiel, auch das „erfolgreiche", entfaltet sich im Rahmen eines Beziehungsgeflechts in der Gruppe, in das jeder Spieler seine Vorerfahrungen, Rollenwünsche und eigenen Probleme einbringt. Dies können recht destruktive Impulse sein, weil sie Verletzungen der Spieler berühren, Kränkungen, die sie erfahren und noch nicht überwunden haben. Dies sollte der Spielleiter rechtzeitig erkennen und ein Spielangebot machen, das es den Spielern ermöglicht, nach und nach ihre Befangenheit zu lösen. Es ist daher wichtig, daß der Spielleiter sich mit der dynamischen Struktur der von ihm vorzuschlagenden Spiele befaßt und nicht die Spiele anbietet, deren Struktur dem Spielvergnügen entgegensteht.

Es gibt Spielstrukturen, die grundsätzlich problematisch sind und geeignet sein können, das Vergnügen am Spiel nachhaltig zu beeinträchtigen. Dazu gehören Spiele, die die Konkurrenzhaltung in den Mittelpunkt stellen. Der Schnellste, der Beste, der Geschickteste zu sein wird zum alles beherrschenden Spielziel, dem sich alles unterzuordnen hat. Sicher haben auch konkurrenzorientierte Spiele ihre Berechtigung, weil sich Spieler in ihnen wiederfinden können. Sie leiden dann aber auch am Spiel und setzen das fort, was ihnen tagtäglich in Elternhaus, Kindergarten und Schule widerfährt. Um Spaß am Spiel zu haben, ist es notwendig, die Konkurrenzorientierung so abzubauen, daß die Spielhandlung und nicht das Gewinnen in den Vordergrund tritt. Damit die animative Kraft des Spielleiters Spielfreude bei den Spielern auslösen kann, ist eine besondere Einstellung zur Leistung im Spiel notwendig:

„Als Spielleiter soll man Kindern dazu verhelfen, sich in eine Sache hineinzuwerfen, ohne unter dem Druck einer zu erbringenden Leistung zu stehen und ohne die Angst, nicht genügen zu können. Man muß ihnen dazu verhelfen,

---

17 DAUBLEBSKY, BENITA: Spielen in der Schule, Klett Verlag, Stuttgart 1973, S. 119 f.

18 THIESEN, PETER: Kreatives Spiel mit Kindern, Jugendlichen und Erwachsenen, Bardtenschlager Verlag, München 1985, S. 29.

Vergnügen darin zu finden, etwas gut zu machen, und nicht unbedingt seine Befriedigung daraus zu beziehen, daß andere es schlechter gemacht haben: Man muß ihnen dazu verhelfen herauszufinden, ob und wie ein Spiel Vergnügen bereiten kann, und nicht immer darüber nachzudenken, wie durch dieses Spiel die eigene Position gestärkt werden kann, Mut zu haben, neue Situationen zu erproben und sich nicht fürchten zu müssen, ausgelacht zu werden, wenn etwas Unerwartetes eintritt. Dauernde Konkurrenz verhindert das alles."[19]

Ob die Konkurrenzhaltung deutlich durchschlägt und sich in den Mittelpunkt stellt, hängt nicht nur von der Art der Spiele ab. Auch konkurrenzorientierte Spiele können so gespielt werden, daß das gemeinsame Tun und das Vergnügen im Mittelpunkt stehen. Dies hängt zum großen Teil auch vom Spielleiter ab. Er kann die Sieger deutlich hervorheben und loben, das Konkurrenzprinzip in den Vordergrund stellen oder aber sich so verhalten, daß die Konkurrenzorientierungen sich abschwächen: z.B. keine Gruppe oder Spieler in besonderer Weise hervorheben, sondern die Leistungen und die Anstrengungsbereitschaft aller lobend erwähnen; keinen Kampf um Punkte über längere Zeit durchführen lassen; die Gruppen häufig neu zusammenstellen, keinen ausscheiden lassen, sondern stattdessen die Gruppenzugehörigkeiten ändern; den äußeren Belohnungswert für einen Sieg sehr niedrig halten; stattdessen Spiele anbieten, die durch ihre ungewöhnliche und lustige Form und durch die Chance, sich gegenseitig helfen zu können für sich bereits Belohnungswert haben. Bei Berücksichtigung dieser Grundsätze und Anregungen wird es für den Spielleiter leichter sein, die Spielfreude bei den Spielern zu entbinden. Das Entbinden von Spielfreude verweist auf einen zweiten wichtigen Fähigkeitsbereich des Spielleiters.

Spielerorientierung und Spielerförderung (pädagogischer Bereich)

Hinter dieser generellen Verhaltensorientierung des Spielleiters steckt die Aufforderung, nicht mit den Schwächen, sondern mit den Stärken der Spieler zu arbeiten. Die Fähigkeiten des Spielleiters, seine Kenntnisse und Planungskompetenzen mögen ihn dazu verführen, die Spieler zu dominieren, ihnen genau vorzuschreiben, was und wie es läuft. Wirkt der Spielleiter zu bestimmend, können sich die Fähigkeiten und Selbstregulationskräfte der Spieler nicht richtig entfalten: Sie können dem, was in ihnen ist, nicht Gestalt verleihen, die Spieler spüren nicht ihre eigenen Kräfte – und es entstehen nicht Spaß und Vergnügen im Spiel. Hält sich der Spielleiter jedoch völlig zurück und überläßt den Spielern weitgehend die Gestaltung der spielerischen Aktivität, können diese vielfach überfordert sein. Es entsteht ein „Vakuum", das die Spieler nicht angemessen für sich nutzen können: Sie haben beispielsweise noch nicht gelernt, friedlich miteinander

---

19 DAUBLEBSKY, BENITA: Spielen in der Schule, Klett Verlag, Stuttgart 1973, S. 130.

umzugehen, einander zuzuhören. Vielleicht haben sie auch noch zu große Angst, sich mit anderen einzulassen. Möglicherweise fehlt ihnen auch ein Repertoire an für sie befriedigenden Spielen.

Der Spielleiter muß jetzt ausbalancieren, wieviel eigene Einwirkungskraft notwendig ist, damit befriedigende Spielprozesse in Gang kommen, ohne daß damit die Kräfte in der Gruppe an ihrer Entfaltung gehindert werden. Diese Balance zwischen notwendiger Einwirkung und erforderlicher Kraftentfaltung ist vielfach sehr schwierig, weil der Spielleiter sich nicht überflüssig machen möchte; er will das Gefühl behalten, gebraucht zu sein. Dabei besteht seine wesentliche Stärke nicht in seiner Fähigkeit zur angemessenen Einwirkung, sondern in seiner Kraft, einfach „da" zu sein, Ruhe und Zuversicht auszudrücken. Um zu einer angemessenen Balance zu gelangen, muß sich der Spielleiter seiner pädagogischen Verantwortlichkeit bewußt sein und d.h.: seine erzieherischen Ziele mit der Realität der Spieler und der Spielgruppe in Beziehung setzen und daraus angemessenes pädagogisches Handeln herleiten. Dies führt uns zum dritten Fähigkeitsbereich des Spielleiters.

Einfühlungsvermögen und Verantwortlichkeit

Dazu gehören zunächst angemessene Formen des Umgang mit den Spielern, wie Wertschätzung, Toleranz, Geduld, Optimismus. Zu Zielkatalogen geronnen und in Vorstellungen über „das richtige Verhalten" verfestigt, können sie dem Spielleiter viel von seiner Spontaneität und Authentizität nehmen. Welcher Spielleiter könnte schon ständig einfühlsam, wertschätzend, tolerant, geduldig und optimistisch sein, wenn es in ihm brodelt, er wütend ist oder an andere Dinge denken muß? Einfühlungsvermögen und pädagogische Verantwortlichkeit verlieren an Authentizität, wenn man als Spielleiter sich seiner selbst nicht bewußt ist und sich in seinen Gefühlen nicht achtet. Und gerade dieser authentische Spielleiter, der seine eigenen Interessen vor der Gruppe nicht verbirgt, sondern vertritt und verteidigt, kann hilfreicher sein, als der „zwanghaft" einfühlsame und unter der Last pädagogischer Verantwortlichkeit fast schon zusammenbrechende. „Wir können voneinander lernen, wenn wir uns als reale Personen begegnen und nicht in der Rolle des ständig zugewandten Pädagogen den Kindern entgegentreten. Wir akzeptieren und lieben eine andere Person umso mehr, je mehr wir ihr unsere ganze Realität zumuten."[20]

Unter Beachtung dieser Grenzen ist das Einfühlungsvermögen des Spielleiters u.a. wichtig, bei einzelnen Spielern Spielhemmungen zu entdecken und in angemessener Weise darauf einzugehen. Der Spielleiter wird den einzelnen den Einstieg erleichtern und ihnen genügend Zeit zum Mitmachen einräumen. Er wird ein Gespür dafür entwickeln, welche Probleme

20 KRANTZ, MARGARETA: Kinder spielen Geschichten, Burckhardthaus-Laetare Verlag, Gelnhausen 1980, S. 31.

gerade in der Gruppe vorhanden sind, was die Spieler bewegt und womit sie sich beschäftigen, und er wird darauf mit einem angemessenen Spielangebot „antworten“.

Das Einfühlungsvermögen ist eine gute Grundlage für Hilfe an Spieler, die momentan Schwierigkeiten haben (z.B. Konflikte mit Mitspielern, Probleme mit der Schule, Spielhemmungen). Das darf jedoch nicht dazu führen, daß der Spielleiter die einzelnen Spieler zu stark an sich bindet. Die Hilfe sollte den Spieler vielmehr befähigen, seinen Platz in der Spielgruppe zu finden, mit der Situation und den anderen Spielern besser klarzukommen.

Zur pädagogischen Verantwortlichkeit gehört die Gewährleistung der äußeren und der psychischen Sicherheit. „Die wichtigste Bedingung, durch die ein Nicht-Teilnehmer zu einem Mitspieler wird, ist sein Gefühl, daß das Spiel sicher ist. Ein Spielleiter, der eine solche sichere Atmosphäre schaffen will, ist sowohl für die körperliche wie für die psychologische Sicherheit der Teilnehmer verantwortlich.“[21] Dazu gehört zunächst die Überprüfung von möglichen Gefahrenquellen auf dem Spielgelände. Im bewegungsreichen Spiel können Ängste vor möglichen Gefährdungen schwinden und so Verletzungsgefahren heraufbeschwören. Die Art, wie ein Spiel vorgestellt wird, entscheidet häufig darüber, wie wild es gespielt wird. Dabei sollte die Spielintensität nie so heftig werden, daß Spieler sich weh tun oder stärkeren Gefährdungen unterliegen.

Auch im Hinblick auf psychische Gefährdungen besteht eine pädagogische Verantwortlichkeit des Spieleiters. So sollte er z.B. keine Spiele anbieten, die das sich Blamieren eines einzelnen Spielers zur Quelle des Vergnügens machen. Solche „Blamierspiele“ können nicht nur einzelne Spieler in ihrer Spielfreude beeinträchtigen, sondern tragen häufig dazu bei, daß sich das gesamte Spielklima deutlich verschlechtert: Die Spieler werden ängstlicher; es tritt eine angespannte Gereiztheit auf, verbunden mit aggressiven Entladungen zu Lasten einzelner Spieler. Das Wohlbefinden der Spieler sollte dem Leiter am Herzen liegen – und dies müßte sich auch in der Auswahl der Spiele niederschlagen. Das wichtigste Spielangebot liegt im Spielleiter selbst. Er stellt sich der Gruppe als Mensch, mit seinen Fähigkeiten und seiner pädagogischen Verantwortlichkeit, zur Verfügung.

Planungs-, Handlungs- und Reflexionsfähigkeit

Dieser vierte Bereich, in dem der Spielleiter über angemessene Fähigkeiten verfügen sollte, stellt sicher, daß über alle Spielfreude, animative Kraft, über Spielerorientierung, Einfühlungsvermögen und pädagogische Ver-

21 LEFEVRE, DALE: Das kleine Buch der neuen Spiele. Ahorn Verlag. Oberbrunn 1985, S. 60.

antwortlichkeit hinaus dem Spielleiter Handlungsmöglichkeiten zur Verfügung stehen, mit denen er, wenn dies notwendig ist, gestaltend in den Spielprozeß eingreifen kann. Die diesbezüglichen Erwartungen an den Spielleiter konzentrieren sich insbesondere darauf,

– ein breites Repertoire an Spielen zu besitzen, ihre Wirkungen abschätzen und sie angemessen und auf die Gruppe bezogen auswählen zu können,

– eine angemessene Spielatmosphäre schaffen zu können, dabei Außenseiter zu integrieren und Spielhemmungen abbauen zu helfen,

– motivierend Spiele anbieten zu können, gut zu erklären; notwendige Veränderungen der Regeln vorschlagen zu können und flexibel im Spielprozeß auf die Wünsche der Spieler und die Entwicklung in der Gruppe zu reagieren,

– Gespräche über den Spielprozeß und die einzelnen Spiele zu fördern, über Planung und Verlauf der Spielaktivität nachdenken zu können, dabei Kritik und Vorschläge von den Spielern zu akzeptieren und zu verarbeiten,

– mit anderen Spielleitern („Teamern") zusammenarbeiten zu können: gemeinsam zu planen, Aufgaben unter sich aufzuteilen, gemeinsam die Spielaktivitäten durchzuführen und darüber zu reden.

Diese Planungs-, Handlungs- und Reflexionsfähigkeiten sind notwendig, um über alle Spielfreude und alles Einfühlungsvermögen hinaus angemessen handeln und pädagogische Perspektiven entwickeln zu können. Sie trägt auch zum „Selbst-bewußt-sein" des Spielleiters bei und ermöglicht es ihm, im entscheidenden Moment durch angemessene Selbstbegrenzung notwendige Stärke zu zeigen.

Die Abbildung zeigt die 4 Fähigkeitsbereiche des Spielleiters und versucht deutlich zu machen, daß die Fähigkeiten in *allen* 4 Bereichen ausgeprägt sein müssen, damit im Mittelpunkt der Persönlichkeit des Spielleiters die notwendige Stärke entstehen kann, aus der Zuversicht und Vertrauen in die Stärke der Gruppe erwächst. Eine einseitige Ausrichtung bewirkt eine relativ schmale Spielleiter-Persönlichkeit, die insbesondere in kritischen Situationen über zu wenig „Bauchkraft" verfügt, um bestimmte Entwicklungen und Prozesse „abzufedern" und zu „verdauen".

Die durch die 4 Fähigkeitsbereiche „aufgespannte" Struktur der Kompetenzen des Spielleiters ist in ihren verschiedenen Elementen miteinander vermengt. Die einzelnen Fähigkeiten darf man sich nicht als losgelöst voneinander vorstellen. Vielmehr durchdringen sie sich und befruchten einander wechselseitig. Jeder Bereich bildet eine „Hintergrundtönung" im Verhalten des Spielleiters. Schauen wir uns dies etwas genauer in Hinblick auf das konkrete Verhalten des Spielleiters in den Spielprozessen an.

Fähigkeitsbereiche des Spielleiters

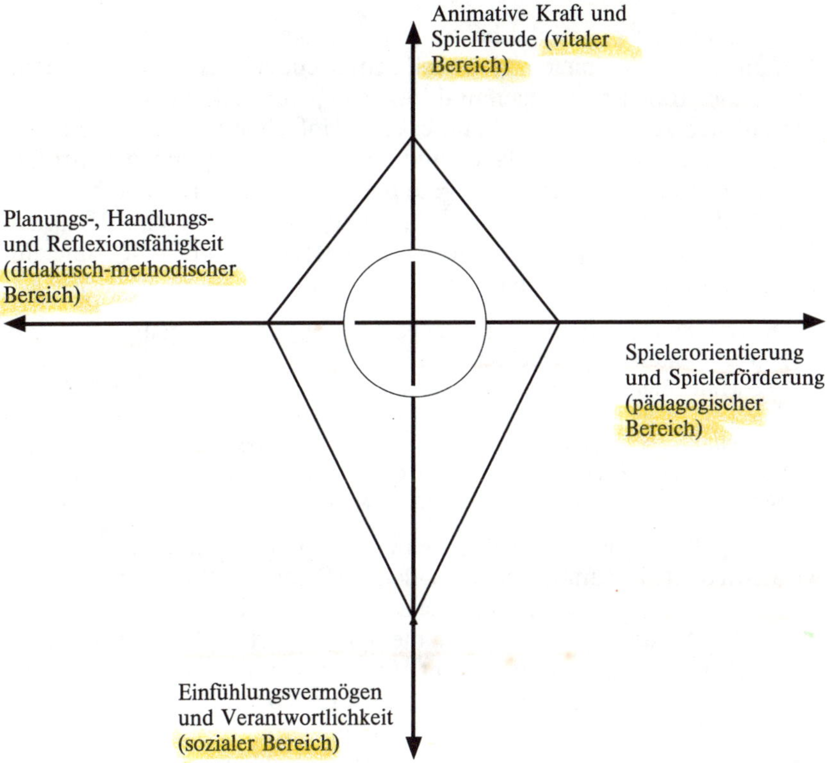

c) Verhalten im Spiel

Die Fähigkeiten des Spielleiters zeigen sich im konkreten *Verhalten im Spiel.* Auf dem Hintergrund unserer Auseinandersetzung um die Fähigkeitsbereiche wollen wir nun *konkrete Anregungen zum Spielleiterverhalten* geben und zeigen, wie die einzelnen Elemente der Fähigkeiten in dieses Verhalten einfließen können.

Spieleinstiege ermöglichen

Ob eine Spielaktivität gelingt, hängt zunächst davon ab, ob der Spielleiter die Gruppe zum Spielen animieren kann. Dazu gehört, daß der eigene Spaß am Spiel deutlich wird. Das braucht nicht „marktschreierisch" oder besonders „gefühlig" geschehen. Am besten, man bleibt ganz bei sich und seinen eigenen Gefühlen und spielt der Gruppe nicht etwas vor, was man später doch nicht einlösen kann. Fühlt man sich nicht in der „richtigen"

Stimmung, ist es durchaus möglich, daß die Spielbegeisterung der Gruppe den Spielleiter mitreißen und sein „Stimmungstief" ausgleichen kann.

Bei größeren Gruppen oder bei Spielern, die sich noch nicht untereinander kennen, ist ein Spieleinstieg nach dem „Schneeballsystem" recht günstig. Ohne große Erklärungen und Versuche, Aufmerksamkeit durch Reden auf sich zu ziehen, empfiehlt es sich, einfach auf jemanden zuzugehen, ihn zum Spielen einzuladen und mit einem einfachen Spiel anzufangen. Läuft das Spiel, werden weitere Spieler nach und nach einbezogen, bis man dann allmählich von Zwei-Personen-Spielen über Vier-Personen-Spielen zu Gruppenspielen kommen kann. Bei dieser Form des Spieleinstiegs könnten die folgenden Anregungen hilfreich sein:

> „In jeder Spielsituation solltet ihr mit Spielen beginnen, die einfach zu verstehen sind und wenige Regeln haben, Spiele, die man rasch beenden kann, damit schnell der Übergang zu einem anderen Spiel gefunden wird. Gebt den Spielern Gelegenheit, sich körperlich und seelisch zu erwärmen. Als Spielleiter solltet ihr offen, einladend und auch ein wenig albern sein, Vorbild für den Stil, in dem gespielt werden soll. Vor allem solltet ihr ein paar Spiele parat haben, die zu der betreffenden Gruppe passen."[22]

Ob ein Spiel „ankommt", hängt entscheidend auch davon ab, wie es erklärt wird. Mit der Erklärung des Spiels sollen die Spieler erfahren, wie das Spiel „geht", was seine wesentlichen Regeln sind, was dabei zu beachten ist. Durch die Art des Erklärens sollen die Spieler Lust am Spiel bekommen. Eine gute Erklärung vermittelt nicht nur das Gefühl, zu wissen wie es geht und sich das zuzutrauen, sondern „verspricht" den Spielern auch Spannung und Vergnügen, so daß sie es kaum abwarten können, bis das Spiel beginnt. Jeder Spielleiter mag seinen eigenen Stil haben, Spiele zu erklären; die folgenden Anregungen können jedoch eine Hilfe sein, den Spielansteig wirkungsvoller zu gestalten:

- alle müssen den Spielleiter sehen können; am günstigsten ist ein Kreis; der Spielleiter sollte nicht in der Mitte stehen, sondern sich in den Kreis einreihen,
- es muß relativ ruhig sein, damit alle verstehen können, was der Spielleiter sagt (Ruhe nicht erzwingen! Das könnte die Stimmung beeinträchtigen); bei Jüngeren ist es günstig, wenn sie sich bei der Spielerklärung hinsetzen; sie können sich dann besser konzentrieren,
- zunächst sollten die Grundzüge des Spiels beschrieben werden: Spielname, Spielziel, wesentliche Handlungsmöglichkeiten. Dies sollte in kurzen und knappen Sätzen geschehen und in einer Weise, die zum Mitmachen anregt,
- eine inhaltliche Einkleidung des Spiels schafft nicht nur mehr Motivation zum Spiel, sondern erleichtert auch das Verständnis der Regeln und das Erinnern an die Einzelheiten; von daher ist es günstig, die im Spiel verwendete In-

---

22 FLUEGELMAN, ANDREW: Die neuen Spiele, Band 2, Ahorn Verlag, Soyen 1982, S. 87 f.

haltlichkeit in der Phantasie der Spieler lebendig werden zu lassen: Die Spieler „verwandeln" sich in „Schneemänner", einen „Drachen", in „Ritter" oder „Monster",

– in der Regel sollte sich an diese Erklärung eine kurze Demonstration des Spiels anschließen, z.B. indem man es zeitlupenhaft vormacht oder kurz anspielt. Bei manchen Spielen kann es notwendig sein, bestimmte Bewegungsabläufe vorher ein wenig zu üben,

– anschließend sollte die Möglichkeit gegeben werden, Fragen zum Spiel zu beantworten. Das kann auch ein Anlaß sein, um Regeländerungen zu vereinbaren.

Der Einstieg in das Spiel kann besonders effektiv gestaltet werden, wenn mehrere Spielleiter gut zusammenarbeiten. So könnte der eine das Spiel erklären, während der andere wichtige Hintergrundfunktionen wahrnimmt: das Spielfeld absteckt, ergänzend zu den Erklärungen etwas demonstriert, Spielhandlungen witzig vorführt. Das Leiten einer Spielgruppe im Team kann auch während des Spiels sinnvoll sein, wenn man sich über die Funktionsverteilung vorher abgesprochen hat.

Steuerung des Spielablaufs

Der gelungene Spieleinstieg ist nur eine wichtige Aufgabe des Spielleiters. Die andere, mindestens ebenso wichtige besteht darin, den Spielablauf im Blick zu behalten und darauf im Spiel angemessen zu reagieren. Dabei sollte sich der Spielleiter überlegen, wann, wie und warum er in den Spielablauf eingreifen will.

Eine wichige Steuerungsaufgabe ist das Beenden eines jeweiligen Spiels. Wird ein Spiel zu kurz gespielt, kann sich Spielfreude nicht angemessen entfalten; dauert das Spiel zu lange, treten Unlust und Langeweile auf. Es hängt vom Fingerspitzengefühl des Leiters ab, dies richtig abzuschätzen. Vielfach läßt sich das auch aus dem Verhalten der Spieler entnehmen – von vagen körpersprachlichen Signalen bis hin zu lautstarken Forderungen, endlich ein anderes Spiel zu spielen.

Eine weitere Aufgabe besteht darin, die Spiele im Spielprozeß optimal auf die Gruppe abzustimmen. Dazu gehört das Verändern der Regeln, der Spielforderungen und der Spielbedingungen. Kommt ein richtiges Spiel nicht zustande, kann es z.B. daran liegen, daß die Leistungsfähigkeit der Spieler sehr unterschiedlich ist (einige können nur langsam, andere sehr schnell laufen). Man könnte nun eine Bewegungsart vereinbaren, die allen Spielern gerecht wird (z.B. in „Mäuseschritten" gehen, also Fuß vor Fuß setzen). In anderen Situationen könnte sich das Spielfeld als zu groß (oder zu klein) herausstellen. Spannung im Spiel kommt nur zustande, wenn die Kräfte im Spiel ausbalanciert sind, wenn also der Spielausgang nicht von vornherein feststeht. Durch Regeländerungen können nun Spielziele, Handlungsmöglichkeiten und räumliche Bedingungen so verändert werden, daß ein spannendes Spiel zustande kommt.

Die besten Steuerungsmöglichkeiten bestehen, wenn der Spielleiter selbst am Spiel beteiligt ist: das gleiche wie die anderen macht oder eine bestimmte Rolle im Spiel einnimmt. Mit seinem Spielverhalten bietet der Spielleiter den Mitspielern ein Modell für die Anwendung der Regeln, für Handlungsalternativen und für Formen des Umgangs untereinander. Aus dieser Spielerrolle geht es wesentlich einfacher, Außenstehende einzubeziehen, Schwierigkeiten einzelner Spieler zu mildern oder auf „Störungen" einzugehen – obwohl es am Anfang Schwierigkeiten bereiten kann, sowohl mitten im Spiel engagiert zu sein als auch den Überblick zu behalten. Ein Spielleiter, der mitspielt, wird trotz seines Vorsprungs an Wissen und Erfahrung für die Mitspieler „erträglich": Die Distanz zu ihm verringert sich, und die Spieler sind eher bereit, die Eingriffe zuzulassen. Es macht einen wesentlichen Unterschied, ob der Spielleiter von außen, quasi als „Zirkusdirektor", ein bewegungsreiches Spiel abbricht oder als Mitspieler, völlig „aus der Puste", sich körperlich außerstande fühlt, noch weiterzumachen.

Die Steuerung des Spielablaufs aus der Spielerrolle sollte mit einschließen, daß der Spielleiter Eingriffe im Einverständnis mit den Spielern vornimmt, also nicht schlicht (und dominant) das Spiel abbricht, sondern den Spielabbruch als Vorschlag einbringt, der das Einverständnis der Spieler erfordert. Das gleiche gilt für Regeländerungen und Spielmodifikationen – aber auch für Veränderungen in der Zusammensetzung von Teilgruppen.

Über das Spiel mit der Gruppe reden

Das Einfühlungsvermögen des Spielleiters allein reicht häufig nicht aus, um sich über einen abgelaufenen Spielprozeß Klarheit zu verschaffen. Gespräche und andere Formen von Rückmeldungen können die Erfahrungsbasis des Spielleiters verbreitern. Außerdem sind sie für die Spieler eine gute Möglichkeit, bestätigt zu erhalten, daß man mit seinen Gefühlen, Wahrnehmungen, Einschätzungen und Auffassungen nicht allein steht. Zudem sind solche „Auswertungsgespräche" ein wichtiger Schritt zur Selbstverantwortung der Gruppe. Mit Hilfe solcher Gespräche wachsen die Fähigkeiten der Spieler, Spielprozesse in Gang zu setzen und zu steuern.

Über was kann man reden? Vieles ließe sich nennen: Bewußtsein und Gefühle beim Spielen, gemachte Erfahrungen und Beobachtungen, Vorlieben für bestimmte, Abneigungen gegenüber anderen Spielen, Verhalten des Spielleiters und einzelner Gruppenmitglieder, Perspektiven für nachfolgende Aktivitäten.

Ob solche Gespräche überhaupt stattfinden und wie intensiv und „ernsthaft" sie geführt werden, hängt von der Gruppe ab und von den in den Spielen gemachten Erfahrungen. Bei Selbsterfahrungs- und Kooperationsspielen ergibt sich die Notwendigkeit zu einem Gespräch eher als bei

Bewegungsspielen. Eine Gruppe, die einfach nur Spaß haben will, steht einem Gespräch über den Spielprozeß anders gegenüber als Spieler in einer Spielleiterausbildung oder in einer Selbsterfahrungsgruppe. Abgesehen davon gibt es Situationen, die Gespräche geboten erscheinen lassen:

– Es gab tiefgreifende Konflikte in der Gruppe bzw. zwischen einzelnen Spielern,

– einige Spieler wurden durch die Spiele sehr stark angesprochen und haben das Bedürfnis, sich darüber mit anderen auszutauschen,

– die Spiele mußten abgebrochen werden, weil sie nicht „ankamen“, Unlust und Spielhemmungen sehr deutlich wurden, der Spielleiter nicht mehr weiß, wo die Gruppe steht.

Soll eine Auswertung stattfinden, können die folgenden Anregungen recht brauchbar sein:

– In der Regel sollte erst nach mehreren Spielen ein Auswertungsgespräch stattfinden, da sonst der Spielfluß unterbrochen wird und eine angemessene Spielatmosphäre nicht entstehen kann.

– Anstelle oder in Ergänzung eines Gesprächs können auch Bilder zu den Spielen gemalt werden. Manche Spiele erfordern das Gespräch zu zweit und nicht in der Gesamtgruppe. Eine Wandzeitung kann in bestimmten Fällen (z.B. mehrtägige Spielseminare) eine angemessene Form der Rückmeldung sein. Alle Spiele werden auf einem großen Bogen Papier notiert; jeder gibt durch ein Zeichen (+ oder – oder 0) an, wie gut die Spiele einem selbst gefallen haben.

– Bei kleineren Gruppen (bis zu 12 Spielern) kann die Methode des „Blitzlichts“ als Gesprächsvorbereitung und erste Orientierung sinnvoll sein. Beim „Blitzlicht“ sagt reihum jeder Spieler in wenigen Sätzen etwas zu seinen Erfahrungen mit den Spielen und wie es ihm jetzt im Moment geht.

– Bei Großveranstaltungen könnte man ein „Reporterteam“ aussenden, um ein Meinungs- und Stimmungsbild der Spieler zu gewinnen. Video- und Tonbandaufzeichnungen können so zu einem Steuerungsinstrument für die weiteren Spielprozesse werden.

– Bei einem Gespräch sollte man darauf achten, daß einer nach dem anderen redet (eine bestimmte Ordnung braucht nicht eingehalten zu werden). Die Spieler sollten die Aussagen in der Ich-Form machen: *Ich* fand das Spiel blöd – und nicht: Dieses Spiel war nicht geeignet. Im Verlaufe des Gesprächs wird sich ergeben, ob und inwieweit sich eine Aussage generalisieren läßt. Im Auswertungsgespräch ist es nicht angebracht, Mitspieler zu „analysieren“ und Beiträge zu interpretieren. Wohl aber können Rückfragen zum Verständnis des Gesagten sinnvoll sein.

Auswertungsgespräche können für alle Beteiligten wertvoll sein. Wichtig dabei ist, daß sie nicht zu einem festen Ritual gerinnen oder gar erzwungen werden. Hat die Gruppe kein Interesse an einem solchen Gespräch oder starke Hemmungen, über ihre Erfahrungen zu reden, sollte der Spielleiter nicht darauf bestehen. Ersatzweise könnte man indirektere Formen wählen, die spielerisch Rückmeldungen zum Spielprozeß geben. Man könnte in einer Kindergruppe z.B. ein Rollenspiel vorschlagen, in dem die Mutter ihre Tochter nach ihrem Spiel in der Gruppe fragt.

Noch etwas zu den Grenzen der Spielauswertung in der Gruppe: Selbst bei Ausbildungsseminaren dürfen Auswertungsgespräche nicht zum Selbstzweck werden (man spielt, um nachher darüber reden zu können). Gespräche dieser Art können, wenn es sich ergibt und wenn es sinnvoll ist, dem Spiel dienen – nicht umgekehrt. So fruchtbar Gespräche in der Spielgruppe auch sein mögen, sie ersetzen nicht die eigenen Reflexionen des Spielleiters bzw. des Spielleitungsteams.

d) Reflexion

Ein wichtiger und im Grunde unverzichtbarer Punkt bei der Frage „Wie Spielgruppen leiten?“ sind die *eigenen Reflexionen,* also das Nachdenken über den Verlauf des Spielprozesses, seine wichtigsten Ereignisse und über das eigene Verhalten. Diese Reflexionen sind für den Spielleiter wichtig, um seine Vorstellungen über die Gruppe, über einzelne Spieler und über sein eigenes Handlungsvermögen und seine Ziele zu überprüfen. Der Spielleiter wird darüber nachdenken, warum bestimmte Spieler so gespielt haben und dieses Spiel als eine Botschaft der Spieler über sich selbst verstehen lernen. Aus diesem Verständnis heraus wird der Spielleiter bemüht sein, Spiele und Vorgehensweisen zu finden, um den Spielern gerecht zu werden und ihnen bei ihrer Entwicklung zu helfen.

Auch das eigene Verhalten sollte der Spielleiter kritisch überprüfen – ohne sich selbst und seine Wünsche dabei aufgeben zu müssen: Umgangsstil (anbiedernd, freundlich, kühl, sachlich, dominierend), Gefühle in der Gruppe (akzeptiert, unwohl, angespannt, nervös und unsicher), angemessenes Verhalten/unangemessenes Verhalten, eigene Ziele und Motivationen, eingeräumte Beteiligungsmöglickeiten für die Gruppe, Unterstützung einzelner Spieler, Verhalten in Konfliktsituationen, Setzen von Grenzen.

Insbesondere bei der kritischen Reflexion des eigenen Verhaltens sind dem Spielleiter deutliche Grenzen gesetzt. Ist der Spielleiter offen für Impulse aus der Spielgruppe und selbstkritisch (selbstbewußt) genug, kann er sein Handeln im Spiegel der Gruppe erkennen. Eine offen und spontan handelnde Gruppe wird in der Regel zum wichtigen Korrektiv und Regulativ, wenn sich die Begrenzungen des Spielleiters zu stark auf den Gruppenprozeß auswirken. Verfügt man als Spielleiter noch nicht über genug selbstreflexive Erfahrungen, kann es insbesondere in Aus- und Weiterbildungssituationen hilfreich sein, einen Beobachter und unbeteiligten Gesprächspartner an seiner Seite zu wissen, der auf die „blinden Flecken“ hindeutet. Noch günstiger wäre die Vorbereitung, Durchführung und Auswertung von Spielprozessen in einem Team von Spielleitern.

e) Spielleiter als Teamer

Insbesondere bei längeren Spielaktionen, in Großgruppen oder auf Ferienfreizeiten mit Kindern und Jugendlichen sind mehrere Pädagogen für die Spielleitung verantwortlich. Dies setzt die Fähigkeit voraus, gemeinsam zu planen, Aufgaben zu verteilen, Entscheidungen zu treffen und sich daran zu halten, Kompromisse eingehen zu können, Konflikte auszutragen und vieles andere. Dieses Spektrum an Fähigkeit bildet sich in der gemeinsamen Arbeit der Teamer heraus: Jeder hat seine eigenen Talente, Neigungen, Vorlieben, Begrenzungen und Beeinträchtigungen, und es kommt darauf an, mit ein wenig Toleranz das Beste aus diesem Potential zu machen und sich aufeinander abzustimmen. Dazu gehört die Bereitschaft, sich auf Menschen und neue Ideen einzulassen, Kritik anzunehmen und sich (in bestimmten Grenzen) verändern zu können.

Die Vorteile eines Teams für die Leitung von Spielgruppen liegen auf der Hand: Man kann die Aufgaben gut verteilen; jeder hat die Möglichkeit nach seinen Fähigkeiten und Wünschen auf den Spielprozeß einzuwirken. Das Team gibt Sicherheit; man kann eher etwas ausprobieren; und wenn es schief geht, steht man nicht alleine „dumm“ da. Die Teammitglieder bieten ein wirkungsvolles Potential für Reflexionsprozesse: über die Spielaktion, über das Verhalten einzelner Spieler und der Spielleiter, über das Zusammenwirken im Team, über Ziele und gewählte Methoden, über konkrete Planungen und ihre Realisierung. Schließlich kann ein gutes Team dem Einzelnen Spaß und Vergnügen bereiten – und damit zu einer Kraftquelle für die vielfältigen Belastungen des „pädagogischen Alltags“ werden.

Zum Weiterlesen empfohlen:

BREUCKER-RUBIN, A.: Da ist der Bär los . . . Mit-SPIEL-Aktionen für kleine und große Leute, Ökotopia Verlag, Münster 1990.

BÜTTNER, C. (Hg.): Spielerfahrungen mit Schülern. Sinnvolles Lernen oder pädagogischer Trick?, Kösel Verlag, München 1981.

DAUBLEBSKY, B.: Spielen in der Schule, Klett Verlag, Stuttgart 1973.

FLUEGELMANN, A: und TEMBECK, S.: New Games. Die neuen Spiele, Ahorn Verlag, Pittenhart, Oberbrunn 1979.

KRÄMER, M.: Das praktische Rollenspielbuch. Theater als Abenteuer, Burckhardthaus-Laetare Verlag, Offenbach 1986.

METZENTHIN, R.: Schöpferisch Spielen und Bewegen, Verlag Orell Füssli, Zürich 1983.

ORLICK, T.: Neue kooperative Spiele, Beltz Verlag, Weinheim und Basel 1985.

Nachdenken über Spiel – ein selbstkritisches Nachwort

Gemessen an Praxisanregungen, Spielesammlungen und Berichten aus der pädagogischen Praxis, die pädagogisches Handeln *unmittelbar* beeinflussen wollen, verfolgt dieses Buch eine andere Absicht. Ziel ist es, das *Nachdenken über Spiel* in seiner Vielfältigkeit und Verwobenheit vorzuführen.

Was heißt: „Nachdenken über Spiel"? Nachdenken heißt, den Gedanken nachzudenken, die Denklinien über das Spiel nachzuverfolgen, den Spuren dieses Denkens zu folgen, sie zu verstehen und aufzuzeichnen. Für den Autor des Buches heißt das, über die eigenen Denkprozesse nachzudenken, die Spuren alter Denklinien zu überdenken. Seit mehr als zehn Jahren beschäftige ich mich mit Spiel und Spielpädagogik. Die Auseinandersetzung mit Gedanken zum Spiel, mit Forschungen und die Erfahrungen in eigener spielpädagogischer Praxis haben bei mir selbst ein Gedankengewebe über Spiel und Spielpädagogik entstehen lassen. Mein Nachdenken über Spiel ist ein Nach-denken dieses Gewebes, ist der Versuch zu überdenken, welche Denklinien es gibt und wie sie sich wie miteinander verwoben haben. Was wie ein fertiges Ergebnis des Nachdenkens erscheint, ist im Grunde der Versuch, einen Denk*prozeß* nach-zu-denken und diesen Prozeß so festzuhalten, daß der Leser ihn mit Gewinn (und Vergnügen!) nach-denken kann.

Wozu verhilft das Nachdenken über Spiel? Es schafft Klarheit: über sich selbst und seine Denkvoraussetzungen, über eigene Wortvorstellungen, über die Erfahrungshintergründe und über die vielfältigen Verbindungslinien im eigenen Denken. Nachdenken über Spiel bedeutet für mich: Einen Moment innenzuhalten und das nach-zu-denken, was mein Denken über Spiel in den vergangenen zehn Jahren bestimmt hat.

Warum diesen Prozeß des Nach-denkens, der zunächst ein höchst individueller zu sein scheint, in Buchform Lesern präsentieren? Was hat ein an Spiel interessierter Leser davon, diesen Gedankenlinien zu folgen? Ein Buch, in dem das Nachdenken über Spiel im Mittelpunkt steht, kann helfen, den eigenen Prozeß des Nach-denkens zu stimulieren, zu präzisieren, zu erweitern, zu vertiefen. Zunächst wird im Prozeß des Nach-denkens vorgeführt, wie über Spiel und Spielpädagogik gedacht wird. Indem das eigene Denken darüber dem Leser nahegebracht wird, kann ihn das anregen, dieses vor-gedachte Denken nach-zu-denken und es damit zu überdenken. Das Nachdenken über Spiel gerät so zu einem Spiel mit dem Denken. Der Leser ist eingeladen, sich auf dieses Spiel mit den Gedanken über Spiel einzulassen.

Welche Denklinien für das Nachdenken über Spiel gibt es? Ausgangspunkt des Nachdenkens sind eigene Erfahrungen mit dem Spiel. Von diesem Erfahrungshintergrund sind vielfältige Denklinien möglich:

– Nachdenken über eigene Gefühle, Stimmungen und Verhaltensweisen im konkret erlebten Spiel (selbstreflexive Denklinie),

– Nachdenken über bestimmte Spiele (z.B. Fußball, Tennis, Schach) in Hinblick auf Wertentscheidungen, Hintergründe, Beurteilungsmöglichkeiten (wertend-beurteilende Denklinie),

– Nachdenken über Beobachtungen von Spielprozessen, an denen man *nicht* aktiv teilgenommen, sondern bei denen man Zuschauer gewesen ist (reflexive Denklinie),

– Nachdenken über das Wesen, die Bedeutung, den Sinn von Spielen ganz allgemein (philosophische Denklinie),

– Nachdenken über die gesellschaftliche Entwicklung des Spiels und der Spiele sowie ihrer Ursachen (historische Denklinie),

– Nachdenken bei der Planung von Spielprozessen: Ziele, Methoden, Ablauf; in Abstimmung mit den Besonderheiten der Spielgruppe (methodisch-didaktische Denklinie),

– Nachdenken über den erzieherischen Aspekt des Spiels schlechthin (pädagogische Denklinie),

– Nachdenken über die Ursachen bestimmten Spielverhaltens, jeweils auf dem Hintergrund verschiedener theoretischer Orientierungen: gesellschaftlich, ökonomisch, tiefenpsychologisch, gruppendynamisch (analytische Denklinien).

Mit diesen hier kurz benannten Denklinien ist bei weitem nicht das erfaßt, was das Nachdenken über Spiel ausmachen könnte. Weitere Aspekte: naturwissenschaftliche, mathematische, entwicklungspsychologische, religiöse, esoterische, ethnologische, geografische, ökologische, soziologische, ... ließen sich in den Prozeß des Nach-denkens einbeziehen. Die im Nach-denken über Spiel möglichen Denklinien spannen einen mehrdimensionalen Raum auf, der in seinem Ausmaß, seinem Umfang und seiner Tiefe das auffüllt, was man alles denkerisch über Spiel erfassen kann: ein Universum an Bedeutungen, Erkenntnissen, Erfahrungen, Verwobenheiten.

Denkt man dies weiter, erkennt man das Spiel als ein Urphänomen, in dem sich das Denken des Menschen in seinen vielfältigen Facetten spiegelt und miteinander verwebt. Denken ist Spiel, und das Nachdenken über Spiel eröffnet einen Blick auf das Wesen des Denkens in seiner vernetzten, assoziativen Struktur. Das Nach-denken über Spiel erschließt etwas vom Wesen des Denkens. Indem man den Denklinien folgt und die vielfältigen Querverbindungen aufspürt, erfährt man etwas von der vernetzten Struktur des Denkens.

Im Nachdenken über Spiel entfaltet sich ein Denkspiel: ein Spiel des Denkens mit sich selbst. Im Nachdenken über Spiel kommt das Denken zu sich selbst: zum Spiel. Kondensate dieses Nachdenkens sind Sprachspiele: Sätze, die in einer dichten, verwobenen Form etwas über den Prozeß des Nach-denkens aussagen; Beispiele und Bilder, die durch Dichte und Atmosphäre etwas von dem andeuten, was Denken über Spiel sein kann: ein lebendiger Prozeß des immer wieder neu Denkens. Die Kondensate des Nachdenkens sind keine „Glaubenswahrheiten", sondern flüchtige Denkfiguren, die Assoziationen beim Leser freisetzen können: Einfälle und Erinnerungen, diesen Prozeß des Nach-denkens immer wieder neu zu beginnen und ihn mit der eigenen Persönlichkeit zu konturieren.

Die Kondensate des Nachdenkens sind keine gewichtigen „Wahrheiten", die bleischwer im Magen liegen, sondern sie sind Spielmittel für einen sich immer wieder erneuernden Prozeß des Nachdenkens, der nur dann fruchtbar ist, wenn er die Person, die nach-denkt, einbezieht und zum Spielen verführt.

Im Nach-denken über Spiel entfaltet sich ein Spiel, das spielerisch-assoziativ von Einfall zu Einfall springt, Bedeutung auf Bedeutung deutet, Wahrheit auf Wahrheit wahr sein läßt, Muster auf Muster ausbildet und wieder auflöst – und so das Denken freimacht. Das Nach-denken folgt den Spuren der Befreiung.

Das immer wieder neu entstehende Geflecht des Nachdenkens ist nichts Geronnenes, im besten Falle eine immer wieder neu gebildete Gestalt, die anregt zum eigenen Nach-denken. An sie heften sich eigene Gedanken, Vorstellungen, Erinnerungen, Einfälle. Der Wert des Nach-denkens über Spiel bemißt sich nicht an fixierten Ergebnissen, sondern an dem Reiz, der von diesen Denkspuren für die Entfaltung eigenen Denkens ausgeht. Es geht um Anreize zum Denken, zum spielerischen Nach-denken und weniger um Präsentation fixierter Erkenntnisse, die man als gesicherten Wissensbestand getrost nach Hause tragen könnte. Erkenntnisse, Erfahrungen, Forschungsergebnisse sind nicht viel mehr als Spielmittel im Kopfe des Nach-denkenden.

Welche Auswirkungen hat dieses Nach-denken über Spiel für die pädagogische Praxis? Jede Praxis hat auch eine Theorie, besitzt Annahmen, was richtig und was falsch ist, welche Ziele man anstreben sollte, wie die Menschen sind und welche Möglichkeiten der Einwirkung es gibt. Das Nachdenken über Spiel ist ein spielerischer Weg, den Prozeß der Theoriebildung im Kopf eines jeden Einzelnen lebendig zu halten: ihn anzuregen, über die eigene Theorie nach-zu-denken, sie zu überdenken und spielerisch weiterzuentwickeln. Insofern ist Nachdenken über Spiel zwar Spiel, aber, wie jedes Spiel, nicht folgenlos – wenn man dieses Nach-denken nur weit genug vorantreibt.

Das Nachdenken über Spiel ist das lebendige Korrektiv einer sich nur allzu gern und allzu rasch versteinernden Praxis, die konkrete Erfahrungen und erprobtes pädagogisches Handeln als „Glaubensgewißheit" ummünzt. Nachdenken über Spiel ist nicht und darf es auch nicht sein: Handlungsanweisung für pädagogische Praxis, Sammlung von Praxistips, „pädagogischer Selbstbedienungsladen" für eine „erfolgreiche" pädagogische Praxis. Nachdenken über Spiel ist weniger und viel mehr zugleich: die Chance, den Prozeß des eigenen Nach-denkens zu beleben und aus dieser Lebendigkeit mit eigener Kraft zu der Pädagogik zu gelangen, die man vor sich selbst und anderen verantworten kann.

Ich habe mir bei der Anfertigung des Manuskripts oft die Frage gestellt, was inhaltlich notwendig ist, um das Nachdenken über Spiel angemessen vorzuführen. Was ist für das Nach-denken wesentlich und was ist ein (den Leser möglicherweise verwirrendes) Randdetail. Ist es z.B. notwendig, die Denklinien in jedem Falle zu belegen und auf alle Verästelungen hinzuweisen? Oder reicht es aus, auf weiterführende (wichtige) Literatur nur zu verweisen? In diesem Falle habe ich mich schweren Herzens entschlossen, dem Rat des Verlages zu folgen und mehr als zweihundert Fußnoten und Anmerkungen im „elektronischen Massengrab der Bits und Bytes" verschwinden zu lassen.

Eine weitere Frage betraf das Ausmaß an Anschaulichkeit. Wieviele Beispiele sind erforderlich, um den Leser zu verführen, den Denklinien zu folgen, das Vor-Gedachte nach-zu-denken? Und wann werden die Beispiele Selbstzweck, geraten zur Unterhaltung und belegen allenfalls die Freude des Autors über schöne Blumen aus seiner eigenen pädagogischen Praxis? Auch hier hat der Verlag mir Selbstdisziplin empfohlen, die ich dann, teilweise schweren Herzens, aufgebracht habe. Von daher mag das Buch weder die ganz zu befriedigen, die Wert auf wissenschaftliche Akribie und stattliche Anmerkungsapparte legen noch diejenigen, die sich beim Nach-denken über Spiel an konkret-anschaulichen Beispielen orientieren möchten. Durch die zahlreichen Kürzungen wirkt das Buch insgesamt „schlanker", auf Wesentliches begrenzt, „strenger" auf das bezogen, um was es eigentlich geht: Nachdenken über Spiel in seiner Verwobenheit vorzuführen und zum eigenen Nach-denken anzuregen.

Ich habe sehr lange gebraucht, um das Manuskript für dieses Buch fertigzustellen. Viele Male habe ich mich zu einschneidenden Veränderungen entschlossen und die vereinbarten Termine für die Fertigstellung immer wieder verschoben. Manches Mal habe ich daran gedacht, die Arbeiten an dem Manuskript ganz aufzugeben. Ich danke meinem Verleger für die jahrelang gezeigte Geduld und Zuversicht, für Anregungen und konstruktive

Kritik. Ich habe das Glück gehabt, mit einem Verleger zusammenzuarbeiten, der mich mit den Gedanken über Spiel hat spielen lassen, bis diese Gedanken eine für dieses Buch angemessene Form gefunden haben.

Blablabla...